第4版

予防・解決 職場の

Power harassment

パワハラ

Sexual harassment

セクハラ

Mental health

メンタルヘルス

パワハラ防止法とハラスメント防止義務
事業主における措置・対処法と職場復帰まで

弁護士 **水谷 英夫** 著

日本加除出版株式会社

第4版 はしがき

　本書第3版（2018年6月）を上梓してから今日までの約2年間に我が国の「ハラスメント」をめぐる環境は大きく変化しています。

　パワハラ，セクハラ，マタハラなどのハラスメント被害は深刻さを増し，一層の広がりをみせている反面，2019年5月，いわゆる「パワハラ防止」法が制定され，同年6月，ILO総会では初めて「仕事の世界における暴力とハラスメントの撤廃に関する条約」が採択され，ハラスメントに対する規制が前進しています。特に前者は2020年6月1日から指針と共に施行され（従業員300人以上の事業所，それ以下の事業所については2022年3月31日迄努力義務），あわせて改正された均等法，育介法並びに指針も同時期から施行されることになります。

　我が国の「パワハラ防止」法は，ILO条約とは異なり，パワハラに関する明確な禁止規定がなく，ハラスメント規制を事業主に対する行政指導を介して行うものであり，労働者側からは，その実効性に疑問の声が上がっていますが，従来，経営者側からの反対で全く実現しなかったパワハラに対する法規制が，我が国で初めて実現したことは評価に値するものと思われます。

　ハラスメントは，他者を侮辱する人権侵害であるだけでなく，職場秩序に深刻な被害をもたらし，しかもこれらの被害はしばしば不可逆的であることから，ハラスメントに対しては迅速な対処により被害拡大を回避するとともに，何よりも予防対策が肝要というべきです。したがって，今回のパワハラ防止法をベースラインとして，各企業において，より実効性のあるパワハラ対策を行うことが求められています。

　同法施行に伴う就業規則等の整備に際しての留意点として，3割超の民間企業で従業員の3人に1人が被害を受けているにもかかわらず，約4割がその後の対応として「何もしなかった」と回答していることにとりわけ注視が必要です（厚労省の「職場のパワーハラスメントに関する実態調査」（平成28年）本書18～20頁参照）。ハラスメント被害を訴えても会社に放置されるということは，従業員の会社に対する信頼を裏切ると共に，世間からは，人権を尊重しない会社であると見なされることにもなり（いわゆる「ブラック企業」！），会社の社会的使命を損なうものというべきです。

　ハラスメントに対する対処について，第 3 版「はしがき」で「多くの企業
では一応の相談体制はとりつつも，現実にハラスメントの訴えがなされた場
合に適正迅速な対処ができず，かえって相談者の不信を招き事態を悪化させ
るケースがみられ，また弁護士などの法律実務家が，被害者若しくは会社側
から相談を受けた場合でも，適切な法的アドバイスや方針を伝えきれずにい
たずらに時間を経過し，かえって事態の悪化を招くこともしばしば見聞きし
ます」と記しましたが，残念ながら，今日でも同様の事態が広範に存在して
いると言わざるを得ません。

　事業主は，ハラスメントの被害者が安心して相談ができる体制を早急に構
築する必要があり，そのためには外部窓口の整備も必要とされ，実効性ある
相談窓口を整えるためには，弁護士などの法律実務家も，パワハラ防止法制
定を契機に一層の研鑽が求められているというべきでしょう。

　本書には，パワハラ防止法の内容や第 3 版以降の判例も含め，可能な限り
掲載しています。本書は日本加除出版の渡邊宏美さんの激励と事務所スタッ
フの星野綾子さんの助力により出版することができ，感謝する次第です。私
が参加している東北大学社会法研究会でいつも有益なご意見を頂いてきた，
伊藤博義先生（元宮城教育大学長），砂山克彦先生（元岩手大学教授），大山宏
先生（元岩手県労働委員会会長）の諸先輩がこの間相次いで亡くなり，痛恨の
極みです。先生方にはこの場を借りて心から哀悼の意を表します。

　本書がいじめ，パワハラ，セクハラ等のハラスメントやそれによるメンタ
ル不全で悩んでいたり，相談業務を担当されている人々に活用されることを
願ってやみません。

　2020 年 3 月　初春の仙台にて

　　　　　　　　　　　　　　　水 谷 英 夫

凡　　例

【法令略語】

育介法 （育児・介護休業法）	育児休業，介護休業等育児又は家族介護を行う労働者の 福祉に関する法律
均等法 （男女雇用機会均等法）	雇用の分野における男女の均等な機会及び待遇の確保等 に関する法律
均等則	男女雇用機会均等法施行規則
高齢者虐待防止法	高齢者虐待の防止，高齢者の養護者に対する支援等に関 する法律
最賃法	最低賃金法
児童虐待防止法	児童虐待の防止等に関する法律
障害者虐待防止法	障害者虐待の防止，障害者の養護者に対する支援等に関 する法律
障害者差別解消法	障害を理由とする差別の解消の推進に関する法律
女性活躍推進法	女性の職業生活における活躍の推進に関する法律
促進法 （障害者雇用促進法）	障害者の雇用の促進等に関する法律
配偶者暴力防止法	配偶者からの暴力の防止及び被害者の保護に関する法律
派遣法	労働者派遣事業の適正な運営の確保及び派遣労働者の保 護等に関する法律等
パワハラ防止法 （ハラスメント防止法）	労働施策総合推進法
労安法	労働安全衛生法
労基法	労働基準法
労契法	労働契約法
労災法	労働者災害補償保険法

【判　　例】

判例・出典等については，主に次の略記法を用いた。

　　最高裁判所第三小法廷 昭和 52 年 12 月 13 日 判決 最高裁判所民事判例集

凡　　例

第 31 巻第 7 号 1037 頁　→　最三小判昭 52.12.13 民集 31 巻 7 号 1037 頁

民集　　　　　　最高裁判所民事判例集
判時　　　　　　判例時報
判タ　　　　　　判例タイムズ
労経速　　　　　労働経済判例速報
労判　　　　　　労働判例

目　次

第1章　ハラスメントの実態　　　　　　　　　　　　　1

第5章　ハラスメント・メンタル不全対処法　

Ⅰ　はじめに　

Ⅱ　ハラスメント防止対策　

Ⅲ　相談体制の整備

Ⅳ　ハラスメント対処法 ——————————247

第6章　終わりに

Ⅰ　新たなステージに入ったハラスメント規制

Ⅱ　使用者の職場環境配慮義務(=「ハラスメント防止義務」)実践を！

事　例　目　次

・・・・・・・・・・・・・・・・・・・・・・・・・・・・・・・・・・

図 表 目 次
●●●●●●●●●●●●●●●●●●●●●●●●●●●●●●●●●

ハラスメント関連年表

1986（S61）	4月	男女雇用機会均等法（以下「均等法」）施行
	6月	アメリカ連邦最高裁セクハラに関する判決（Vinson判決）
	7月	労働者派遣法施行
1989（H1）	8月	福岡セクハラ訴訟提訴
	12月	「セクシュアルハラスメント」流行語大賞
1992（H4）	4月	育児休業法施行
1995（H7）	6月	育児・介護休業法成立
	9月	関西電力事件最高裁判決
1997（H9）	6月	改正均等法　事業主のセクハラ配慮義務
1998（H10）	4月	片山組事件最高裁判決
	11月	人事院規則10-10　セクハラ規制
1999（H11）	9月	厚労省「心理的負荷による精神障害等に係る業務上外の判断指針について」
2000（H12）	3月	電通過労死事件最高裁判決
2001（H13）		クオレ・シー・キューブ，「パワハラ」の造語
2005（H17）	1月	中央労働災害防止協会「パワーハラスメントの実態に関する調査研究」実施
2006（H18）	10月	自殺対策基本法施行
2007（H19）	4月	改正均等法，事業主のセクハラ措置義務，男性も対象 労基法第6章の2，（女性から）「妊産婦等」に改正
	10月	静岡労基署長（日研化学）事件判決 名古屋労基署長（中部電力）事件判決
2008（H20）	2月	厚労省「上司の『いじめ』による精神障害等の業務上外の認定について」通達
	3月	労働契約法施行

ハラスメント関連年表

2010（H22）	1月	人事院「『パワー・ハラスメント』を起こさないために注意すべき言動例について」通知
2011（H23）	3月	厚労省「ストレス評価に関する調査研究」発表
	12月	厚労省「心理的負荷による精神障害の認定基準について」
2012（H24）	3月	厚労省　職場のいじめ・嫌がらせ問題に関する円卓会議「職場のパワーハラスメントの予防・解決に向けた提言」
	6月	個別労働紛争相談でパワハラ，セクハラがトップになる（以降連続）
	12月	厚労省　パワハラに関する初めての実態調査発表
2014（H26）	10月	マタハラ均等法違反最高裁判決（広島中央保健生協事件）
2015（H27）	3月	マタハラ Net「マタハラ白書」
	8月	日本労働組合総連合会　マタハラに関する意識調査発表
	12月	ストレスチェック制度発足
2016（H28）	2月	セクハラに関する最高裁判決（海遊館事件）
	3月	厚労省　セクハラに関する初めての実態調査発表
	4月	女性活躍推進法全面施行
		障害者差別解消法全面施行　障害者雇用促進法改正
		改正自殺対策基本法施行
	6月	厚労省　平成27年度精神疾患労災申請最多と発表
2017（H29）	1月1日	改正均等法，改正育介法，改正派遣法施行（事業主のマタハラ措置義務），改正セクハラ指針（事業主のLGBT対処義務）
		人事院規則10-15（マタハラ防止）制定，10-10（セクハラ防止）運用基準改正
	4月	厚労省「職場のパワーハラスメントに関する実態調査」（第2回）発表
	12月	米タイム誌「今年の人」に「#MeToo」運動
2018（H30）	4月	財務省事務次官女性記者へのセクハラ疑惑で辞任
		国立市、LGBTに関しアウティング（同意なき暴露）禁止条例施行
	5月	候補者男女均等法成立施行
		日大アメフト部事件
	6月	ILO，ハラスメントに関する初の国際基準作成に乗り出す
2019（H31）	3月	厚労省「介護現場のハラスメント実態調査」

（R1）5月　　　改正労働政策総合推進（略称「パワハラ防止」）法制定，均等法，育介法改定（6月5日公布，300人以上の大企業は2020年6月1日施行，それ以下の中小企業は2022年3月31日迄努力義務）

　　　　6月　　　ILO総会「仕事の世界における暴力とハラスメントの撤廃に関する条約」（190号），勧告（206号）採択

2020（R2）1月　　　パワハラ防止法，改正均等法，育介法指針公布（6月1日施行）

第 1 章

ハラスメントの実態

ハラスメントの実態

1　深刻化するハラスメント

　今日職場では，多くの人々がパワハラやセクハラ，マタハラなど様々なハラスメントにより，休職や退職を余儀なくされたり，ストレスからくるうつ病等の精神疾患によるメンタルヘルス不全で苦しんでおり，しかもこのようなハラスメントは，企業や組織の規模，民間，公務職場に関わりなく広範な広がりをみせています。

　こうした中，厚生労働省（以下「厚労省」といいます。）が2001（平成13）年10月から実施している個別労働紛争解決制度に基づき，全国の各都道府県労働局に寄せられる労働相談件数は，毎年100万件超，そのうち民事上の相談件数は約4分の1の26万件を推移している中で，ハラスメント相談は制度発足当初の2002（平成24）年は約6,600件（2002年は全体の5.8％）であったものが，その後急速に増加し，2012（平成24）年以降今日まで相談件数のトップを占めるに至っています（2018年は約8万3,000件，全体の約25.6％，**図表1−1**，「いじめ・嫌がらせ」と表示）。しかも「解雇」「退職」の中にも，ハラスメントとの関わりで起こることが多いことから，実際にはハラスメントによる被害はより広範であると思われます。

　ハラスメントの具体的内容は，本書で詳細に述べられているところですが，日本を代表する一流企業といわれる会社の中でも，「ブラック企業」（「ブラック企業」には幅広い解釈があり得ますが，ここでは労働法規やその他の法令に抵触又はその可能性のある労働を強いたり，パワハラ，セクハラなどのハラスメントを常套手段として従業員に強いる特質を持つ，要するにコンプライアンス等，企業の社会的責任を無視若しくは軽視する企業といえるでしょう）などと呼ばれ，一昔前であれば暴力団組織とみまがう

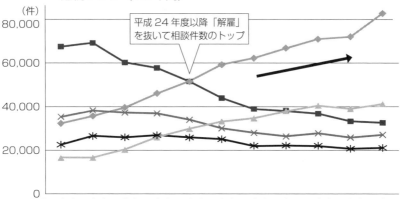

図表1－1　民事上の個別労働紛争の相談内容は，ハラスメントが7年連続トップ（10年間）

平成24年度以降「解雇」を抜いて相談件数のトップ

（件）

平成20年度 21年度 22年度 23年度 24年度 25年度 26年度 27年度 28年度 29年度 30年度

- いじめ・嫌がらせ 82,797件（＋14.9％）
- 自己都合退職 41,258件（＋5.9％）
- 解雇 32,614件（－2％）
- 労働条件の引き下げ 27,082件（＋4.8％）
- 退職勧奨 21,125件（＋1.9％）

※（　）内は対前年度比

資料：厚労省「平成28年度個別労働紛争解決制度の施行状況」（2017年6月）を基に作成。

ような言葉が新聞紙上をにぎわすようになってきていることは周知のとおりです。

2　パワハラ

(1)　民間職場では

　民間職場をみると，例えば電機大手のM電機では，2019年8月，新入社員の男性が，教育担当の上司から受けたパワハラや暴言のメモ——「次，同じ質問に答えられんかったら殺すからな！」「お前が飛び降りるのにちょうどいい窓があるで，死んどいた方がいいんとちゃう？」「質問に答えられなかった私に対して『自殺しろ』」——を残して自殺したことから，兵庫県警が上司を自殺教唆容疑で書類送検するという異例の

ケースが発生しています（2019年12月7日付日経新聞）。

　また近年，人手不足などを背景に従業員が出勤を強要されたり，有給休暇や子どもの看護休暇を取らせないなどのケースが報告されていますが，冬期間にわたって記録的なインフルエンザの流行が広がる中で，インフルエンザに罹患した従業員が仕事を休ませてもらえないという相談が各地の労働局相談窓口に増えています。例えばインフルエンザと診断されて3日休んだところ，上司から電話があり，「休みすぎだ。自分に甘いんじゃないか」と強い口調で責められ，従業員が「客にうつるかもしれない」と抗議すると，「休んだ3日分は無給だ！」「いやなら辞めてもらう」と言い渡されたケースなどは，パワハラにおける「過大な要求」に該当するばかりか，インフルエンザのような感染性の高い病気を蔓延させることになり，事業主は労働安全衛生法違反で罰則が適用されることもあるのです（2019年2月8日付日経新聞）。

(2)　公務職場では

　公務職場でもパワハラが蔓延しており，人事院への一般職国家公務員の苦情相談は年々増加している中で，最多を占めています（平成30年度，パワハラ23.5％，セクハラ4.0％，パワハラ以外6.0％など，令和元年7月5日付人事院発表，図表1－2）。

図表1－2　苦情相談の内容区分別事案数及び割合（常勤・非常勤）

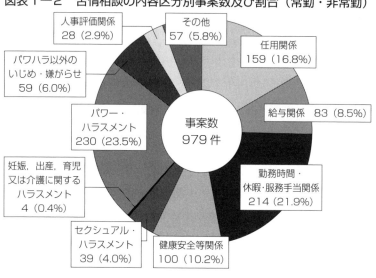

人事評価関係
28（2.9%）

その他
57（5.8%）

任用関係
159（16.8%）

パワハラ以外の
いじめ・嫌がらせ
59（6.0%）

給与関係　83（8.5%）

パワー・
ハラスメント
230（23.5%）

事案数
979件

妊娠，出産，育児
又は介護に関する
ハラスメント
4（0.4%）

勤務時間・
休暇・服務手当関係
214（21.9%）

セクシュアル・
ハラスメント
39（4.0%）

健康安全等関係
100（10.2%）

資料：人事院「平成30年度における苦情相談の状況」（2019年7月）

　例えば次のような深刻な相談事例が指摘できます（人事院「お互いが働きやすい職場にするために―パワー・ハラスメント防止ガイドブック―」2015年7月より引用）。

【相談事例】

　上司から日常的に次のようなパワハラを受けるので，苦痛に感じており，そのパワハラに所属長が加わることもある。①忘年会の席で，「お前を3月に辞めさせて後釜を探さないといかん」などと言いながら，首を絞める仕草をした。②年次休暇を請求する際，上司はいつも嫌がらせで「印鑑を押したくない」と言う。

(3)　地方自治体などでも

　また地方自治体でも，例えば警察署の上司が部下の男性に「お前の書類の書き方にはセンスがない！」「ボケ！」「ポンコツ」などと暴言を繰り返した例などの事例が報告されています（2019年2月2日付神戸新聞）。国や地方自治体では，非常勤，臨時の非正規職員が年々増加しており（2017年現在，国で約7万8,000人，22.7％，地方自治体で約64万3,000人），これらの職員は恒常的かつ専門的業務を担い，任期を更新して勤務することが少なくないにもかかわらず，1年（会計年度）以内の有期雇用が原則とされ，しかも民間職場で平成30年4月から始まったいわゆる無期更新制度（労契法18条）も適用されないことから，一律年数での雇い止めが横行し，今や公務職場のほうが民間よりも不安定な雇用実態となっており，パワハラの温床となっているといえます。

　例えばハローワークでは，3年ごとに非常勤職員が就労しているポスト自体が公募の対象となり，一般求職者と共に募集枠を競わされる結果，結果的に継続雇用された非常勤職員はいずれもメンタル不全となって退職したケースや，日本郵便で退職後継続雇用で勤務していた非正規職員が，配達途中にバイクを転倒させて怪我したにもかかわらず労災を認めてもらえなかったり，病気で5日休んだところ，上司に呼び出され「バイクの運転は大丈夫か？　診断書を出せ」と言われた上に雇い止めされたケースなどの実態が報告されています（2019年1月全労連公務部会，公務労組連絡会『非正規公務員酷書』12頁以下）。

3　セクハラ

(1)　女性の約3割がセクハラ被害

　セクハラについてみると，都道府県労働局に寄せられる均等法に関する相談は年間約2万件程度で推移している中で，セクハラが約4割とトップを占めて高止まりをしており（図表1-3），しかも平成30年度

図表 1 ― 3　男女雇用機会均等法関係の相談件数推移

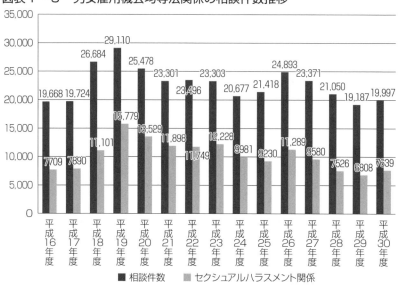

出所：厚労省平成 16 〜 30 年度「都道府県労働局雇用環境・均等部（室）における施行状況」より著者作成。

　の雇用均等基本調査では，セクハラ防止対策に取り組んでいる企業の割合は 64.3％にとどまり，ここ数年ほとんど変化がありません（その多くは「就業規則，労働協約等の書面でセクハラについての方針を明確化し周知した」が 66.9％であり，「相談，苦情対応窓口を設置した」は 49.4％にとどまり，これに対して「管理職に対してセクハラに関する研修などを行った」はわずか 20.3％にすぎません。）。

　セクハラは，被害者だけでなく行為者自身も退職を余儀なくされたり，裁判に至るケースもあり，未然の防止対策が重要なのです。

　このような状況の中で，厚労省が 2016 年 3 月，初めて実施した実態調査（2015 年秋，厚労省の委託を受けて労働政策研究・研修機構が実施し，就業中若しくは就業経験のある 25 〜 44 歳の女性を対象に約 1 万人から回答を得た）では，約 3 割（28.7％）がセクハラの被害を受けており，具体

図表 1 ― 4　実際に回答のあったセクハラの内容と被害者の割合

※数字は％

・容姿や年齢，身体的特徴について話題にされた	53.9
・不必要に身体に触られた	40.1
・卑猥な冗談や性生活など性的な話や質問をされた	38.2
・性的関係を求められた，迫られた	16.8
・セクハラ拒否や抗議をし，降格などの不利益を受けた	11.4

資料：労働政策研究・研修機構「妊娠等を理由とする不利益取扱い及びセクシュアルハラスメントに関する実態調査」結果　図表 12 より著者作成。

的には，容姿や年齢，性的な冗談やからかい，身体への不必要な接触，性的関係の強要などがあげられています（図表 1 ― 4）。

　そのうち約 6 割（63.4％）が「我慢した，特に何もしなかった」と回答し，上司や会社の窓口へ相談した人（13.5％）に対する対応でも，「特に何もしなかった」（22.7％），「上司や同僚から嫌がらせを受けた」（5.7％），「解雇，退職を強要された」（3.6％）と回答しており，パワハラと同様，ハラスメント共通の深刻な実態が明らかとなっています。

⑵　看護・介護職で増加するセクハラ被害

　また，高齢化社会に伴い，看護・介護職員が訪問介護・看護の過程で受けるセクハラ等のハラスメントが深刻化してきており，このような状況を受け，2019 年 2 月厚労省が初めて実施した実態調査（民間シンクタンクに委託し，訪問介護のほかデイサービス，施設など全国の介護事業所 2,155 か所と職員 1 万 112 人が回答）では，最も回答の多かった訪問介護では，職員の 50％が「利用者からハラスメントを受けた」と回答し，他の職種でも 4 ～ 7 割の職員がハラスメントを受けた経験があると回答しています。特に訪問介護職員が受けたハラスメントの種類（複数回答）のうち，暴言や脅迫などの精神的暴力（81％）が最も多く，次いで

図表1—5　訪問介護職員が経験したハラスメント被害

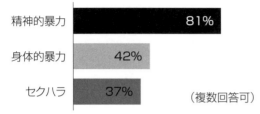

精神的暴力　81%

身体的暴力　42%

セクハラ　37%　（複数回答可）

資料：平成30年度厚生労働省老人保健健康増進等事業（介護現場におけるハラスメントに関する調査研究事業）より著者作成。

身体的暴力（42%），セクハラ（37%）となっており，2割の職員が利用者の家族からのハラスメントを受けていると回答しており，介護職員のセクハラ被害の比率が高いことが注目されます（図表1—5）。これに対してハラスメントを受けた職員の8割が，上司や同僚に相談しているものの，相談後の状況は約半数（43%）が「変わらなかった」と回答しています。

　特に訪問介護は利用者宅を職員が一人で訪ねることが多いことから，被害を受けやすい職場環境にあり，複数の職員で利用者宅に訪ねさせる事業者もあるものの，人手不足でこのようなケースは少数にとどまっており，これに対しては厚労省は事業者向けの対策マニュアルを公表し，トラブルがあった利用者との契約解除など相談体制の強化による職員のケアを求めていますが，十分な効果を発揮しておらず，実効性のあるハラスメント規制法が求められているゆえんでもあるのです。

(3)　取引先や顧客からのセクハラ被害

　これに加えて近年は，スマホなどのモバイル機器の普及により，特に営業職や店舗などのサービス部門を中心に，取引先や顧客からのセクハラ被害が顕著になってきています。このような取引先や顧客からの「社外」セクハラ被害は，社内での上司や同僚からのセクハラに比べ被害が顕在化しづらい面があり，上司に被害を訴えても，取引先との取引中断

を恐れたり，顧客への評判などを「忖度」したりして，被害をまともに取り上げてもらえず，結果として泣き寝入りとなることが多かったことによります。しかし 2018 年 4 月，テレビ朝日女性記者へのセクハラ発言疑惑で，財務省事務方トップが辞任に追い込まれた事件の際，女性記者に対して，夜の電話で「今度キスしような」とか，取材のアポ（約束）を確認するメールで，「デート楽しみにしています」「女性記者はホステスみたいなものだからな」等との発言がなされ，それに対して女性記者は，「本当は冗談で終わらせてはいけないとわかっていても，気持ちを押し殺して笑顔で返したのはなぜか。取材相手だからです。私を含めて数え切れない女性記者が，我慢を重ね屈辱に耐えていることに思いをはせてほしい」と述べています。

　2017 年末「今年の人」として米タイム誌の表紙を飾ったのは，沈黙を破って「#MeToo」運動を推進してきた性的被害を受けた女性達であり，今日米国企業の幹部人選には，性的ハラスメントに関する厳格な「身体検査」が求められるようになってきています。ひるがえって日本では，2016 年 4 月に女性活躍推進法が全面施行され，女性の就業率上昇など一定の成果が出てきているものの，女性蔑視を容認する社会環境が改善したとは言えない現状であり，ダイバーシティを推進するためには，女性の尊厳が強調されるべきです。

4　マタハラ

(1)　深刻なマタハラ被害

　更に近年，妊娠・出産を理由とした精神的・身体的嫌がらせ行為である「マタハラ」（マタニティ・ハラスメントの略である和製英語）も問題とされるようになっています。2014 年最高裁が妊娠を理由とした降格を原則として均等法違反とする判断を下したことを契機に，2015 年 11 月厚労省も初めてとなる実態調査を公表しています。

　同調査によると，ハラスメントの原因として，妊娠・出産自体が，約半数（45.9％）と最も高く，次いで「つわり，切迫流産などで仕事ができない，労働能率が低下した」（26％），「育児休業」（17.3％），「産前産後休業」（16％），「短時間勤務」（16％），「子の看護休暇」（15.4％）となっています。ハラスメントの行為者についてみると，「直属上司（男性）」が最も多く（19％），次いで「直属上司よりも上位の上司（男性）」（15％），「直属上司（女性）」（11％），「職場の同僚・部下（女性）」（9.5％）となっており，他方被害者の半数（48.7％）は派遣労働者で占められ，次いで正社員（フルタイム）が21.8％，契約社員等（有期）13％となっています。ハラスメントの具体的な内容をみると，大半は「迷惑だ」「辞めたら？」の発言（47％）やそれを示唆する発言（21.5％）等で占められ，次いで雇い止め（21％），解雇（20％），ボーナス等の不利益支給（17％），退職強要や非正規への転換強要（15.9％），不利益配転（14.8％）などとなっています。

(2)　6割の女性が妊娠，退職

　また同時期に，NPO法人マタハラNetが被害実態をまとめた「マタハラ白書」（2015年）では，よりストレートなハラスメントの実態が明らかになっており，例えば内定式で経営者から「妊娠しないでください」と言われたり，切迫流産で安静にするようにと診断を受けた際，直属の上司から「けじめをつけろ！」と退職を迫られて「妊娠して申し訳ありませんでした」と反省文を書かされたり，女性上司から「私は育児休暇など取らなかったわよ」「堕ろすのは簡単！　10数えれば終わるから」等の暴言を浴びせられるケースが指摘されています。

　しかもこれらハラスメントは，企業規模に関わりなく，育児休業制度が整っている大企業でも発生しており，同年実施した連合の調査でも，働く女性の6割が妊娠したら退職すると回答しているのです。

5　障害者雇用と虐待

(1)　障害者雇用義務

　身体・知的・精神障害等を負う障害者に対する，家庭，福祉施設，職場での虐待（身体的，性的，心理的，放置，経済的）に対して，2011 年制定された障害者虐待防止法（2012 年 10 月施行）により，発見者に対して地方自治体への通報が義務付けられ，その中でも職場での上司等からの虐待については，労働局が調査，指導，実態公表を行うこととされており（家庭の場合，市町村が家族の許可なく家屋内への立入り調査ができ，福祉施設の場合，都道府県が調査，指導，実態公表を行う），言うまでもなくこれら虐待の多くはハラスメントを構成するものでもあります。

　障害者，児童，高齢者等の社会的マイノリティに対する虐待に対しては，既に児童虐待防止法（2000 年 11 月施行），高齢者虐待防止法（2006 年 4 月施行）により規制がなされるようになってきていますが，障害者に関しては，我が国が 2014 年批准した障害者権利条約を踏まえ，2016 年 4 月から障害者差別解消法と改正障害者雇用促進法が全面施行され，事業主に対し，差別的取扱禁止と合理的配慮措置の提供義務を課すと共に，従業員が一定数（平成 30 年 4 月から 45.5 人）以上規模の事業主は，従業員に占める障害者（身体，知的，精神）の割合を，法定雇用率（民間 2.2%，国，地方公共団体 2.5% など）以上にする義務が課され（障害者雇用促進法 43 条第 1 項），職場への障害者の雇用促進がなされるようになってきています。

(2)　障害者虐待

　それに伴って就労中の障害者への身体的，性的，心理的虐待や放置などのハラスメントが年々増加しており，都道府県労働局で認められた虐待件数は，平成 30 年度で 900 人と近年 1,000 人前後を推移しています（図表 1 － 6。そのうち，最賃法以下などの経済的虐待が最も多く（83.0%），次いで心理的（9.7%），身体的（4.4%）の順となっています。）。具体的に

図表1－6　虐待が認められた障害者数

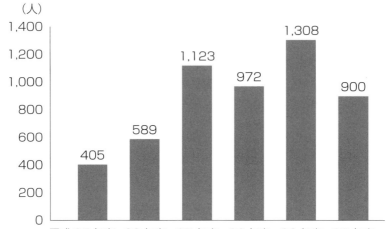

資料：厚労省「平成30年度使用者による障害者虐待の状況等」より著者作成。

は，身体障害者が上司から殴られたり，たたかれたりの暴行や，「給料泥棒」「出勤してくるな」等の暴言を受けたケースや，発達障害の女性が上司から抱きつかれたり，お尻を触られたり，しつこく食事に誘われたり，自宅を訪問されて抱きつかれる等されたケース，知的障害者が作業で時間がかかったり，一度教えてもらったことを覚えられずに作業が遅れると，上司から「何をやっているんだ」「早くしろ」「帰れ，2度とくるな」などと怒鳴られたり，殴る，蹴るなどの暴力を振るわれたりするケースが数多く明らかとなっており，これらはいずれも労働局から事業主への是正指導がなされています。

拡大する被害

1　メンタル不全

⑴　強いストレス

　職場におけるハラスメント被害は，前述したとおり，被害者自身の身体，精神への影響のみならず職場環境全体への影響をみてとることができます。

　まず被害者個人に対する影響をみると，ハラスメントは被害者に対し強度のストレスを与え，うつ病等の精神疾患を招来することが明らかとなってきています。例えば，厚労省が 2010 年度に実施した「ストレス評価に関する調査研究」（日本産業精神保健学会）によると，人生で想定される様々なライフイベント（生活上の出来事）を 0 ～ 10 の 11 段階（目安 0 ＝全くストレスを感じなかった，5 ＝中程度のストレスを感じた，11 ＝極めて強いストレスを感じた）で評価させて点数化させたところ，ストレス強度の最上位が「ひどい嫌がらせ，いじめ，又は暴行を受けた」（7.1）とされ，次いで「退職強要」（6.5），「左遷された」「長時間（1 か月 140 時間以上）の残業」「交通事故」（いずれも 6.3），「上司とのトラブル」（6.2）等と上位にハラスメント関連が並んで，これによってもハラスメントが被害者に強いストレスを与えていることがわかります（図表 1 － 7）。

⑵　増加する労災申請

　この結果，この間，精神疾患による労災申請は 2009 年以降毎年 1,000 件台を超え，2018 年度には 1,820 件と過去最高を更新して，労災認定者も 500 人前後に達しており，その中でも「（ひどい）嫌がらせ，いじめ又は暴行を受けた」「上司とのトラブル」「同僚とのトラブル」「セクハ

図表1－7　ストレス点数のランキング上位10の「具体的出来事」

順位	質問事項	点数	標準偏差	人数	頻度(%)
1	ひどい嫌がらせ，いじめ，又は暴行を受けた	7.1	2.9	616	5.9
2	退職を強要された	6.5	3.6	189	1.8
3	左遷された	6.3	3.1	280	2.7
4	1か月に140時間以上の時間外労働（休日労働を含む）を行った	6.3	3.2	423	4.0
5	交通事故（重大な人身事故，重大事故）を起こした	6.3	3.1	492	4.7
6	上司とのトラブルがあった	6.2	2.8	1437	13.7
7	重度の病気やケガをした	6.2	2.8	1222	11.6
8	訴訟を起こした，起こされた	6.1	3.5	125	1.2
9	1か月に120時間以上，140時間未満の時間外労働（休日労働を含む）を行った	6.1	3.1	554	5.3
10	会社で起きた事故（事件）について責任を問われた	6.0	2.9	476	4.5

資料：厚労省 第5回精神障害の労災認定の基準に関する専門検討会　資料1－
　　　1「ストレス評価に関する調査研究」（平成23年3月）より著者作成。

図表1－8　嫌がらせ・いじめ・暴行を受けたことによる精神障害の労災
　　　　　認定件数

	24年度	25年度	26年度	27年度	28年度	29年度	30年度
請求件数	1,257件	1,409件	1,456件	1,515件	1,586件	1,732件	1,820件
支給決定件数（総数）	475件	436件	497件	472件	498件	506件	465件
（ひどい）嫌がらせ，いじめ，又は暴行を受けた	55件	55件	69件	60件	74件	88件	69件
上司とのトラブルがあった	35件	17件	21件	21件	24件	22件	18件
同僚とのトラブルがあった	2件	3件	2件	2件	0件	1件	2件
部下とのトラブルがあった	4件	3件	0件	1件	1件	0件	3件
セクハラを受けた	24件	28件	27件	24件	29件	35件	33件

資料：厚労省「過労死等の労災補償状況」（平成24～30年度）より著者作成。

ラを受けた」「退職を強要された」などのハラスメントに関連する精神疾患が，4分の1（約120人）を占めるに至っています（厚労省「平成30年度過労死等の労災補償状況」）（図表1―8）。

(3)　安心できる職場環境を！

　ただでさえ，現在の職場はストレスに満ちており，その中で，ハラスメントによってうつ病などの心の病を発症してしまった場合，落ちついて治療に専念できる環境が必要となります。うつ病等も仕事が原因で発生した場合には，業務上労災として一定期間の治療や休業を保障していますが（労基法19条，75条以下，労災法7条），後述するとおり，これまでの実務においては，うつ病等の心の病はなかなか労災認定されず，私傷病扱いされてきたことから，大半の労働者は有給休暇を消化し，さらに休職制度のある企業でも，休職期間満了でも活動しない場合には，解雇や退職を余儀なくされてきました。また，本来幸せな出来事であるはずの妊娠をしたことをきっかけとして，退職を迫られたりした場合，これらの人々は悲観し落ち込んでしまい立ち直ることが困難にもなるなど，今私たちの社会の職場にはこのような現実が蔓延しているのです。

2　職場能率の低下

(1)　職場能率の低下

　しかもこれらの職場におけるハラスメントは，被害者自身の身体，精神的被害をもたらすばかりでなく，職場環境全体への被害も与えるようになってきています。例えば，厚労省が実施した「職場のパワーハラスメントに関する実態調査」（平成28年）では，パワハラや職場や企業に与える影響に関して，企業の回答では「職場の雰囲気が悪くなる」「従業員の心の健康を害する」「従業員が十分に能力を発揮できなくなる」「人材が流出してしまう」という点では多くの企業の認識は一致し，職

図表1-9　パワーハラスメントが職場や企業に与える影響

（複数回答可，パワーハラスメントの予防・解決のための取組の
実施状況（対象：全回答者，単位%））

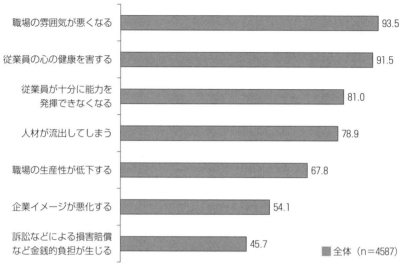

資料：厚労省「職場のパワーハラスメントに関する実態調査」（平成28年度）より著者作成。

場の「いじめ」等が職場環境を侵害し，経営環境にも影響を与えるようになってきた実態が明らかになってきている一方，「職場の生産性が低下する」「企業イメージが悪化する」「訴訟などによる損害賠償など金銭的負担が生じる」という点では認識が低く，しかもパワハラ対策を実施している企業と未実施企業との間にも格差があることが指摘できます（図表1-9）。

(2)　ハラスメントを放置する企業風土

　このように職場におけるハラスメントは，被害者自身のみならず職場環境全体に深刻な影響を与えてきていることにもかかわらず，前述したとおり，職場には依然として広範にハラスメントが蔓延しているのが現状と言わざるを得ず，その原因として，厳しさを増す職場環境に加えて，

ハラスメントを放置する企業風土や人々の意識などを挙げることができ，他方ではそれに対する対策の遅れを指摘することができるでしょう。

　例えばマタハラについてみると，日本労働組合総連合会が実施した2015年の「第3回マタニティハラスメント（マタハラ）に関する意識調査」では，「マタハラ」を言葉として知っているとする回答が9割を超えているにもかかわらず，前述した最高裁判決以降でも，企業内での意識変化を「感じない」とする回答が6割超を占め，育児休業が取れないとする回答が4割に達しているのです。

(3)　6割超が「泣き寝入り」―セクハラ

　また，2016年3月，厚労省（労働政策研究・研修機構が実施）が初めて実施した「妊娠等を理由とする不利益取扱い及びセクシュアルハラスメントに関する実態調査」に基づく発表によると，働く女性の約3割（28.7%）がセクハラ被害に遭い，その中でも，性的関係を求められたケースが1割超あり（16.8%），マタハラ被害は2割を超えており（21.4%），このような深刻なハラスメント被害に対する対応をみると，セクハラ被害に対しては，何と6割超（63.4%）も「我慢した。特に何もしなかった」と回答し，相手に抗議したのはわずか1割（10.2%）にとどまり，会社の窓口や担当者，上司等に相談した場合でも，「対応が行われた」のは3割超（36.4%）にとどまり，2割超（22.7%）は何も対応が行われず，それどころか，逆に嫌がらせをされたり（5.7%），解雇などの不当な取扱いを受けたケース（3.6%）も見られるのです。

(4)　3人に1人―パワハラ被害

　パワハラについても，前述のとおり，厚労省の「平成28年度職場のパワーハラスメントに関する実態調査」では，3割超の民間企業等で，従業員の3人に1人（32.5%）が，過去3年以内に職場で暴言や嫌がらせなどのパワハラ被害を受けたと回答しており（図表1―10），また「パ

図表1－10　パワーハラスメントの発生状況（パワハラを受けた経験）
　　　　過去3年間にパワハラを受けたことはありますか？

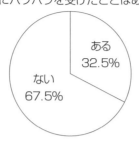

ある
32.5%

ない
67.5%

資料：厚労省「職場のパワーハラスメントに関する実態調査」（平成28年度）従
　　　業員調査より著者作成。

図表1－11　パワーハラスメントを受けて（被害者の行動）
　　　　そのパワハラを受けた後どうしましたか？（複数回答可）

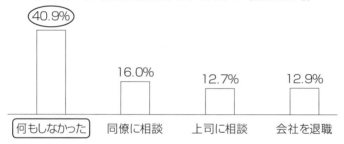

40.9%　　　16.0%　　　12.7%　　　12.9%

何もしなかった　同僚に相談　上司に相談　会社を退職

（回答：3,250人（過去3年間にパワハラを受けたと回答した者））
資料：厚労省「職場のパワーハラスメントに関する実態調査」（平成28年度）従
　　　業員調査より著者作成。

ワハラを見たり相談を受けたことがある」は3割（30.1%）「指摘された
ことがある」も1割超（11.7%）と，いずれも前回平成24年調査を上
回っています（各々25.3%，28.2%，7.3%）。

　またパワハラの行為類型についてみると，2回の調査でいずれも「精
神的な攻撃」が最も高く（平成28年度54.9%，平成24年度55.6%），次
いで「過大な要求」（29.9%，28.7%），「人間関係からの切り離し」（24.8%，
24.7%）等となっており，原因として，会社の対応が「パワハラについ

て判断せず，あいまいなまま」とするものが半数（57.7%），申告しても
プライバシーが守られなかったり，相手に伝えられてしまう（8.4%），
「パワハラと認めなかった」（22.3%）があげられます。

3　メンタル不全の無自覚・ためらい

　それに加えて，精神的被害に対する当事者らの無自覚と無知や職場の
無理解が，被害を拡大している面が少なくないといえます。

　我が国では自殺者数は，2011 年まで 14 年連続毎年 3 万人を超えてい
ましたが，それ以降は減少に転じ，2019 年には 2 万人台を切るまでに
低下していますが（速報値 1 万 9,959 人），未だに毎日 60 人前後が自死し
ており，その中でも東京など大都市部での 30 代以下の若者の自殺が，
全体の 3 割と死因のトップを占めるに至っており，国際的にみても異常
な事態となっています（図表 1 ―12）。

　自殺の原因，動機としては，健康問題が最多を占め，次いで経済・生活
問題，家庭問題が続いており，ストレスを抱えた本人が「ストレスや悩み
を感じたときにだれかに相談したり，助言を求めること」に「ためらい
を感じる」とする者が半数近く（43.4%，うち男性 48.9%，女性 38.7%），
特に働き盛りの中高年男性では 5 割から 6 割に達し（40 代 57.0%，50 代
50.1%），悩みを一人で抱えこむ傾向にあることをみてとることができ
るのです（図表 1 ―13）。

　しかもこのように当事者本人がストレスを抱え込む傾向は，個人的要
因のみならず，職場環境に大きく左右されることも明らかとなってきて
いる中で，「平成 23 年労働安全衛生特別調査」（2011 年 10 月実施）によ
ると，大半の企業ではハラスメント等を原因とするストレスによるメン
タル不全を，「本人の性格の問題」（64.0%）ととらえたり，「上司・部下
のコミュニケーション不足」（30.6%）ととらえる傾向にあり，その結果，
ハラスメントによるメンタル不全が表に出ることを妨げており，ハラス

図表1－12　自殺者数の推移（自殺統計）

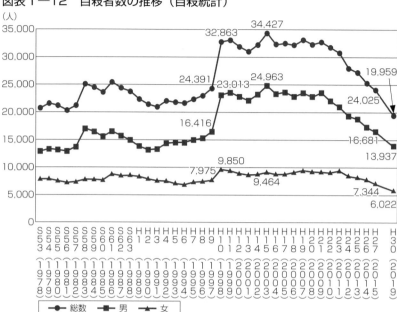

資料：警察庁「自殺統計」より厚労省自殺対策推進室作成（2019年は速報値）。

メントが職務能率の低下等職場環境に重大な影響を与えているにもかかわらず、ハラスメントに対する企業の対応が著しく遅れる要因となっていると言わざるを得ません。

図表1—13　相談や助けを求めることにためらいを感じるか？

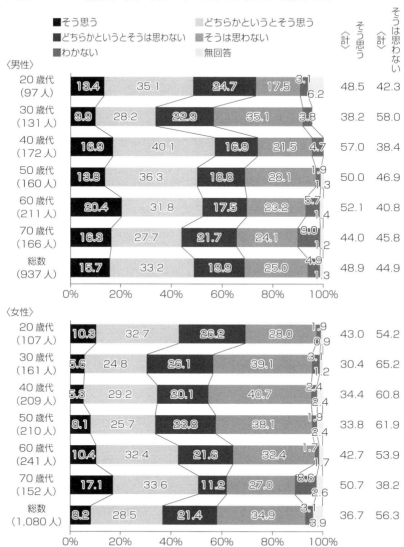

資料：内閣府「自殺対策に関する意識調査」（平成24年1月）より著者作成。
※「ためらいを感じる」割合が，中高年の男性（40～60歳代）で5割超と特に多くなっており（女性は同世代で30～40%），他者に対する支援を求めることに性差があることが注目される。

強化される対策

1　ハラスメント防止対策

⑴　「セクハラ・マタハラ」の規制強化

　ハラスメント被害が前述したとおり広範かつ深刻化するにつれ，今日これに対する対策が本格化しています。最も早くハラスメントに対する規制がなされるようになったのは，主として女性にとって不快な性的言動であるセクハラに関するものであり，1997 年には均等法に事業主の配慮義務が盛り込まれ，1998 年には人事院規則で規制がなされ，2007年には事業主の措置義務にされると共に，男性に対するセクハラも規制対象とされるようになります。

　やがて 2010 年代に入ると，妊娠，出産等を理由としたハラスメントであるマタハラが問題とされるようになり，2014 年の最高裁判決を契機に，2017 年には均等法，育介法等に事業主の措置義務が規定され，また人事院規則でも規制されるようになり，更にいわゆる LGBT・SOGI ハラに対する事業主の措置義務も規定されるようになります。

⑵　「パワハラ」の規制強化

　しかしながら職場における優越的地位を背景としたハラスメントであるパワハラに対しては，2010 年，公務職場において人事院が規制を開始したものの（各省庁府通知），民間職場においては法的規制が遅れ，2012 年厚労省の円卓会議提言にとどまっていました。このような中，パワハラ被害の広がりの中で，第 2 章で詳述するとおり 2018 年に入り，ILO 総会がハラスメント条約審議を開始したことを受け，同年 12 月，厚労省審議会はハラスメント防止対策建議を行い，更に 2019 年 5 月制定の改正労働施策総合推進法（6 月 5 日公布）により，事業主へのパワ

ハラ防止措置義務等が設けられています（常時 300 人超の労働者を雇用する事業主は 2020 年 6 月 1 日から施行，300 人未満の場合は 2 年間努力義務）。

　また 2019 年 6 月には，ILO 総会が，ハラスメントを禁止する初の国際労働基準である，「仕事の世界における暴力とハラスメントの撤廃に関する条約（190 号）」と同名の勧告（206 号）を採択しています。

(3)　障害者などに対するハラスメント規制

　また職場におけるハラスメントにさらされやすい障害者に関しては，我が国が 2014 年に批准した障害者権利条約を踏まえ，2016 年 4 月 1 日から障害者差別解消法と改正障害者雇用促進法が全面施行されています。特に改正促進法は，新たに事業主に対し，雇用の分野での「障害者」の差別的取扱い禁止と合理的配慮の提供義務を課すと共に，法定雇用率算定基礎の対象に精神障害が加えられ（平成 30 年 4 月 1 日から施行），ハラスメントによりうつ病などのメンタル不全に陥って就労が困難になっていたり，休職していたりする場合，事業主には「過度の負担」がない限り合理的配慮措置義務が生ずることになり（詳細は指針で規定），これらの立法はいずれも職場からハラスメントを排除することに資するものといえます。

　更に職場におけるハラスメントの背景に優越的地位を濫用したパワハラ・セクハラの存在があることから，職場における女性の地位向上を目指して，2016 年 4 月 1 日から全面施行された女性活躍推進法では，女性の採用や昇進機会拡大を図るため，企業や自治体に女性の登用目標など行動計画の策定，公表を義務付けています（常時 300 人超の労働者を雇用する事業主，国，地表自治体。300 人未満の場合は努力義務）。

2　メンタル不全対策

(1)　「心理的負荷による精神障害の認定基準」

　ハラスメントを受けた人がうつ病等の精神障害に罹患し，職場能率の低下をもたらすことが広く知られるようになってきたことから，うつ病等による精神疾患による労災申請の増加への対応が行われるようになってきており，1999 年労働省（当時）は労災認定に際して，うつ病や自殺が業務上の心理的負荷が原因か否かの判断に際しての判断基準を出し（「心理的負荷による精神障害等に係る業務上外の判断指針」），2003 年に入り労災認定をされる事例が現れ，2005 年にはセクハラ，2008 年 2 月にはパワハラに関する通達が相次いで発出され，さらに 2011 年 12 月には「心理的負荷による精神障害の認定基準」が新たに策定されて，パワハラ，セクハラ等に起因する精神障害について迅速・簡易な処理を目指すようになってきています。

(2)　過労死等防止対策

　また 2006 年に施行された自殺対策基本法では，政府に自殺対策の大綱作りを義務付け，2016 年 4 月施行の改正法では，実効性を高めるため自治体ごとに自殺対策の計画作りを義務付け，若者の自殺対策強化が目指され，2014 年 6 月に制定（同年 11 月 1 日施行）された過労死等防止対策推進法では，「過労死等」の中に，「業務における強い心理的負荷による精神障害等を原因とする自殺による死亡又は（中略）精神障害」を含め，ハラスメントによるうつ病などの精神疾患を含む精神障害を防止するための対策を，国，地方公共団体，事業主及び国民の責務としています。

(3)　ストレスチェック制度

　さらに 2015 年 12 月 1 日から導入されたストレスチェック制度（労安法の一部改正）では，ハラスメントによるうつ病等のメンタル不全を未

然に防止するため，事業主に従業員の「心理的負担等を把握するための検査等」（＝ストレスチェック）の定期的な実施を義務付けています（常時50人以上の労働者を雇用する事業主に義務付けられ，50人未満については「当分の間」努力義務とされる）。

⑷　メンタルヘルス対策は使用者の義務！

　このように，我が国のハラスメント対策は各種立法が整備され，また，行政レベルでも本格化してきているといえますが，前述したとおり，職場における企業レベルでのハラスメント防止対策は遅々としていると言わざるを得ない現状で，何よりもハラスメントをいかにして職場から撲滅していくかに社会全体が取り組むべき時期に来ていると言えるのであり，本書はこのような課題に対する書でもあるのです。

　使用者は，ハラスメントを防止すべき職場環境整備義務を負っており（民法1条2項など），しかも今日職場では，メンタルヘルス不全の悪化が世界的な規模で問題とされ，メンタルヘルス対策は，このような使用者が負う職場環境配慮義務の一部を構成しているものなのです。

第2章

ハラスメントとは何か？

ハラスメントとは何か

1　ハラスメントの意味

(1)　「ハラスメント」とは

　「ハラスメント」という言葉はそもそもどのような行為を意味するのでしょうか。ハラスメント（Harassment）は日常用語としては「自分より弱い立場にある者に対して，心理的・肉体的攻撃を繰り返し，相手に深刻な苦しみを与える行動」（『講談社カラー版　日本語大辞典』講談社，1989年）とされ，元来は他者に対して「不愉快若しくは威嚇的な態度をとる」「しつこく不快なことをする」「繰り返し嫌がることをする」などという，相手にとって「不快」と感じる行為や態度を意味する英語であり，各国では，モビング（Mobbing），ブリング（Bullying），スピッティング（Spitting），モラルハラスメント（Moral harassment）など，様々な表現で語られ，我が国でも従来から「いじめ」「村八分」「いやがらせ」などと表現されてきた現象のことです。この場合，ハラスメントは私たちの身の回りの「身近」な行為の一つとして，いわば日常生活上のエチケット違反とされるようなものから，社会規範に逸脱し法的にみて違法不当とされるものまで含まれる広範な行為を意味しているのです。

(2)　「ハラスメント」の特徴

　しかしながら今日私たちが「ハラスメント」という言葉で問題としているものは，このようなハラスメントの中でも，職場や学校，家庭などの「身近な」場面で，上司や教師，親や夫など「力関係で優位にある者」が，部下や妻，子供に対して，職務逸脱行為や性的関係の強要，暴言，暴行などの理不尽な行為によって，精神的・身体的苦痛を与えることを意味しています。

このようにハラスメントが，同一集団内での力関係を反映したものであることから，ハラスメントの判断は，行為者の意図よりは，当事者の関係性（優位性）が重要視されることになり，したがって「加害者」が自分には仮に故意や悪意がなく，単なる冗談や相手方の了解を得ていると思い込んでいたとしても（特にセクハラの場合が典型），「被害者」がそれを「不快」「苦痛」と感じている場合にはハラスメントとされる可能性が高くなり，また，「優位性」は組織内で相対的なものであることから，誰もが「加害者」になったり，「被害者」になったりするという特質を有することになるのです（特にパワハラに典型）。

(3)　「ハラスメント」の共通点

このようなハラスメントの日常的・社会的な意味が明らかになってきましたが，ここからハラスメントに対するいくつかの共通点が浮かび上がってくることになり，それをまとめると，①地位を利用・濫用し，②他者を「侮辱」し，人間の尊厳を傷つける「態度」によって，③精神的・身体的苦痛を与え，④うつ病等のメンタルヘルス不全や職場環境等の悪化をもたらす，という特徴を有していることが指摘できるでしょう。要するにハラスメントが社会に問いかけている問題は，「他者を侮辱するな！」「他者を自らの欲望や野望の道具にするな！」ということであり，いわば，カントがかつて述べたように「人間を手段ではなく，目的として扱え」（＝定言命題）ということでもあるのです（カント　波多野精一ほか（訳）『実践理性批判』岩波書店（1979年）76頁）。

2　様々な「場面」で発生するハラスメント

(1)　「力」関係の存在

今日私たちは，ハラスメントを「身近な」（＝同一集団内）場面で「力関係で優位にある者」が劣位にある者に対して行う「精神的・身体的苦

痛」と位置付けており，このようにみた場合，「同一集団」は，学校，職場，地域社会等の生活や活動の場を共有する人間の集合体を意味し，このような「集団」内において，教育，労働，扶養，仲間関係などを介して何らかの「力」関係が存在する場合，そのような力関係を利用・濫用して，様々な形態のハラスメントが発生することになります（例えば強力な指揮命令関係にある軍隊や警察などでしばしばいじめが問題とされるのは，このようなことと関係しているのです）。

　次の文章は，今日では古典的名著とされている教育学者の説明であり，「いじめ」という言葉を「ハラスメント」と置き換えることにより，ハラスメントの意味がよく説明されているといえるでしょう。

学校におけるいじめ

　「『いじめとは，同一集団内の相互作用過程において優位にたつ一方が，意識的に，あるいは集団的に，他方にたいして精神的，身体的苦痛を与えることである』。ここでいじめを『同一集団内』に限定したのは，街頭での行きずりの人間にたいする暴行，恐喝，窃盗，いやがらせなどと区別するためである。また，この『同一集団内』という規定によって，私たちはいじめを逸脱行動として位置づけている。『いじめ』の対極には，『いたわり』『相互支持』『友愛』などの概念がある。つまり，いじめとは，本来同じ集団のメンバーなら示すであろうこうした望ましい人間関係のあり方とされている行為から逸脱した現象なのである。」（清水賢二＝森田洋司『いじめ―教室の病』金子書房（1986 年）25 - 26 頁）。

(2)　様々なハラスメント

　ハラスメントは，職場の場合は「パワー・ハラスメント（パワハラ）」，大学や教育現場の場合は「アカデミック・ハラスメント（アカハラ），

スクール・ハラスメント，キャンパス・ハラスメント」などと表現されており，それ以外でも健康被害に関連してタバコによる「スモーク・ハラスメント」（特に受動喫煙），医療行為におけるインフォームド・コンセントに関連して「ドクター・ハラスメント」や患者からの不当な要求の「モンスター・ペイシェント（患者ハラスメント）」，学校に対して自己中心的で理不尽な要求を繰り返す保護者を意味する「モンスター・ペアレント」や理不尽な苦情を要求する顧客を意味する「カスタマー・ハラスメント」などが問題とされる等，様々な類型のハラスメントが社会問題となってきているのです。また特に保護，扶養，療養義務のある者が，その対象者に対して苦痛を与える場合には，「虐待（＝abuse，具体的には児童虐待，配偶者虐待，高齢者虐待，障害者虐待など）」として，ドメスティック・バイオレンス（DV），ファミリー・バイオレンスなどと表現されているのです。また同一集団内の「力」関係は，集団内での少数者（いわゆるLGBTなど）や適応困難者（障害者など）などのいわゆる社会的弱者や，気が弱いとか言いたいことが言えないなどの心理的・精神的弱者であることによって発生する場合も少なくないのです。

3　ハラスメントの発生する「時期」

(1)　ハラスメントの発生時期

　さらにハラスメントが発生する時期は，同時に職場などにおける人間関係が「不安定」な時期に関わっており，特に人間関係が形成される時期や，仮に安定的で良好な関係であっても何らかのきっかけで不安定な関係となった場合，関係が修復不能なほど崩壊することはよく知られており，このようなケースについて典型的には，①「関係形成途上」型タイプと②「関係良好（決定）破綻」型タイプに分けることが可能です（図表2－1）。

図表2―1　ハラスメントの発生「時期」

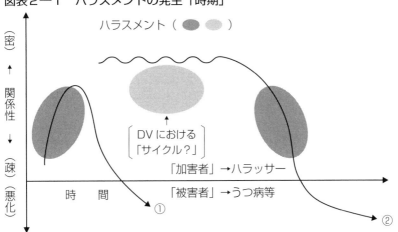

(2)　2つのタイプ

　①タイプは，職場における人間関係が形成される過程で発生し，例えば，新規採用されたり，新しい職場に配属された従業員などが，何らかの事情を契機として，上司や周囲の者からハラスメントを受けることは，各種調査でも明らかとなっています。

　②タイプは，職場において上司と部下・同僚との関係が良好（又は親密）であったところ，何らかの事情を契機として，上司や同僚から，部下に対してハラスメントが行われるものです。私たちが当事者（加害者又は被害者）から相談を受ける際，「崩壊」過程にばかり目を奪われていて，「良好（又は親密）」であった期間を見過ごすことのないように気を付ける必要があります。特にセクハラの場合，被害者が加害者と良好（又は親密）であったことを秘匿しがちであり，また，加害者側の配偶者（専ら妻）からの不貞の訴えのケースの場合，しばしばこれらの関係を見落としがちとなりますので，注意を要します。またこの意味では，配偶者からの暴力（＝DV）にも同様のことがいえるでしょう。

　いずれの場合でも，一旦崩壊した関係は，多くの場合修復不能となり，

パワハラやセクハラを受けた「被害者」の多くは，ストレスからうつ病等の精神疾患に陥ることになり，その場合，「加害者」（＝ハラッサー）の存在自体が，ストレスの原因になることは，精神医学の知見によって明らかとされており，それ故にハラスメントの再発防止，予防が重視されているのです。

(3)　ハラスメントの手段・方法

　ハラスメントの手段，方法としては，暴行や傷害等による身体的苦痛を与える行為のみならず，性的なものは「セクハラ」，妊娠や出産に対して行われるものは「マタハラ」と呼ばれ，無視，放置，悪口，差別，偏見等を持って関わることによって，相手方に不安や恐怖を与える精神的苦痛や，役割や情報を与えないなどの社会的苦痛も含まれ，このような身体的，精神的，社会的苦痛の結果として，身体的傷害のみならず，うつ病等のメンタルヘルス不全を発生させるばかりか，苦痛の心傷がフラッシュバックしたり悪循環する等のいわゆる心的外傷後ストレス傷害（PTSD）に陥る等の精神的傷害が発生したり，それらの結果日常の社会生活を送れなくなったりすることなど深刻な被害を与えているのです。

4　ハラスメントの背景
(1)　ハラスメントの背景

　ハラスメントは，今日我が国のみならず世界的に共通する現象となっていますが，このような背景として，私的自治やプライバシーが尊重されているとされていた，職場や家庭などのいわば「私的」世界において，暴力や嫌がらせ，虐待等のハラスメントが行われていることが，20世紀後半に入り人権意識の高まりの中で，相次いで明らかとされるようになってきたことが指摘できるでしょう。

　一般にある社会現象は，何らかの言葉を与えることにより，それまで

我々多くの人々が共通に経験しているにもかかわらず，人々の意識の底や社会の中に澱みのように沈殿していたものが，一つに結びつけられて一挙に社会問題として顕在化することがあります。我々はパワハラ，セクハラやマタハラなどという言葉を得ることにより，従来多くの人々が経験してきたにもかかわらず，個人間や仕事上のトラブルとして職場内では黙認若しくは黙殺されたり，社会的に問題とされてこなかった事柄が，不当な事柄であり，法的に見ても違法不当なものとして取り扱うべきものであるという認識を共有するに至ったのです。

(2) 「心のケア」の必要性

　我が国では，毎年2万人を超す自殺者（2018年度には2万598人であり，近年は減少しているものの，1998年からリーマンショック直後の2011年までは14年連続して3万人超であった）が発生する中で，その相当数がリストラに伴い職を失ったり，住宅ローン等の多重債務を抱えた中高年の労働者のみならず，近年は若者も増加しており，また各地の労働相談所にも，セクハラ・パワハラ・マタハラ等職場におけるハラスメント相談が，退職・解雇や労働条件の切下げを上回るようになってきており，このような中で，企業におけるメンタルヘルスとしての，「心のケア」や心の健康を保つ職場環境保全措置として，職場におけるハラスメント対策が，重要なキーワードとして位置づけられるようになり，ハラスメントの社会的，法的意義づけの必要性が高まっているのです。

5　ハラスメントと「感情管理」労働
(1) 「感情管理」労働とは

　ところで，ハラスメントの本質，背景を考える場合に「感情管理」労働について検討する必要があります。「感情管理」とは聞き慣れない言葉と思うでしょうが，私たちは日常，（意識的であれ，無意識であれ）感

情を「管理（コントロール）」しながら生活していますし，職場における近年の職場環境の変化の中で，それが一層要求されるようになってきているといえます。

　例えば次のようなケースを考えてみましょう。

　上司が部下にある仕事の指示をしたところ，納期が明日に迫っているのに，部下がやってきて「実はいまだに半分しかできていないのですが…」とおずおずと告白した場合，あなたが上司ならどうしますか？

　これは私たちの職場の日常ありふれた光景ですが，ハラスメントにおける感情管理の役割を考える際のヒントを提供していると思います。私たちの行動は，一般に「認知（評価）」→「分析」→「判断」というプロセスをたどることになりますが，既にそれまでの経験から，上司であるあなたの指示の中に，「彼（女）はそれぐらいのこと（○日までに仕事を完了する）ができて当然」という判断が含まれている場合（ちなみに，この段階で，「過大or過小要求」をすると，いじめ・パワハラの問題となります。），あなたはそれが「裏切られた」という認知（評価）をすることになります。

(2)　「行動を読む」（結果重視）か「表情を読む」（原因重視）か

　ここまでは，多くの人が共有するプロセスですが，次の「分析」で違いが出てくることになります。まず「結果」を重視する分析があり，「こんなこともできないなんて」という不快（怒り，嫌悪）感情の発露であり，いわば「行動を読む」パターンです。結果重視，忙しすぎる職場環境の中では，このようなパターンに陥りやすく，かつパワハラを招く要因となりやすいものです。もう一つは「原因」を重視する分析があり，「なぜ彼（女）はこの程度のことができなかったのだろう」という疑問の提示であり，いわば「表情を読む」パターンであり，それまでの過程

で，部下が発していた様々なシグナルをキャッチしていたか否かが分析の対象となります。

　これに続く「判断」は，前者では，「こいつって本当にできが悪いやつだなあ。こんなやつをこれからも部下に置いておけるのかなあ」という，対決・排除のパターンになり，これがパワハラ・いじめに結びつくことは明らかです。他方，後者では，「何かいろいろ理由があったのだろう。コミュニケーションが足りなかったかなあ」という，部下への配慮が出てくることになり，適切な指導・助言（叱責も含む）が可能となるでしょう。後者のパターンを選択することは，辛抱のいることですが，それが部下からの信頼を得て，良い仕事につながると思いませんか。

　実はこのような行動科学に関する研究が，近年様々な分野で注目を浴びてきているのです（いわゆる「アンガーコントロール」！）。「感情の管理」と「我慢すること」を同じことのように捉え，パワハラでいえば，「部下の成長を見守りたいが，我慢できず怒鳴ってしまう」となりそうですが，全く違う問題であることが理解できると思います。このように，感情管理労働は，職場においては，マネジメントの問題だけではなく，働く人々相互，外部の顧客や取引先の人々との関わりで，重要な役割を占めているのです。

⑶　「ハラスメント」→「感情」への侵害！

　かつてアリストテレスは「人間は感情（喜怒哀楽）をもった動物である」（弁論術）と述べたことがありますが，私たちの日常生活若しくは労働における感情活動は，「自己と他者の感情を管理」（支配，コントロール～「気配り」や「おもてなし」などではない！）することを本質としており，いわば「他者の表情を読んで」「自らが演技をする行動」を意味しているのであり，これを図示すると**図表２—２①，②**のようなものとなるでしょう。

　ここで重要なことは，私たちの人間活動は身体と精神が一体としてな

図表2－2①　「感情管理」活動

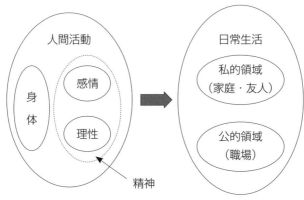

図表2－2②　「感情管理」労働

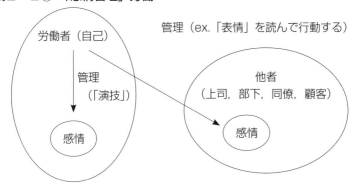

されるものであり，他者に対する働きかけは，他者の精神（感情と理性）
を通してのものであるということです。したがって先ほどの例で，上司
が「どうしてだめなんだ。バカヤロウ！」などと部下を叱責することが，
部下の精神（とりわけ感情）に強く働きかけ，それによって部下の感情
を著しく刺激し，ストレスを与えメンタル不全に陥ることにもつながる
のです。このように今日問題とされているハラスメントは，他者（特に
部下など）の感情に働きかけることを通し行われるものであり，それは

他者への侮辱（感情への侵害）であり，今日私たちの社会で生じている人権侵害はこのような本質を持っているものであり，ハラスメントが人権侵害であると言われるゆえんなのです。

⑷　コミュニケーションの必要性

　ところで，最近職場では「働きがい」や「ストレス」が話題になることが多く，「自分の職場は何を大切にし，どこを目指しているのか分からない」「叱られも褒められもしないので自分が必要とされているのか分からない」「このままでは働き続ける自信がない」などの声がたくさん聞かれます。シフト勤務で同僚と会うことがなく，非正規職員が増加し，業務量が多すぎて会話する時間がないなど，様々な原因が考えられますが，その問題の一つが「職場のコミュニケーション不足」にあることは，多くの人が認めるところとなっています。今日，職場においてコミュニケーションが占める割合と比重は，過去と比べて比較にならないほど大きくかつ広範なものとなってきています。その結果，職場の内外で，職務遂行にとっての適切なコミュニケーションの管理が自覚されるようになってきており，例えば職場研修において，技術的なスキルにとどまらず，怒りや衝動的行動を抑制することを目的とした「アンガーコントロール」が注目されたり，上司等からの不適切な感情吐露（「パワハラ」や「いじめ」）によるストレスから，メンタル不全となる職員の増加が職場に深刻な影響を与え，その対策が世界的な問題とされるに至っていることなどがその典型といえましょう。

　このように今日，「人 vs 人」を中心とした職場における感情管理が強く求められているにもかかわらず，従業員と使用者との間の労働関係においては，このような事実が十分に認識されていないことから，「感情管理」は，労務提供の対価としての報酬／賃金にほとんど反映されることがないだけでなく，労働環境の悪化に対しても，迅速に対応することができない要因となっているのです。職場におけるストレスに我慢はで

きても，それをいい形で外に出さないと，それは嫌な匂いを発しながら，その人だけでなく職場にずっと溜まっていくものです。良い職場環境を作るためには感情管理労働の役割が重要になっているのです。

ハラスメントに対する法的規制

1　職場環境配慮義務（部下を「人」として扱う）

　私たちの社会の中でも，職場は，典型的な「縦社会」となっており，その結果上司と部下の関係において，上司は部下を一人前の人間として扱わない傾向があり，そのことが，他者である部下の人格を軽視する言動に結びつきやすく，このような関係の中でハラスメントが発生してくることになるのです。ハラスメント防止対策において従業員一人一人の人格を尊重し，いわば「人」として扱うことが求められているのです。

　すなわち職場では，使用者や管理者は従業員に対して良好な環境で労務提供をさせる配慮義務を負っており，このような義務を今日私たちは一般に「職場環境配慮義務」と呼んでおり，企業における経営責任として職場の規範を組織する目的で，就業規則等が作成されており，これらに違反した従業員は懲戒処分等に問われることがあり，企業が負うこのような職場環境配慮義務の相当の部分が法的責任とされることになるのです（図表2－3，労契法5条「使用者は，労働契約に伴い，労働者がその生命，身体等の安全を確保しつつ労働することができるよう，必要な配慮をするものとする。」など）。

2　国際的規制（ILO）

(1)　国際的規制の動向

　ハラスメントに対する法的規制では，今日このようなハラスメントに対する法的規制はどのようになっているのでしょう。既に述べたとおり，ハラスメントは21世紀に入り世界的に深刻な問題と認識されるようになります。セクハラに関しては，例えばWHO（世界保健機構）の調査

図表2−3　職場環境配慮義務

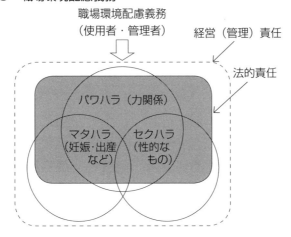

では，16歳以上の女性の35％（8億1,800万人）が，家庭やコミュニティ，職場で性暴力や身体的暴力を受けており，またG20諸国の女性の約3分の1が仕事中にハラスメントに直面しており（トムソン・ロイター財団），EU諸国の女性の40〜50％が職場で望ましくない性的誘惑や身体接触を経験し（UNウィメン，国連女性機関），女性メディア関係者の約半数（48％）が，仕事に関連してセクハラを経験している（IFJ，国際ジャーナリズム）とされ，このようなハラスメントを放置することは，人々の命や健康のみならず，まっとうな仕事遂行ができなくなり，社会全体にとっても大きな損失となるとの認識が広がるようになってきたのです。特に2017年アメリカで起こった性的被害を告発する#MeToo運動の広がりが，ILOを中心として，職場における暴力やセクハラ，パワハラ等のハラスメントを禁止する新たな法的ルール創設を求める動きを強めることとなりました。

⑵　「仕事の世界における暴力とハラスメントの撤廃に関する条約」（190 号）の採択

　既に ILO は，2009 年総会の一般討議で「セクハラその他のハラスメントは世界共通の深刻な問題である」とし，2015 年 9 月の国連サミットでは，ハラスメントを含むあらゆる形態の暴力根絶が持続可能な開発目標とされたこともあり，ILO は，2018 年から条約作成に向けての審議を開始し，2019 年 6 月開催の ILO 総会で，初めて「仕事の世界における暴力とハラスメントの撤廃に関する条約」（190 号）と，同名の「勧告」（206 号）を採択しました。条約は，以下に述べるとおりハラスメントについて「身体的，精神的，性的又は経済的危害を目的とするか引き起こす，許容しがたい広範な行為と暴行，危害」と定義し，セクハラやパワハラなど個別の類型ごとに規制するのではなく，包括的に禁止し，しかもその対象は雇用労働者だけでなく，フリーランスなど「契約上の地位にかかわらず働く人々」や訓練中の人，失業者など広く設定されている点が特徴となっています（以下条約の要旨）。

---

　①　趣旨（前文）

　　1　暴力とハラスメントのない仕事の世界は，ジェンダーに基づくものを含めて，全ての人の権利である。仕事の世界における暴力とハラスメントは，人権に対する侵害と共に機会均等に対する脅威であり，ディーセントワークと相容れないものである。したがって仕事の世界における全ての関係者は，相互尊重と人間の尊厳に基づいた仕事の文化の重要性に思いを致し，暴力とハラスメントの抑制防止に取り組まなければならない。

　　2　（略）

　②　定義（第 1 条）

　　本条約において，(a)仕事の世界における「暴力とハラスメント」の文言は，ジェンダーに基づく暴力とハラスメントも含んだ，身体的，精神的，性的あるいは経済的な危害を目的とし結果としてもたらし，あるいはその可能性のある，単発又は繰り返される容認できない行為と慣行，あるいはそれらによる脅威の領域を意味し，(b)「ジェンダーに基づく暴力とハラス

メント」の文言は，性又はジェンダーを理由に人々に向けられた，あるいは特定の性，又はジェンダーに偏重して人々に悪影響を及ぼすものを意味する。

③　範囲（第2条，第3条）

　本条約は，国内の法制度で定義された従業員，同様に契約上の地位にかかわらず働く人々，研修生や実習生などの訓練中の者，雇用が終了した労働者，ボランティア，求職者，就職申し込み者，また使用者としての職権，義務，あるいは責任を行使する個人など，仕事の世界における労働者とその他の人々を保護するものである。

　本条約は，仕事の世界（(a)職場，(b)休憩所，食堂，トイレ，更衣室，(c)訓練，(d)仕事に関連するコミュニケーション，(e)寄宿舎，(f)通勤など）において，仕事中に，仕事に関連若しくは起因して生起する，暴力とハラスメントに適用される。

④　中核的原則（第4条〜第6条）

　1　暴力とハラスメントのない仕事の世界に対する，全ての人々の権利の尊重，促進を実現すべきである。

　2　暴力とハラスメントを防止し除去するため，包括的，総合的，かつジェンダーに配慮したアプローチを採用すべきであり，具体的には，(a)法律による暴力とハラスメントの禁止，(b)暴力とハラスメントに対処する関連政策の実効化，(c)暴力とハラスメント防止措置の包括的戦略の採用，(d)執行と監視メカニズムの確立，強化，(e)被害者の救済，支援，(f)制裁規定の整備，(g)ツール，ガイダンス（指針），教育，訓練の開発，(h)労働監督機関その他の監督，調査するための有効な手段を確保すべきである。

　3　労働基本権，結社の自由，団体交渉権を尊重すべきである。

　4　仕事の世界において，暴力とハラスメントの影響を偏重して受けやすい，女性労働者など脆弱な状況におかれたグループに属する労働者に対して，雇用と職業において，平等かつ無差別の権利を実効あるものにする，法律，規則，政策を採用すべきである。

⑤　保護と防止（第7条〜第9条）

　1　各加盟国は，ジェンダーを含む，仕事の世界における暴力とハラスメントを禁止する法規を採用すべきである。

　2　各加盟国は，仕事の世界における暴力とハラスメントを防止するた

めに，暴力とハラスメントにさらされやすい部門，職業，就労形態を特定し，効果的に保護する措置を講じるべきである。

　3　各加盟国は，使用者側に防止措置を義務付ける法規を採用すべきである。

⑥　執行と救済（第10条）

　1　仕事の世界における暴力とハラスメントが生じた場合，適切で効果的な救済，安全で公正かつ効果的な報告，紛争解決メカニズムと手続への容易なアクセスを確保すべきである。

　2　該当する個人のプライバシーと秘密を，適切に保護すべきである。

　3　仕事の世界における暴力とハラスメントが生じた場合，必要に応じた制裁規定を整備すべきである。

　4　ドメスティック・バイオレンスの影響を認識し，仕事の世界における影響を軽減すべきである。

⑦　ガイダンス（指針），訓練，意識啓発（第11条）（略）

(3)　「仕事の世界における暴力とハラスメントの撤廃に関する勧告」（206号）の採択

(2)と同名の勧告では，とりわけ(2)⑤，⑥を補足する規定が注目されます。

(i)　職場のリスク評価

職場のリスク評価（条約9条(c)）として，心理的な危険とリスクを含め，暴力とハラスメントの可能性を拡大する要因を考慮すべきであるとして，「とりわけ注意すべき危険とリスク」について，(a)労働条件，就労形態，労働の構成，人的管理から生じるもの，(b)クライアント，顧客，サービス提供者，ユーザー，患者，一般の人々といった第三者が含まれるもの，(c)差別，不平等な力関係，ジェンダー，暴力とハラスメントを助長する文化的規範と社会的規範から生じるものが，指摘されています。

(ii)　救済支援策・紛争解決制度

(ア)　ジェンダーに基づく暴力とハラスメント（セクハラ，条約10条）の

47

被害者のための支援策について，(a)被害者が労働市場へ復帰するための支援，(b)利用可能な方法による職場などにおけるカウンセリングと情報提供サービス，(c)24 時間ホットライン，(d)緊急サービス，(e)医療ケアと治療，心理的サポート，(f)シェルターなどの危機管理センター，(g)被害者を支援するための特別警察隊あるいは特別に訓練された職員等が，指摘されています。

(ｲ)　同様に，条約 10 条に関する紛争解決制度について，(a)ジェンダーに基づく暴力とハラスメントの専門家を置く裁判所，(b)迅速かつ効果的な手続，(c)被害を訴えた者と被害者に対する法的アドバイスと支援，(d)その国で広く話されている言語による入手・利用が可能な指導とその他の情報資源の提供，(e)刑事訴訟以外の訴訟における立証責任の転換等が，指摘とされています。

その他，仕事の世界におけるドメスティック・バイオレンスの影響を軽減する具体策や啓発活動などの実践的措置が，指摘されています。

(4)　条約批准への道のり

2019 年 6 月 21 日，「仕事の世界における暴力とハラスメントの撤廃に関する条約」(190 号) は，ILO 総会で採択され (賛成 439 票，反対 7 票，棄権 30 票)，また条約を補足する同名の勧告 (206 号) も同時に採択されました (賛成 397 票，反対 12 票，棄権 44 票。なお日本は条約，勧告とも，政府及び労働者側は賛成，使用者側は棄権)。

190 号条約・206 号勧告は，大半の ILO 条約同様，2 か国が批准した 12 か月後に発効しますが，今回の条約・勧告は，採択時の高いレベルの支持状況からみて，早い時期に発効するものと予想されます。批准する国は，条約に沿った国内法の整備が求められることになり，また加盟国は ILO に国内の運用状況を定期的に報告する義務があります。

日本では，2019 年 5 月に，「労働施策総合推進法」(以下「パワハラ防止法」といいます。) 改正により (6 月 5 日公布)，新たに職場でのパワハ

ラ防止措置等を企業に義務付け，上下関係等を背景としたパワハラ等は許されないこととし，相談窓口の設置や不利益取扱いの禁止を明記して，義務違反に対しては是正指導がなされると共に，調停など個別紛争解決援助の申出が可能とされることになり，パワハラ防止に関して国・事業主・労働者の責務規定が新設されました。しかしながらパワハラの定義規定がなく，パワハラと業務指示との範囲が明確でない等の問題があります。

　また同時に改正された均等法，育介法でも，セクハラ，マタハラ防止に関する国・事業主・労働者の責務規定が新設されると共に，不利益取扱いの禁止や，自社の労働者が他社の労働者に行ったセクハラ調査への協力や，調停に際しての関係当事者の出頭，意見聴取などが規定されることになりましたが，セクハラ等の定義規定はありません。もっともハラスメント規制に関し，前述したとおり条約採決（2019年6月21日）に先立って「パワハラ防止法」が制定されたことは（同年6月5日公布，施行は従業員300人超の大企業の場合は2020年6月1日から，それ未満の中小企業の場合は2年間は努力義務），ハラスメント規制の本格化のためには評価すべきことです。

　このように日本では，国内法にハラスメントそのものを禁止したり制裁を課する規定が存しないのは，訴訟リスクを警戒する使用者側が，このような規定導入に強く反対してきたことによるものであり，日本が条約批准するには更なる法整備が必要となる可能性があります（ちなみにILOは，労働に関する国際基準を作る国連機関であり，現在187か国が加盟しており，これまで児童労働禁止など189の条約が制定されていますが，日本の批准数は49にとどまっています）。

3　国内的規制

(1)　従来のハラスメント規制

（i）　セクハラに対する規制

　セクハラに対する規制が最も早く，民間職場（ただし，地方自治体の職場を含む）では，均等法によって，公務職場では人事院規則によってなされてきています。

（ア）　均等法

　均等法では，前述したとおりセクハラそのものを定義したり禁止する規定はなく，職場におけるセクハラ対策につき，当初は，事業主に対する雇用管理上の「配慮義務」とされていましたが（旧21条，1997年改正），その後「措置義務」に規制が強化され（現行11条，2006年改正），措置義務の対象とされるセクハラにつき，「職場において行われる性的な言動に対するその雇用する労働者の対応により当該労働者がその労働条件につき不利益を受け，又は当該性的な言動により当該労働者の就業環境が害されること。」と規定しています。

　また事業主が職場における性的な言動に起因する問題に関して雇用管理上講ずるべき措置についての指針（以下「指針」といいます。）では，「職場におけるセクシュアルハラスメントには，同性に対するものも含まれるものである。また，被害を受けた者（以下「被害者」という。）の性的指向又は性自認にかかわらず，当該者に対する職場におけるセクシュアルハラスメントも，本指針の対象となるものである。」と規定し，同性間のセクハラのみならず，性的指向（Sexual Orientation）・性自認（Gender Identity）に関する否定的言動（いわゆる SOGI ハラ）や，本人の意に沿わない公表・暴露（アウティング）も含まれるものとされています（2016年8月追加）。

　なお，前述したとおり地方自治体も均等法上の事業主として，セクハラに関する雇用管理上の措置義務を行うものとされています（均等法32条）。

　(ｲ)　人事院規則

　人事院規則は，均等法と異なり，セクハラ自体を定義して規制対象としています。すなわち，人事院規則 10-10（1999 年 4 月施行）は，セクハラの定義として，「一　セクシュアル・ハラスメント　他の者を不快にさせる職場における性的な言動及び職員が他の職員を不快にさせる職場外における性的な言動　二　セクシュアル・ハラスメントに起因する問題　セクシュアル・ハラスメントのため職員の勤務環境が害されること及びセクシュアル・ハラスメントへの対応に起因して職員がその勤務条件につき不利益を受けること」（2 条）と規定して，これらのセクシュアル・ハラスメント防止等を人事院，各省各庁の長，職員の責務としています（3 条～5 条）。

　(ⅱ)　**マタハラに対する規制**

　妊娠・出産・育児・介護に関するハラスメント（マタハラ）に対する規制は，セクハラ同様，民間職場では均等法，育介法により，公務職場では人事院規則 10-15（2017 年 1 月施行）によってなされています。

　均等法（9 条 3 項），育介法（10 条）では，妊娠・出産・育児・介護等を理由とする不利益取扱いが禁止されていましたが，平成 26 年の最高裁判決（広島中央保健生活協同組合事件・後述 125 頁）を契機として，妊娠・出産・育児・介護休業等に関するハラスメント対策につき，事業主に対して防止措置義務が課されています（均等法 11 条の 2，育介法 25 条等，いずれも 2017 年 1 月 1 日施行）。

　(ⅲ)　**パワハラに対する規制**

　パワハラに対する規制は，民間職場では法規制がなく，後述するとおり厚労省の円卓会議提言（2012 年 3 月）や検討会報告（2018 年 3 月）が実務上裁判等において参照されてきたにすぎませんでした。他方，公務職場では，次に述べるとおり人事院が 2010 年 1 月各府省庁宛通知「『パワー・ハラスメント』を起こさないために注意すべき言動例について」（以下「通知」といいます。）を発しています。

「①『パワー・ハラスメント』については，法令上の定義はありませんが，一般に『職権などのパワーを背景にして，本来の業務の範疇を超えて，継続的に人格と尊厳を侵害する言動を行い，それを受けた就業者の働く環境を悪化させ，あるいは雇用について不安を与えること』を指すといわれています。

なお，業務上の指導等ではあるが，その手段や態様等が適切でないものも，本来の業務の範疇を超えている場合に含まれると考えられます。」

「②「『パワー・ハラスメント』を起こさないために注意すべき言動例」においては，上記のような事実上の定義や裁判例等を参考に，その言動について6つのパターンに分類し，それぞれのパターンごとに，『パワー・ハラスメント』に該当し得るケース及び『パワー・ハラスメント』を起こさないために上司として心得るべきポイントを記載しています。ただし，上司の言動が実際に『パワー・ハラスメント』に該当するかどうかは，当該言動が継続して行われているものかどうか，当該言動が行われることとなった原因，当該言動が行われた状況等をも踏まえて判断する必要があり，ここにある言動の全てが直ちに『パワー・ハラスメント』に該当するとは限らない点は注意が必要です。」

人事院が示した上記パワハラの「言動例」は，民間職場においても，次に述べる円卓会議提言や検討会報告，更には裁判実務に多大な影響を与え，パワハラ防止法の制定に結実していくこととなります。

(2) 「円卓会議」提言：「検討会」報告書

(i) 円卓会議，検討会

パワハラは前述したとおり，職場での地位や人間関係で弱い立場にある人たちに対して，精神的・身体的苦痛を与えることにより，相手方の人格や尊厳を傷つけ，職場環境を悪化させる行為であるにもかかわらず，従来パワハラ対策については企業の自主性に委ねられ，当然のことながらパワハラについての定義も定まっていません。

その結果，実務上パワハラの意味（概念・要素・行為類型）について，公務職場に関しては，2010年1月に人事院が各府省庁宛通知を発し，また，民間職場に関しては，厚労省の円卓会議が2012年3月に提言し（厚労省「職場のいじめ・嫌がらせ問題に関する円卓会議」職場のパワーハラスメントの予防・解決に向けた提言（2012年3月）。以下「提言」といいます。），更に2018年3月に検討会報告書（「職場のパワーハラスメント防止対策についての検討会」報告書。以下「報告書」といいます。）が公表されたものが，事実上の指針とされてきていたのです。

(ⅱ)　パワハラの概念・構成要素

パワハラの概念について，2012年「提言」では「職場のパワーハラスメントとは，同じ職場で働く者に対して，職務上の地位や人間関係などの職場内の優位性を背景に，業務の適正な範囲を超えて，精神的・身体的苦痛を与える又は職場環境を悪化させる行為をいう」との概念を提示して典型的な6つの行為類型（**図表2－4**）を示し，行政機関として，職場におけるパワハラの予防・解決に向けた取組を強化する一環として，企業・労組など当事者に対して職場での意識の涵養や周知，啓発を目的として提起していました。

更に，「報告書」は，パワハラの概念を①優越的な関係に基づいており（優位性を背景に)，②業務の適正な範囲を超え，③身体的若しくは精神的な苦痛を与えたり就業環境を害することの3つの構成要素に分類し，それぞれの構成要素の具体的な内容を提示して分かりやすく整理し，企業等に対してより実効的な防止対策を取ることを求めました。これらは必ずしも法的概念と一致するものではありませんが，パワハラの構成要素とされる上記3要素がパワハラ防止法で明文化されていることは明らかです。

(ⅲ)　パワハラの行為態様

パワハラの行為態様について，「報告書」はこれまでの裁判例等を踏まえ，構成要素①～③と典型的な例として円卓会議提言で挙げられた6

図表2―4　パワハラの構成要素と行為類型

		①～③を満たすと考えられる例	①～③を満たさないと考えられる例
6類型	身体的な攻撃	・上司が部下に対して，殴打，足蹴りをする	・業務上関係のない単に同じ企業の同僚間の喧嘩（①，②に該当しないため）
	精神的な攻撃	・上司が部下に対して，人格を否定するような発言をする	・上司が担当業務の内容を知らない担当者に対して，業務を適正に進めるために業務内容を把握しておくよう強く注意をする（②，③に該当しないため）
	人間関係からの引き離し	・幹部の意に沿わない従業員に対して，仕事を外し，長期間にわたり，別室に隔離したり，自宅研修させる	・社員を育成するために短期間集中的に個室で研修等の教育を実施する（②に該当しないため）
	過大な要求	・上司が部下に対して，長期間にわたる，肉体的苦痛を伴う過酷な環境下での勤務に直接関係のない作業を命ずる	・社員を育成するために現状よりも少し高いレベルの業務を任せる（②に該当しないため）
	過小な要求	・上司が管理職である部下を退職させるため，誰でも遂行可能な受付業務を行わせる	・経営上の理由により，一時的に，能力に見合わない簡易な業務に就かせる（②に該当しないため）
	個の侵害	・思想・信条を理由とし，集団で同僚1人に対して，職場内外で継続的に監視したり，他の従業員に接触しないよう働きかけたり，私物の写真撮影をしたりする	・従業員への配慮を目的として，従業員の家族の状況等についてヒアリングを行う（②，③に該当しないため）

（資料出所）：「検討会報告書」より。

つの行為類型について，①～③のいずれかを欠く場合には，パワハラに該当しない場合があると指摘していることに留意する必要があります。

　言うまでもなくこれらの行為が法的にみて違法不当とされる場合，当該行為の「加害者」は不法行為責任（民法709条）を負うことになり，また，使用者・管理者は，職場環境配慮義務違反として経営責任を負うとともに，法的責任として使用者責任（民法715条，415条など）を負うことになります。

 **Ⅲ　パワハラ**

1　「パワハラ防止法」の制定

　既に述べたとおり，2019 年 5 月に成立した「パワハラ防止法」（6 月
5 日公布，正式名称は改正労働施策総合推進法（旧雇用対策法）。従業員が
300 人以上の大企業は，2020 年 6 月 1 日から施行され，300 人未満の中小企
業は 2022 年 3 月 31 日までの 2 年間は努力義務。なお，パワハラ防止法の制
定に伴って，均等法，育介法等も改正されました。）では，パワハラに関し
て，職場において行われる①「優位的な関係を背景とした言動であっ
て」，②「業務上必要かつ相当な範囲を超えたものにより」，③「その雇
用する労働者の就業環境が害されること」の 3 要素を満たす行為につい
て，事業主に防止措置等を義務付けると共に，これらの行為や対処策定，
周知，相談体制の整備等の具体的内容，取引先や顧客からの著しい迷惑
行為に対する相談対応等は，指針で明確化することとされています。他
方，労働者側が求めていた損害賠償や行政指導の対象となる禁止規定の
導入は見送られています。

　このように同法には，パワハラに関する明確な禁止規定がなく，事業
主の措置義務等を規定したにすぎず，しかもパワハラの定義，行為，措
置義務の内容等はいずれも指針に委ねられており，労働者側からは，早
くもその実効性に疑問の声が上がっていますが，従来，経営者側からの
反対で全く実現しなかったパワハラ法制化の議論が前進したことは間違
いなく，しかも ILO 条約の批准を行うためには，ハラスメント行為そ
のものの禁止を含めた法実現に向けて，企業の取組を深化させる契機と
なる可能性があります。

2　パワハラ防止法の概略

(1)　パワハラに対する事業主の雇用管理上の措置義務等

　パワハラに対する事業主の措置義務等の対象につき，「職場において行われる優越的な関係を背景とした言動であつて，業務上必要かつ相当な範囲を超えたものによりその雇用する労働者の就業環境が害されること」（パワハラ防止法30条の2）と新たに規定され，事業主は「当該労働者からの相談に応じ，適切に対応するために必要な体制の整備その他の雇用管理上必要な措置を講じなければならない」として，適切な措置を講じない場合，是正指導の対象となり，具体的内容は指針で規定されます（パワハラ防止法30条の2，詳細は3参照）。

(2)　不利益取扱い禁止

　事業主は，労働者がパワハラに関して，(1)の「相談を行ったこと又は事業主による当該相談対応に協力した際に事実を述べたこと等を理由として，当該労働者に対して解雇その他不利益な取扱いをしてはならない」とされます（パワハラ防止法30条の2，改正均等法・育介法も同様。なお，均等法11条3項では，他社が実施する事実確認等への協力の事業主の努力義務が規定されています）。

(3)　国，事業主，労働者の責務

　パワハラ防止法では，パワハラを「優越的言動問題」（改正均等法・育介法では，セクハラを「性的言動問題」，マタハラを「妊娠・出産等関連言動問題」）とし，国，事業主，労働者の責務が新たに規定されたことは注目すべきことといえます（パワハラ防止法30条の3，改正均等法・育介法も同様）。

(i)　事業主の責務

　即ち，事業主の責務として，職場におけるパワハラに起因する問題（例えば，労働者の意欲の低下などによる環境の悪化や職場全体の生産性の低

下，労働者の健康状態の悪化，休職や退職などにつながり得ること，これら
に伴う経営的な損失等が考えられる）に対する，労働者の関心と理解を深
めるとともに，当該労働者が他の労働者（他の事業主が雇用する労働者及
び求職者を含む）に対する言動に必要な注意を払うよう，研修の実施そ
の他必要な配慮をするほか，国の講ずる広報活動，啓発活動その他の措
置に協力するように努めなければならず，また，事業主（法人の場合その
役員）は自らも，パワハラに起因する問題に対する関心と理解を深め，
労働者に対する言動に必要な注意を払うように努めなければならない，
とされています。

　(ⅱ)　**労働者の責務**

　更に，労働者の責務として，上記問題に対する関心と理解を深め，他
の労働者に対する言動に必要な注意を払うとともに，事業主の講ずる上
記措置に協力するように努めなければならない，とされています。

　これらの国，事業主，労働者の責務は，セクハラ，マタハラにも共通
のものとされており，注目すべき責務規定というべきものです。

⑷　対象者

　パワハラに対する事業主の措置義務等の保護対象者は，「職場で雇用
する労働者」である（パワハラ防止法30条の2，改正均等法・育介法も同
様。派遣法47条の4）。

3　事業主の雇用管理上の措置義務等の対象とされるパワハラの内容（「指針」）

　パワハラ防止法では，事業者に対して，雇用管理上講ずべき措置義務
等の対象とされるパワハラの内容が指針で示されています。

(1)　事業主の措置義務等の対象とされるパワハラの内容

　職場において行われるパワハラを，①優越的な関係を背景とした言動であって，②業務上必要かつ相当な範囲を超えたものにより，③労働者の就業環境が害され，かつ，①から③までの要素を全て満たすものと定義し，客観的にみて，業務上必要かつ相当な範囲で行われる適正な業務指示や指導については，職場におけるパワハラには該当しないとされ，パワハラの典型例は以下に述べるとおり「指針」で詳細が示されています。

(2)　職場におけるパワハラの内容

　職場におけるパワハラは，以下の①から③までの要素を全て満たすものをいうとされています。

(i)　「優越的な関係を背景とした」言動

　「優越的な関係を背景とした」言動とは，当該事業主の業務を遂行するに当たって，当該言動を受ける労働者が，当該言動の行為者とされる者に対して，抵抗又は拒絶することができない蓋然性が高い関係を背景として行われるものを指し，例えば，㋐職務上の地位が上位の者による言動，㋑同僚又は部下による言動で，当該言動を行う者が業務上必要な知識や豊富な経験を有しており，当該者の協力を得なければ業務の円滑な遂行を行うことが困難であるもの，㋒同僚又は部下からの集団による行為で，これに抵抗又は拒絶することが困難であるもの等が含まれるとされます。

(ii)　「業務上必要かつ相当な範囲を超えた」言動

　「業務上必要かつ相当な範囲を超えた」言動とは，社会通念に照らし，当該言動が明らかに当該事業主の業務上必要性がない，又はその態様が相当でないものを指し，例えば，㋐業務上明らかに必要性のない言動，㋑業務の目的を大きく逸脱した言動，㋒業務を遂行するための手段として不適当な言動，㋓当該行為の回数，行為者の数等，その態様や手段が

社会通念に照らして許容される範囲を超える言動等が含まれるとされます。

(iii)　「労働者の就業環境が害される」

「労働者の就業環境が害される」とは，当該言動により，労働者が身体的又は精神的に苦痛を与えられ，労働者の就業環境が不快なものとなったため，能力の発揮に重大な悪影響が生じる等，当該労働者が就業する上で看過できない程度の支障が生じることを指すものとされます。

(3)　業務上必要かつ相当な範囲の行為の判断

(i)　判断枠組み

客観的にみて，業務上必要かつ相当な範囲で行われる適正な業務指示や指導は，ハラスメントに該当しないものとされ，その該当性を判断するに当たっては，様々な要素（当該言動の目的，当該言動を受けた労働者の問題行動の有無や内容・程度を含む，当該言動が行われた経緯や状況，業種・業態，業務の内容・性質，当該言動の態様・頻度・継続性，労働者の属性や心身の状況，行為者との関係性等）を総合的に考慮することが適当とされます。

(ii)　具体的判断

その上で個別の事案における判断に際しては，相談担当者等がその内容・程度と，それに対する指導の態様等の相対的な関係性が重要な要素となることにも十分留意し，相談を行った労働者の心身の状況や当該言動が行われた際の受け止め方などその認識にも配慮しながら，相談者及び行為者の双方から，丁寧に事実確認等を行うことも重要であるとされています。

(iii)　判断基準

(i)(ii)の判断に当たっては，「平均的な労働者の感じ方」，すなわち，同様の状況で当該言動を受けた場合に，社会一般の労働者が，就業する上で，看過できない程度の支障が生じたと感じるような言動であるかどう

かを基準とすることが適当としつつ，個別的な相談対応の場面で，労働者の「受け止め方などその認識にも配慮」するとして，相談者の主観にも配慮することとされています。

(4)　パワハラの代表的な言動類型

　職場におけるパワハラの状況は多様ですが，代表的な言動の類型（6類型）としては，以下の行為が指摘されます（図表2―5）。

　もっともこれらはあくまで事業主がハラスメント防止義務を行う際の参考事例とされるものであり，パワハラの判断基準を示すものではないことに注意が必要です。

(5)　措置義務等の内容

　事業主が雇用管理上講ずべき措置義務等の内容として，指針では①事業主の方針等の明確化及びその周知・啓発，②相談に応じ，適切に対応するために必要な体制の整備，③職場におけるパワーハラスメントに係る事後の迅速かつ適切な対応（迅速・正確な事実確認，被害者への配慮措置，加害者への措置，再発防止），④相談者・行為者等のプライバシー保護，相談等を理由とした不利益取扱いの禁止等が挙げられており，これらに関して事業主が措置をしない場合，指導，助言，勧告等がなされるとしています。

(6)　措置義務等の対象とされる当事者

(i)　「職場」「労働者」の範囲

　指針では「職場」は，事業主の雇用する労働者が業務を遂行する場所を意味し，当該労働者が通常就業している場所以外でも，現に当該労働者が業務を遂行する場所も含まれるとされています。また「労働者」は，事業主が雇用する労働者全てを意味し，いわゆる非正規雇用労働者のみならず，パートタイム労働者，契約社員等（派遣を含む）が含まれると

図表2―5　パワハラが該当する／該当しないと考えられる例（「指針」より）

	該当すると考えられる例	該当すると考えられない例
(ⅰ)　身体的な攻撃 （暴行・障害）	①　殴打、足蹴り ②　物を投げつける	・誤ってぶつかる
(ⅱ)　精神的な攻撃 （脅迫，名誉毀損， 侮辱，ひどい暴言）	①　人格を否定するような言動 　（相手の性的指向・性自認に関する侮辱的な言動を含む） ②　業務遂行に関する必要以上に長時間にわたる厳しい叱責を繰り返す ③　他の労働者の面前における、大声での威圧的な叱責を繰り返す ④　相手の能力を否定し、罵倒するような内容の電子メール等を、当該相手を含む複数の労働者宛送付する	①　遅刻など社会的ルールを欠いた言動が見られ、再三注意してもそれが改善されない労働者に対し、一定程度強く注意する ②　業務内容や性質に照らして、重大な問題行動を行った労働者に対して、一定程度強く注意する
(ⅲ)　人間関係から の切り離し （隔離，仲間外し， 無視）	①　自分の意に沿わない労働者に対して、仕事を外し、長時間にわたり別室に隔離したり、自宅研修させたりする ②　一人の労働者に対して、同僚が集団で無視をし、職場で孤立させる	①　新規に採用した労働者を育成するために、短期間的に別室で研修等の教育を実施する ②　懲戒規定に基づき処分を受けた労働者に対し、通常業務に復帰させるため、その前に、一時的に別室で必要な研修を受けさせる
(ⅳ)　過大な要求 （業務上明らかに不 要なことや、遂行 不可能なことの強 制，仕事の妨害）	①　長時間にわたる、肉体的苦痛を伴う過酷な環境下での勤務、直接関係のない作業を命じる ②　新卒採用者に対し、必要な教育を行わないまま、到底対応できないレベルの業績目標を設け、達成しなかったことに対し厳しく叱責する ③　労働者の業務とは関わりのない、私的な雑用の処理を強制的に行わせる	①　労働者を育成するために、現状よりも少し高いレベルの業務を任せる ②　業務の繁忙期に、業務上の必要性から、当該業務の担当者に、通常よりも一定程度多い業務の処理を任せる
(ⅴ)　過小な要求 （業務上の合理性なく， 能力や経験とかけ離れた 程度の低い仕事を命じる ことや仕事を与えない）	①　管理職である労働者を退職させるために、誰でも遂行可能な業務を行わせる ②　気に入らない労働者に対し、嫌がらせのために仕事を与えない	・労働者の能力に応じて、一定程度業務内容や業務量を軽減する
(ⅵ)　個の侵害 （私的なことに過 度に立ち入る）	①　労働者を職場外でも継続的に監視したり、私物の写真撮影をする ②　労働者の性的指向、性自認や病歴、不妊治療等の機微な個人情報について、当該労働者の了解を得ずに他の労働者に暴露する（アウティング） ※事業主は②のようなことのないよう、労働者に周知・啓発する等の措置を講じること	①　労働者への配慮を目的とし、労働者の家族の状況等についてヒアリングを行う ②　労働者の了解を得て、当該労働者の性的指向、性自認や病歴、不妊治療等の機微な個人情報について、必要な範囲で人事労務部門の担当者に伝達し、配慮を促す

出所：筆者作成。

されています。

(ⅱ)　**事業主が自らの雇用する労働者以外の者に対する配慮・努力義務**

この点について指針では，事業主が，自らの雇用する労働者以外の者に対する言動に関し，行うことが望ましい取組の内容として，当該事業主の雇用する労働者が，他の労働者（他の事業主が雇用する労働者及び求職者を含む。）のみならず，個人事業主，インターンシップを行っている者等の労働者以外の者に対する言動についても，必要な注意を払うよう配慮するとともに，事業主自らと労働者も，労働者以外の者に対する言動について必要な注意を払うよう努めることが望ましいとされています（パワハラ防止法30条の3，改正均等法・育介法も同様）。

(ⅲ)　**事業主による雇用管理上の配慮**

更に指針では，事業主が，他の事業主の雇用する労働者等からのパワハラや顧客等からの著しい迷惑行為（暴行，脅迫，ひどい暴言，著しく不当な要求等）に対し行うことが望ましい雇用管理上の配慮として，それらの行為により，労働者が就業環境を害されることのないよう，例えば，以下に述べる①及び②の取組を行うことが望ましく，また③のような取組を行うことも，労働者が被害を受けることを防止する上で有効と考えられるとされています。

①相談に応じ，適切に対応するために必要な体制の整備，②被害者への配慮のための取組，③他の事業主が雇用する労働者等からのパワハラや顧客等からの著しい迷惑行為による被害を防止するための取組。なお，①及び②の取組のほか，事業主が，こうした行為への対応に関するマニュアルの作成や研修の実施等の取組を行うことも被害防止の上で有効と考えられるとしています。

4　パワハラの被害──個人と組織

パワハラの被害は，前述したとおり，今日職場において，個人のみな

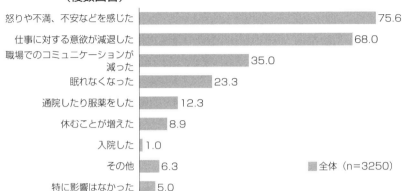

図表2―6　パワーハラスメントを受けたと感じた場合の心身への影響
　　　　　（複数回答）

資料：厚労省「平成28年度　職場のパワーハラスメントに関する実態調査」より著者作成。

らず職場全体に深刻な被害を及ぼしており，例えば前述の厚労省の「平成28年度職場のパワーハラスメントに関する実態調査」によると，パワハラ被害者個人の心身への影響について，「怒りや不満，不安などを感じた」「仕事に対する意欲が減退した」とする者が特に多く，その結果として「眠れなくなった」り，「通院したり服薬」，更には「入院」する事態に発展していることが明らかになっています（図表2―6）。

　このように個人レベルでは「被害者」自身がストレス，うつ病，自尊心の低下，不眠，消化器系及び筋骨格系障害などのメンタルヘルス不全，身体的・精神的障害を発生させ，しかもこれらの症状は，パワハラにあった後も何年にもわたり持続することもあり，さらに，求職や解雇による社会的地位，家族問題，生活苦などにつながることになります。また組織レベルでは，職場全体に欠勤率，離職率の上昇や生産性の低下などの損失が生じたり，企業の信頼低下等の社会的ダメージに至ることもあり，これらはパワハラ・いじめが，「被害者」のみならず職場の労働環境，更には会社の信用全体に影響を及ぼすことを示しているのです。

5　パワハラの発生要因

　パワハラの予防対策にとって発生要因の検討が不可欠であるところ，発生要因は様々な要素の複合として起こるものであり，一般的には，おおむね①組織的要因である使用者意思，組織の文化・構造等，②個人的要因である当事者の心理，性格，関係性等，③直接的要因であるきっかけとなる出来事や対応等などに分類することができ，これらの要因は多くの場合セクハラやマタハラにも共通するものといえます。

(1)　組織的要因

(i)　使用者の意思

　パワハラの発生要因として従来裁判例等でも最も多く問題とされてきたものであり，使用者（とりわけ「トップ」！）の直接的・間接的意思によりパワハラやいじめ等がもたらされることから，ハラスメント防止にとって使用者意思が強調される所以なのです。

　このようなものには，従来から，不当労働行為による組合敵視や思想差別などがあり，また近時においては，リストラの手段として用いられてきたいじめ，パワハラなどが典型例であり，例えば従業員が会社の方針に異を唱えたところ，会社としては解雇したいが合理的な理由が見つからなかったり，業績不振で退職勧奨したいが本人が承諾しないといった場合などに，会社ぐるみで仲間はずれにしたり雑用をさせるなど精神的に追いつめて自発的に退職するように仕向ける場合などがあります（事例1など）。このような場合は，会社として明示的な指示，命令がある場合だけでなく，むしろ会社からは全く指示がない状態で管理職等が「会社の方針を察し」たり，同僚が「自分自身の保身や会社の暗黙の了解を得た」と考えて，いわば「忖度」して行う場合などもあり，これらはいずれの場合も，会社がしばしばこのようないじめやパワハラを黙認し，その結果，パワハラの被害者のみならず，職場環境が不快なものとなり広範かつ深刻な被害を与えることが起こることになるのです。この

ように使用者意思が契機となる職場いじめ・パワハラは，職場いじめの典型であり，パワハラの契機として重要な要素を占めることになるのです。

事例1　**関西電力事件**（最三小判平7.9.5判時1546号115頁）

　　被上告人らが特定の政党員やその同調者であるとの理由で，会社が職制等を通じて，職場内外で被上告人らを継続的に監視する体制をとった上，極端な左翼思想の持ち主であるとか会社の経営方針に非協力的な者であるなどとしてその思想を非難し，他の従業員に接触，交際をしないように働きかけて種々の方法を用いて職場で孤立させ（いわゆる「職場八分」！），さらに退社後に被上告人らを尾行したり，ロッカーを無断で開けて私物の手帳を写真撮影したというケースで，最高裁は，「これらの行為は，被上告人らの職場における自由な人間関係を形成する自由を不当に侵害するとともに，その名誉を毀損するものであり，また，被上告人らに対する行為はそのプライバシーを侵害するものであって，同人らの人格的利益を侵害するものというべく，これら一連の行為が上告人の会社としての方針に基づいて行われたというのであるから，それらは，それぞれ上告人の各被上告人らに対する不法行為を構成する」旨判示し，会社の責任を認めています。（下線は筆者加筆）

　本件は職場における会社ぐるみ若しくは職場ぐるみなど，職場の力関係を背景としたパワハラについて，加害者のみならず会社の使用者責任が問われた典型的ケースであり，最高裁が職場におけるパワハラを「自由な人間関係を形成する自由」を侵害すると判断している点で注目されます。

　近年，企業間競争の激化などが原因となって職場の中には過剰なストレスがたまり，人間関係のもつれも多くなっており，そのため，部下や

少数者，性格的に弱いとみなされた人や後ろ盾のない人などが，上司や多数者である周囲の人たちからいじめの対象とされたり，いわゆるスケープゴートにされたりすること等があります。例えば，企業における成果主義の進展の中で，上司が自分の成果を上げようとして，能力のある部下が高い評価を得られないように業務の完成直前に配置換えをしたり，稟議書のささいなミスを指摘して他の従業員のいる前で恥をかかせるなど，特定の人間（主に上司）が特定の人間（主に部下）をいびりぬく場合や，上司や同僚との意見の食い違いなどがどんどんエスカレートしていくうち，職場の少数派として「職場八分」の状況に追い込まれてしまう場合などがあります（後述「三つのタイプの上司」68頁参照）。しかもこれらは，後述するいじめのプロセスの過程では相互に関わりをもって進展することもしばしばあり，それらが被害の深刻化・拡大をもたらす一因ともなっているのです。

(ⅱ)　**組織の文化や構造―（あらゆる職場で発生する可能性！）**

現代の資本制社会においては，企業や多くの組織では効率性が重視され，従業員は会社の単なる人的資源若しくはコストと位置づけられる傾向が強くなっており（＝「労働の商品化」），その結果として従業員の人格や人間性の尊厳等がしばしば無視される事態が発生しています。しかも今日ではこれに加えて，過度の結果志向や不十分な伝達経路，管理指導能力・紛争解決能力・チームワーク・多様性教育等の不足あるいは欠如などをもたらす不適切な経営管理が，職場におけるパワハラの原因の重要な要素とされるに至っているのです。

したがってパワハラ，いじめは，あらゆる職種やタイプの職場で発生する可能性があり，これらを解決するキーワードの一つは，従業員の人格や人間性を尊重する職場秩序の形成であり，具体的には職場における適切でオープンなコミュニケーション，意思決定への従業員の参加，多様性や個々のアイディア，人間性の尊重と評価等によるチームワークの涵養等によりパワハラ等の発生を未然に防止することが必要となってく

るのです。

　このように職場におけるいじめ・パワハラはどのような場でも起こり得るものではあるものの（「閉鎖圏において発現する人間の悪」！），いじめ，パワハラの広がりに着目した場合には，職種や業種によっても違っており，特に上司等のみならず，顧客や取引先等第三者と接触することの多い医療職やサービス業など，総じて多方面からの仕事に対する要求度が高くしかも個人の裁量の範囲が狭く，結果として高レベルのストレスや不安を生じるような職場では，ハラスメント，いじめ発生の頻度が高くなる傾向があります。このような慢性的にストレスの激しい環境では，課せられた要求についていけない従業員たちはあらゆるレベルでいじめにあう可能性を有しているといえるでしょう。

　会社組織それ自体が問題を抱えている場合には，職場におけるいじめはより一層増幅されることになるでしょう。例えば従業員間に，当該組織の運営が上層部の人たちだけで行われているという不信がある場合には，パワハラは長く続き，その間職場環境の侵害は著しいものとなってくるのです。

　また会社が従業員や顧客あるいは環境を危険にさらしたり，不明瞭な財政処理を行ったりといった非倫理的行動を行い，それらが従業員のいわゆる「内部告発」などによって暴露された場合には，会社はしばしば事態を公にして正しく処理することよりも，信用失墜を恐れて被害を隠蔽したり収支決算を粉飾したりして被害が少なくなるよう，上司や同僚を介して当該従業員の口封じをしたりいじめ・嫌がらせをしたりして不正行為が公になることを防止しようとする可能性があるのです。

　また組織の規模縮小等に伴ういわゆる「リストラ」などが慎重に行われない場合には，失職の不安に怯える従業員たちが疑心暗鬼になり他の従業員をいじめる等して自らの保身を図ったりすることがあり，このような事態を回避するために企業には慎重かつ迅速な対応が求められるでしょう。

(2)　個人的要因

（i）　加害者の心理・性格や周囲の状況

「加害者」の心理や性格については，これまでの研究成果では，彼らが他者の人格や差異を尊重することができなかったり，誠実さや正直さに欠けていたり，自分を強く見せたいという自意識の過剰などによっていじめを引き起こすに至ることが指摘されています。このような分析から見てとれる「加害者像」は，支配欲，臆病，神経質や権力志向等を指摘でき，彼らの行動の多くは，このような心理や性格に根ざした不安や恐怖感からくる嫉妬やねたみに起因し，しかもしばしば加害者本人が自分の行為が有害行為であると認識せずに行われることもあり，これをパワハラの加害者となる可能性の高い「上司」についてみると，心理学上おおむね次の三つのタイプに分類することができ，しかも多くの場合，これらは相互に複合し合っているとされ，次の著者の分析が興味深いです（ハーヴィー・ホーンスタイン著（齊藤勇訳）『問題上司―「困った上司」の解決法』（プレジデント社，2000年）91-108頁）。

三つのタイプの上司

（1）「征服者タイプ」の上司

「常に『力と縄張りの世界』で生きている。征服者型にとって最も重要なことは，自分の力が部下たちに比べてより大きいこと，強いことの認識を持つことである。」「したがって相手を負かし，恥をかかせようとする欲望は飽くことを知らない。」「部下の業績目標設定のときには物わかりのよさを示すが，いったん業績目標の合意がなされると，人が変わったかのように権力を行使して，業績目標の達成を妨げることが少なくない。」

（2）「完璧者タイプ」の上司

「自分が完璧であることが最大の価値だから，常に自分の有能さに関心が向いている。」「不幸なことは，この手の上司が求める能力の基準がとてつもなく高く，並の人間ではとてもじゃないが到達不可能であるということ

だ。」「大きな失敗が少なく，上司に取り入るのが巧みな人物が多い。征服者タイプに比べ，向上心も強く努力もするが，その半面，己の劣等感も強く，どちらかというと，高学歴者に多い。成果主義時代では増えるタイプの上司である。」

(3)　「策略家タイプ」の上司

「自分をどのように評価しているかをいたく気にする上司を指す。」「自分の上役から認められることが何よりもいちばん大事であり，絶えず上役の称賛と，自分に対する高い評価を求めている。」「他人の信用を落とすことで，自分の評判を高めようとする。」「能力主義組織で，力のない者が管理職に就くと，生き残るために策略家タイプになることが少なくない。」

(4)　三つのタイプの共通項

「三つのタイプの『いじめ上司』には，『共通した習癖』のあることがわかった。『責任回避（放棄）』という習癖である。

『征服者型』上司の場合，彼らが最も欲しいものは『権力と支配力』である。そこで巧みに責任回避することによって，部（課）内の透明度を減らして，情報公開を避ける。『完璧者型』上司は部下にとてつもなく高い能力や達成目標を求める。そうすることで，部下を混乱と不安に巻き込み，自分の責任を部下の能力のせいにし，責任を逃れようとする。『策略家型』上司が責任回避を選ぶのは，次の思惑による。問題の核心に対する自分の姿勢を曖昧にしておき，そのまま事態が進展して，右か左か，方向が明らかになったところで，勝者側に立とうという計算である。」

同書が指摘する三つのタイプの「加害者像」は，いささか極端といえますが（しかもかなり戯画的！），例えば「征服者タイプ」を「ボスタイプ」，「完璧者タイプ」を「神経質・うるさ型タイプ」，「策略家タイプ」を「面従腹背型タイプ」とでも読み替えれば，私達日本社会の組織や企業の中にこれらのタイプに合致する人々をイメージすることができ，し

かもこれらのパーソナリティが複合的であることを考慮するならば，パワハラの「加害者像」を検討する上で示唆に富むものといえるでしょう。

　このように職場におけるいじめや暴力は，個人の単独の行動に端を発していても，それらはむしろ職場の環境，労働条件，労働者同士の関係の在り方，取引先や顧客と労働者の関係の在り方や経営者と労働者の関係といった複合的な要素の組合せの中で，被害が拡大することが多いといえるのです。

(ii)　「被害者」の個性・性格や周囲の状況（誰でもいじめにあう可能性！）

　では，いじめられやすい性格というものはあるのでしょうか？　いじめの被害者は，彼らの身に起こったことに対して何か責任があるのでしょうか？　今日まで，いじめの被害者とその生い立ち，振る舞い，態度や性格，境遇等の関連について様々に論じられてきましたが，いじめと被害者の個性や性格等との関連性を基礎づけるような資料や事例は明らかとなっていません。

　むしろいじめの被害者はしばしば「情緒があり知性豊かな」人たちであったり，総じて物事を適切に解決する能力や方法を身に付けている人々であったりするのです。例えば大学で同僚の教授たちから職場いじめにあった事例の調査研究によると，被害者は，おおむね人柄がよくて「世間知らず」とされる人々であったり，政略には向かず，しかも高い学問レベルの傾向がみられ，個々人を大切にするいわば「内面志向」のタイプであることが多いと指摘されています。

　このように個々人は，誰であろうと，何歳であろうと，仕事に熱心であったり忠実であろうと，創造性があろうと経験を積んでいようと，明晰な頭脳の持ち主であろうと責任の重い地位に就いていようと，どれほど多くの進取の気性を示そうと，またどれほど巧みなチームプレイの名手であろうとも，いじめの被害者となる可能性があるといえ，その中で

も特に創造性の豊かな人は，他の人に挑むような新しいアイディアを売り込むがゆえに往々にしてパワハラやいじめを受けやすい傾向にあるともいわれているのです。

　さらに周囲の状況についてみると，仕事の手順をめぐっての対立や価値観や道徳観などをめぐっての対立は，職場いじめを誘引する作用をもたらし，その結果，服従を強いられた人々は，うつに陥ったり自信を喪失させられ，どうしていいか分からない弱い人間であると思い込むようになっていくことになります。しかも，被害者がこのような反応を示せば示すほど，加害者はいじめを激化させ，その結果，被害者は被害妄想がひどくなってしまったり，機能障害を起こしたりするに至るのであり，この悪循環による螺旋状の進行過程はやがて被害者に対する職場からの追い出しの段階へとつながっていくことにもなるでしょう。

　このように，パワハラやいじめには，彼らの性格や個性，生活経験だけでなく，周囲との仕事上の見解や個人的な信念の相違などによって決まることが多いといえるのです。

コラム　パーソナル・スペースとハラスメント

　相手が誰だか分からなかったり，向こうが自分に気がつかないと分かっているときは，その人のことがほとんど気にならないのに，その人が近くにやってきたりすると途端に気持ちが落ち着かなくなることがありませんか？　このように，近くにいる他人が気になるのは，自分自身の占有空間の中に他人が侵入してくるからであるとして，一人一人が自ら有している，自分の周りに形成されている，目で見ることのできない空間領域を「パーソナル・スペース」（personal-space 個人空間）と呼んで，アメリカの文化人類学者であるエドワード・ホールが，人間活動分析の手法として提唱した考

え方です（エドワード・ホール著（日高敏隆，佐藤信行訳文）『かくれた次元』みすず書房，1966年）。

　一般に人は，自分のパーソナル・スペースが保障されているときは快適に感じ，逆にその空間に他人が侵入すると不快に感じるものであり，多くの人々は，このようなパーソナル・スペースを暗黙の緩衝材として利用することによって，他人とのコミュニケーションを図り，社会生活をできるだけ円満にしようと心がけていると言えるでしょう。ホールはこのようなパーソナル・スペースを，①恋人や家族など，親密な関係にしか維持できない空間＝「密接距離」（0～45cm），②親しい友人や個人的な関心事について話し合うことのできる人との間で維持できる空間＝「個体距離」（45cm～1m），③仕事上などの非個人的な関係で形成される空間＝「社会距離」（1～3.5m），④個人的関係が希薄な人々との間で成立する空間＝「公共距離」（3.5m以上）に分類しています。

　上司と部下でパーソナル・スペースの使い方において，上司は部下に対して親密さを表現するために接近することができるものの，部下は反対に上司に対して自由に接近することができず，この関係が真逆に表れることが知られており，ハラスメントのキーマンである「管理職」が，部下を「指導」したりミスを「叱責」する際も，

〈パーソナルスペース〉

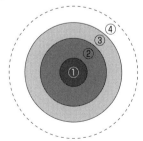

このようなパーソナル・スペースの役割と機能を理解した上で行うことが求められていると言えるでしょう。

(3)　直接的要因──きっかけとなる出来事や対立

　一般にパワハラやいじめのきっかけは，職場における同僚や上司とのささいな意見の相違あるいは対立であることが多いのですが，前述したとおり，実際にはそれ以前からの不和など，いわば「不安定な」人間関係が背景となっていることが多いといえます（図表2─1参照）。

　なぜならば，それらが仕事の手続上の対立や認識不足，新しい上司や同僚たちとの個性や価値観の対立を契機とするものであっても，これらの出来事は，嫌がらせが開始されるきっかけや口実にすぎず，上述したような，しばしば真の原因は包み隠され，職場における苦情処理手続などで，適正に処理されない場合，対立が更に高じることになるからです。

　このような様々な職場いじめに対する適正な問題処置システムがなかったり機能していない場合には，最初の対立に輪をかけることになるばかりか，組織内の対立を隠してしまう組織体質や協力的な態度で処理したがらない上司の存在などはこれらの嫌がらせの悪循環をより増幅させることにつながっていくわけです。

　このように職場いじめ・パワハラの発生要因と考えられるものを検討してきましたが，我々は，これらの検討を通して，少なくとも使用者の加害意思，組織の文化・構造，加害者の心理・性格さらには組織の外部要因などが相互に作用して，パワハラやいじめを発生させるものであり，その意味では，これらの要因の組合せによっては，どのような職場でもまた誰に対してでも加えられる可能性を有するものであることが明らかになってきたといえるでしょう。

　そこで，次に「パワハラのプロセス」について，検討を加えてみましょう。

6　パワハラのプロセス―敵対的環境へと転化

(1)　敵対的環境へ

　職場内におけるいじめ・パワハラや，前述したとおり様々な要因で発生し，それに応じていじめのプロセスも複雑な過程をたどることになりますが，いずれの場合も被害者個人にとっては職場環境が不快で敵対的なものとなり，しかもこれらの多くの場合は修復不能となり，パワハラを受けた「被害者」の多くは，ストレスからうつ病等の精神疾患に陥ることになり，その場合，「加害者」（＝ハラッサー）の存在自体がストレスの原因となることは，精神医学の知見によって明らかとされており，それゆえにハラスメントの再発防止，予防が重視されているのです。

　職場におけるいじめ・パワハラのプロセスは，一般的にはささいな従業員間の意見の衝突などで始まり，やがて周囲の同僚たちを巻き込んで（その中には嫌々ながら加担する者もあれば，進んでいじめに加担する者もいるでしょう。），種々の嫌がらせの行為へと発展し，職場が被害者にとって「敵対的環境」へと転化していくことになり，また会社にとっても，職場秩序の混乱により労働能率の低下等の悪影響を及ぼすことにつながりかねないものとなるのです。

　すなわち，職場秩序には常に，不安定→安定への「安定志向」が働いており，これが職場いじめ・パワハラのプロセスの端緒となることが多いといえるのです。例えば上司が代わったり，新しい人が入ったりした場合，上司からのいじめや新しい人に対するいじめが発生することになり，このような現象は学校でのいじめとも共通のものといえるのです。このようないじめの形態は具体的にはおおむね**図表2―7**のようなプロセスをたどることになるでしょう。

図表２―７　いじめ・パワハラのプロセス

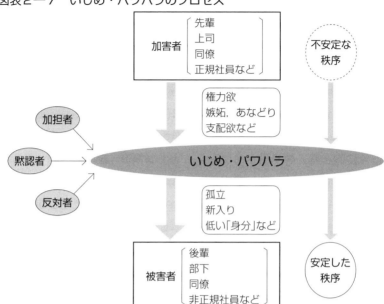

（いじめ・パワハラのプロセス）

　第１段階　「不和」の段階…従業員間に仕事上の意思疎通などに関して様々な意見の衝突が発生する段階であり，職場いじめに発展する可能性があり，いわば潜在的な職場いじめの段階といえる。

　第２段階　「攻撃的行為」の段階…従業員間のいじめに関し管理者層が巻き込まれるようになり，しかも管理者層はこれらの被害を放置したりして，被害が一層拡大深刻化することになる。

　第３段階　管理者層が「加担」する段階…従業員間のいじめに関し管理者層がいじめ行為に加担したりして，被害が一層拡大深刻化することになる。

　第４段階　被害者に対する「烙印」の段階…被害者は，今や，「気

難しい人」あるいは精神疾患にかかっている人との「烙印」を押されて，精神的に追い込まれ，やがて被害者を次の段階へと追い込むことになる。

　第5段階　組織からの「排除」の段階…被害者は自主退職若しくは無断欠勤等を理由として解雇され，組織から排除されることになる。被害者が受けた精神的ショックは，さらに心的外傷後ストレス傷害（PTSD）を引き起こす引き金となり，退職後も精神的苦痛とそれに伴う精神的疾患は継続し，しばしばより増悪していくこともある。また職場秩序が乱れて会社の信用名誉が損なわれることもあるだろう。

　また今日の職場の3分の1が派遣，有期契約，パートなどの非正規で占められており，このような労働者の職種は固定化される結果，職場においては管理職→正規社員→契約，派遣社員，パート等のヒエラルキーが成立することになり，これらの「身分的」ヒエラルキー秩序が，いじめを発生させる温床となっているともいえるでしょう。

(2)　職場における「暴力性」

　職場という「閉ざされた政治空間」において成立する強固な権力関係と，排他的な競争という二重の「暴力性」が，職場においていじめを生みやすい場にしているといえ，したがって，いじめの加害者を追及するだけでは問題は解決しないことになります。むろん，具体的な言葉による攻撃や暴力行為に対して毅然と対処する必要があるのは当然ですが，同時に，問題にすべきは，いじめやパワハラが発生した職場の組織の在り方そのものといえましょう。なぜごくささいな理由からいじめやパワハラ等が行われるのかを考える必要があり，いじめが発生する構造を探らなければならないのです。例えば，使用者が「いじめられる側にも問

題がある」という場合，その点が分かっていないだけでなく，自らの責任を追及されることにもなり，その点を察知してこのようにいっているのかもしれないのです。つまり，職場で発生しているいじめの本質を隠そうとしているだけでなく，ある種のタイプの従業員がそうであるかのようにしゅん別しようとするものであり，差別を正当化するものにほかならないといえましょう。

　今日の職場のいじめ・パワハラは単に古くて新しい問題にとどまらず，このような現代的特徴を持つものとして我々の前に立ち表れているのです。したがって，このようないじめ・パワハラに対する取組も，その特徴に応じたものでなくてはならず，具体的には労使双方それぞれが職場の構成員の立場と責任において共に取り組むべきことになるのです。具体的には法的規制の強化が必要であり，包括的いじめ規制が望まれるものの，当面は各種法規中において規制がなされることが焦眉の課題であり，さらには企業及びその構成員である従業員が，それぞれの立場と責任において社会的責任として，職場いじめ・パワハラの予防・排除に取り組む必要があるのです。

　また従業員個々人も，例えば，労働組合に加入・結成することなどにより，自らの権利を擁護したり，自らの生命・身体・生活の擁護としての諸法規，具体的には労基法，労契法，刑法等を自らの武器として活用する必要があります。特に，いじめ・パワハラによる被害の緩和・拡大防止が図られる必要があり，職場におけるメンタルヘルスケア等の推進が良好な職場環境を実現することが労使双方の責務であることを明確にし，そのような職場を実現するため種々の方策を講ずることです。

　これらの詳細は後ほど改めて述べることにしましょう。

セクハラ

1　セクハラに対する規制

　セクハラは，一般に日常用語としては，「相手方の意に反する不快な性的言動」を意味する和製英語であり，職場などで男性の上司，同僚が加害者となり，女性が被害者になることが圧倒的に多く，セクハラはそれ自体は，パワハラやいじめと同様古くから存在した社会現象ですが，我が国でも 1980 年代から，とりわけ女性の権利意識の高揚やアメリカ法の影響による関心の高まりの中で問題とされるようになってきたものです。

　我が国の場合，前述したとおりセクハラは，公務（国家公務員）職場を規律する人事院規則 10-10（1999 年 4 月 1 日施行，2007 年改正）では，定義規定がおかれ，職員，各省庁の長，人事院（国）の責務が規定されていますが，民間企業を規律する均等法（1997 年改正の旧 21 条は，事業主に対する雇用管理上の「配慮義務」とされていましたが，その後 2006 年改正の現行 11 条は，「措置義務」に規制が強化）や，パワハラ防止法（大企業の場合 2020 年 6 月 1 日から施行，中小企業の場合当面は努力義務として，2022 年 4 月 1 日から義務化）に基づく改正均等法では，特に定義規定を置くことなく，事業主に対し一定の防止措置義務等を規定し，国，事業主，労働者の責務規定が置かれると共に，具体的措置内容等は指針で規定しています。

　そこで以下には，主として民間職場（地方自治体を含む）を規律する改正均等法等の規制内容を述べることにしましょう。

2　均等法

(1)　従来の均等法の問題点

(ⅰ)　事業主の措置義務

　均等法 11 条は，セクハラに関する定義規定を置くことなく，事業主の措置義務の対象として「職場において行われる性的な言動に対するその雇用する労働者の対応により当該労働者がその労働条件につき不利益を受け」（いわゆる「対価型」），又は「当該性的な言動により当該労働者の就業環境が害されること」（いわゆる「環境型」）と規定し，これらの行為を防止する措置を事業主に義務付け，措置内容についてそれぞれ典型例を指針で規定していました。

　しかしながら，セクハラによる不利益取扱いが禁止されているわけではなく，セクハラへの労働者の調査義務がないことから，同僚労働者のセクハラに関して，通報することで不利益を受け，被害顕在化の阻止要因となっているほか，セクハラに関する均等法上の調停制度についても，関係当事者の同意がなければ同僚等に参考人として出頭を求めることができない等の不備も指摘されていたのです。

(ⅱ)　「職場」

　また措置義務の対象とされる「職場」は，指針で「事業主が雇用する労働者が業務を遂行する場所を指し，当該労働者が通常就業している場所以外の場所であっても，当該労働者が業務を遂行する場所については，「職場」に含まれる。例えば，取引先の事務所，取引先と打合せをするための飲食店，顧客の自宅等であっても，当該労働者が業務を遂行する場所であればこれに該当する。」と規定していますが，特に近年，営業職や店舗などのサービス部門の中心に，取引先や顧客などの「第三者」からのセクハラ被害に対して，事業主の措置義務が及ぶか否かが問題とされてきていました。

(2)　2019年の改正均等法

　2019年のハラスメント防止法制定に伴う改正均等法は，これらの制度不備を次のとおり補うものとなっています。

(i)　「行為者」の拡大―顧客や取引先などからのセクハラ（指針）

　改正均等法は，事業主が講ずべき雇用管理上の措置義務等の内容として，従来，従業員の第三者に対するセクハラや，第三者からの従業員に対するセクハラ被害が問題とされてきていたことから，自社の労働者が，他社の労働者等からセクハラを受けた場合につき，指針で，セクハラの規制対象となる「行為者」を拡大し，「当該行動を行う者には，労働者を雇用する事業主（法人である場合はその役員），上司，同僚に限らず，取引先等の他の事業主又はその雇用する労働者，顧客，患者又はその家族，学校における生徒等もなり得る。」と範囲を広げ，これらの場合も相談に応ずる等の措置義務の対象とされています。

　その際，事後対応として指針では，「行為者が，他の事業主が雇用する労働者又は他の事業主である場合には，必要に応じて，他の事業主に事実関係の確認への協力を求めること」が措置義務の内容とされています（指針2⑷，3⑶）。

(ii)　第三者（取引先など）に対する協力（11条3項）

　自社の労働者が他社の労働者にセクハラを行い，他社が実施する雇用管理上の措置（事実確認など）への協力を求められた場合，これに応じるよう努めなければならないとされ，また指針では，これを理由として他社との契約を解除する等の不利益な取扱いを行うことは望ましくないとされています（指針3）。

(3)　不利益取扱いの禁止（11条2項）

　事業主は，労働者がセクハラ等に関して，(i)の「相談を行ったこと又は事業主による当該相談への対応に協力した際に事実を述べたことを理由として，当該労働者に対して解雇その他不利益な取扱いをしてはなら

ない」との規定が新設されています。

　またセクハラ等の調停制度について，紛争調整委員会が必要を認めた場合には，関係当事者の同意の有無にかかわらず，職場の同僚等も参考人として出頭の求めや意見聴取が行えるようになります（同法20条）。

(4)　事業主，労働者等の責務（11条の2）

　更に国，事業主，労働者の責務規定が新設され，セクハラは行ってはならないものであり，セクハラに起因する「性的言動問題」に対し，「国は，事業主その他国民一般の関心と理解を深めるため，広報活動，啓発活動その他の措置を講ずるように努めなければならない」とされています。

　次に事業主は，「その雇用する労働者の関心と理解を深めるとともに，当該労働者が他の労働者に対する言動に必要な注意を払うよう，研修の実施その他の必要な配慮をするほか，国の講ずる前項の措置に協力するように努めなければならない。」とされ，「自らも」，ハラスメントに対する「関心と理解を深め，労働者に対する言動に必要な注意を払うように努めなければならない」とされています。

　労働者も，ハラスメントに対する「関心と理解を深め，他の労働者に対する言動に必要な注意を払うとともに，事業主の講ずる前条第1項の措置に協力するよう努めなければならない」とされています。

(5)　課題

　このようにセクハラの保護対象者は，原則として「雇用する労働者」に限定されています（ただし，通達で派遣など社外の労働者が含まれます。）が，前述したとおり，近年，フリーランスなど雇用契約上の地位にかかわらず労働する者は増加しており（1,000万人超），これらの人々や就職活動中の学生や教育実習生，ボランティア等に対するセクハラが増加しています。

　したがってセクハラ防止の実効性を担保するためには，相談者や通報者が不利益を受けないことが不可欠であることから，新たにこの点については，国会の附帯決議で，取引先や顧客などの第三者から受けたハラスメントも事業主の措置義務に含めるべきとされ，他方，フリーランスや就職活動中の学生などに対するセクハラについても，指針などで必要な対策を講ずることが求められています。

3　SOGIハラ・アウティング防止

(1)　LGBT・SOGIとは

　LGBTは，Lesbian：レスビアン（女性同士の同性愛），Gay：ゲイ（男性同士の同性愛），Bisexual：バイセクシュアル（両性愛），Transgender：トランスジェンダー（性同一性障害を含め，自分自身の身体の性と心の性が一致しない）の頭文字をとったもので，相手の性別に関する指向（性的指向 Sexual Orientation）あるいは自分の性別に関する認識（性自認 Gender Identity）をまとめて表す言葉であり，実際には，更に多様な性的少数者がいることから，国連ではより広い概念としてSOGIという略称を用いており，LGBT・SOGIに関する差別的な言動やハラスメントを総称してSOGIハラとも呼ばれています。

　性的少数者は，全世界の人口の5％程度と推定されているものの，近年の調査では7〜8％に達するとするものもあり（2015年電通ダイバーシティ・ラボ，2016年連合など），特に日本では家族や友人にも公表できない人々が多い中で，職場で公表することは非常にハードルが高く，ダイバーシティや職場の人権を尊重する上で，LGBT・SOGIへの正しい理解と必要な規制整備が必要となってきています。

(2)　SOGIハラ，アウティングの実態

　セクハラやSOGIハラとなり得る言動について，以前から，例えば

「職場でカミングアウトしたら『あいつはホモ（レズ）だから気をつけ
ろ』と言いふらされた」「飲み会で上司から『お前はホモか？　もっと
男らしくしろ』と怒鳴られた」「昨日のテレビで同性愛者の店が出てき
たけど，ああいうのって，生理的にムリ」「いつまでも結婚しないと，
ソッチの人だって思われるぞ！」「同性愛とか性同一性障害とかって，
ここにはそんな人いないよね？」「今のお客さんって，男？　女？
どっちだか分かんないよね！」などと指摘されているように，LGBT に
対する誤解や偏見に基づく言動が問題とされていました（「LGBT 法連合
会」）。

　また民間団体（一般社団法人「社会的包摂サポートセンター」）の専用電
話に寄せられた相談（2012 年 3 月から 2014 年 3 月までの 6 年間に少なくと
も 110 件）では近年，本人の了解なく暴露するいわゆる「アウティン
グ」被害が増加していることが注目されます。例えば LGBT・SOGI の
本人が，信頼できる友人や好意を寄せている人に告白する，いわゆるカ
ミングアウトをしたところ，相手が「好意を寄せられた。気持ち悪い」
等として本人の同意なく周囲に暴露する，いわゆる「アウティング」の
結果，カミングアウトした本人が学校や職場に行けなくなる深刻な被害
が問題とされるようになってきました。

　きっかけとなったのは，2015 年，一橋大学法科大学院の男子学生
（当時 25 歳）が友人男性に LGBT の事実を告げて恋愛感情を告白したと
ころ，それを伝え聞いた別の同級生が，知人学生に SNS で拡散したこ
とから，本人はそれを苦にして自殺したものであり，学生の遺族から同
級生と大学に損害賠償を求めて訴訟が提起された事件でした（同級生と
は和解成立。大学への請求では，判決は「大学が適切な対応を怠ったとは認
められない」として棄却しましたが遺族は控訴しています。東京地判平
31．2．27 判例集未登載，東京新聞 2019 年 2 月 28 日付）。

⑶　SOGI ハラ，アウティングに対する法規制

パワハラ防止法，現行均等法は，LGBT 等に対するハラスメントを規制対象としています。また，前述した一橋大学の事件を契機として，2018 年 4 月同大学が所在する東京都国立市が，アウティングを禁ずる全国初の条例を施行しており，これに呼応して，全国の大学や会社でも故意や悪意に基づく公表がハラスメントに当たるとして，学生や教職員に注意を喚起する取組を強めてきています。

⑷　SOGI ハラ等の裁判例

SOGI ハラやアウティングに関する裁判例は，我が国では少数にとどまっていますが，LGBT を理由とした解雇は，客観的合理的理由も社会的相当性もないことから，無効とされ（労契法 16 条），次の裁判例は，同僚にカミングアウトした際にリストカットの跡を見せる等したことを理由とした解雇を無効としたケースです。

> **事例 2　U 社事件**（山口地岩国支判平 22.3.31 労判 1148 号 84 頁）
>
> 　性同一性障害の女性 K は，会社のトイレで衝動的にリストカットをしたり，配属先の部署の同性の先輩 T に対して「初めて見たときから，あなたから光が出て見えたんです。」「僕のことを好きになってほしい。」と述べる等してつきまといだしたことから，T は K に対し強い恐怖心や不安感を覚え，会社に退職の意思表示をしたところ，会社は，K に対し職場の風紀秩序を著しく乱すものであることを理由として解雇処分し，その後 K は自殺した。K の遺族が会社と共に T を訴えたケースで，判決は「K は正社員となってわずか 3 か月に満たない経験不足の新人に過ぎず，この者の，特定の先輩従業員に対する言動によって，被告会社の企業秩序そのもの（個々の従業員の精神的平穏等ではなく）が動揺させられるということ自体，に

わかには想定しがたいところと考えられる。以上の諸点を総合すると，本件解雇は，その合理性・相当性に疑問があるというほかなく，解雇権の濫用にわたるものとして，無効というべきである。会社は，その従業員を合理的理由なく解雇処分に付してはならない一般的な注意義務を負っていると解されるから，被告会社が本件解雇を行ったことはかかる注意義務に違反するものであって，不法行為とな」るとしました。他方被告Tについては，判決は「被告会社の従業員であるに過ぎず，被告会社における，従業員の雇用方針に影響力を行使しうるような立場にいたことを示す証拠は全くない。したがって，本件解雇は，被告Tの支配領域外の出来事なのであって，これについて，同被告が，（例えば，Kを不当解雇しないように被告会社に働きかける義務というような）何らかの注意義務を課せられるべき性質のものではないと解するのが相当である。そうであるとすれば，本件解雇をめぐって，被告Tに不法行為が成立する余地はない」としています（同旨広島高判平 23.6.23 労判 1148 号 73 頁，最一小判平 24.2.9 決定）

　この他にも，会社の風紀秩序違反などを理由として「別性容姿での出勤・就労に対する懸念」を理由とした懲戒解雇を無効とした，S社（性同一障害者解雇）事件・東京地決平 14.6.20 労判 830 号 13 頁があります。近時のケースでは，女性に戸籍を変更して性別適合手術を受けた原告が，老舗ゴルフ場への入会を希望したところ，入浴施設の利用等で混乱が予想される等として拒否されたケースで，判決はゴルフ場が被る不利益は抽象的な危険に過ぎず，（中略）入会拒否は公序に反し違法として，ゴルフ場側に 100 万円の損害賠償を命じています（静岡地浜松支判平 26.9.8 判時 2243 号 67 頁，東京高判平 27.7.1 判例集未登載，静岡新聞平成 27 年 7 月 2 日付）。

4　セクハラの発生要因

(1)　性差別

　セクハラは，性に着目したハラスメントであり，発生要因としては，職場や大学等での力関係を背景として自らの性的欲望や性的趣向を満足させようとするものであることは，今日広く知られるようになってきており，我が国をはじめ世界各国では職場や大学等で起こるセクハラに対する法的規制が強められつつあり，2019年6月開催のILO総会で採択された条約と勧告では，仕事の世界におけるジェンダーに基づく暴力とハラスメント，即ちセクハラが含まれるという画期的な出来事があります。しかしながら他方では，とりわけジェンダー格差の大きな我が国では，セクハラに関しては，依然として「偏見」や「誤解」が広範に流布しており，しかもこれらの「偏見」（今日まで男性中心の社会の中で形成されてきた性差別意識に基づくもの）や「誤解」（偶然発生した「事例」を一般化・普遍化することによって形成される認識）は，事実によって論証されたものでないにもかかわらず，セクハラの発生要因を支える社会的背景をなしているものといえるのです。そこで以下には，その典型例（「セクハラ神話！」）をいくつか挙げることにしようと思います（ちなみに「神話」はここに取り上げたものに尽きるものではないことはいうまでもありませんが，これらの「神話」の多くは，強制わいせつ，強制性交等の性暴力，性被害一般にも共通する事柄といえます。）。

　神話　その1
　本当に嫌なら，抵抗できたはずだ！—「なぜ逃げなかったのか？」「私なら思い切りひっぱたいてやる！」「逃げたり大声を出さなかったのは，セクハラなんかなかったからだ」…。

　セクハラが問題となった場合に必ずといってよいほど聞かれる声です（しかも「加害者」のみならず，時として「被害者」を支援する人々からも聞

かれることがあるのです。）。「人は相手から不快なことをされた場合，直ちに逃げたり抵抗したりするものである」という「社会通念」は，我々の意識を大きく支配しているだけでなく，このような「通念」は最近に至るまで裁判所をも支配し，セクハラの成否，事実認定をめぐって大きな桎梏となってきていたのです。その一例として次のケースを挙げることができるでしょう。

事例3　秋田県立農業短大事件（仙台高秋田支判平 10.12.10 判時 1681 号 112 頁）

　大学の女性研究員が，上司である男性教授とともに出張先のホテルに宿泊していたところ，自室を訪ねてきた教授から突然ベッドに押し倒される等の強制わいせつ行為を受けたとして訴えたケースで，一審判決は，教授が行ったとする強制わいせつ行為に対する女性研究客員の対応やその直接の言動について，不自然な点が多々あるとして，女性研究員の主張を退けましたが（秋田地判平 9 . 1 .28 判時 1629号 121 頁），二審判決は「性的被害者の行動パターンを一義的に経験則化し，それに合致しない行動が架空のものであるとして排斥することは到底でき」ず，「控訴人は，事件までにも，被控訴人に対して，個人的にかなり悪感情を抱いていたとしても，少なくとも被控訴人が控訴人の職場の上司であり，仕事を続ける限り，今後も日常的に被控訴人とつきあって行かねばならないことや，被害を公にし難いのが性的な被害の特色であることに照らせば，控訴人が，強制わいせつ行為は受けたものの，ことを荒立てずにその場を取り繕う方向で行動し，第三者に悟られないように行動するということも十分あり」える旨判示して女性研究員の主張を認めました。

　一審判決の判断の前提は，他者からの攻撃に対して，どのような状況においても「勇敢」に立ち向かったり，直ちに回避行動をとることが可

能な人や，そのようなことが可能な状況の場合には当てはまるものかも
しれませんが，人は常にそのように振る舞うことができるとは限らず，
とりわけ職場や大学等で支配従属関係にある者からの攻撃に対しては，
様々な不利益を考慮して「被害者」が抵抗できない状況に置かれている
ことになるという事情を配慮しないものでした。さらにこの判決は，セ
クハラの大半は，「偶然」発生するものではなく，「計画的」なものであ
るということも見逃しています。特に性的関係を迫るケースの場合，
〈性的誘惑→性的関係や接触の強要〉というプロセスをとりますが，そ
のプロセスに時間的な長短はあっても，その過程は，「加害者」が「被
害者」を「計画的」に「誘惑」をし，その行為を徐々にエスカレートさ
せて，第三者等のいない「密室」で性的関係や接触を強要するプロセス
をたどるものであり，このプロセスにおいて「被害者」が拒絶（＝不服
従）の態度を貫くことは，「被害者」の受ける雇用や教育研究上の不利
益を考慮すると極めて困難な場合が多いのです。

(2)　「力関係」の悪用

> **神話　その2**
> 　セクハラは「特殊な」？人間のやることだ—「日頃の性的欲求不満
> が原因となって，何らかのきっかけでセクハラをしたのだ」「きっか
> けを作った方（被害者）が悪い」「彼女（被害者）の服装が挑発的だ
> からその気になってしまった」「彼女が私に好意をもっているのでそ
> の気になってしまった」…。

　このような主張は，セクハラの行為が主として職場や大学等の上下関
係のある中で，上司や部下が自らの地位・権限を利用・濫用して，部下
や学生に対し行われているという点を無視していることです。現実にセ
クハラで訴えられる「加害者」は，大学の教授，会社の社長・部長等，

一般に社会的地位の高い者が多く，我々は普通これらの者が「異常性欲」や「性的欲求不満」の持ち主とは理解していないでしょう。セクハラや性犯罪の「加害者」は「異常性欲」や「性的欲求不満」の持ち主であるという「偏見」（もっともそのような者も一部にはいるかもしれませんが）は，セクハラを生みだす社会的要因や本質を覆い隠すだけではなく，現実には「何らかのきっかけ」（＝例えば被害者側の挑発的態度など）によってセクハラが発生したとの口実（被害者の「落ち度」！）に利用されることになっているのです。

　さらに「服装が挑発的だ」という「主張」にも同じことがいえましょう。そもそも，人がどのような服装をするかは，プライバシーや自己決定に属する問題であり（企業や教育現場で，職場秩序等の維持のため制服着用を義務付けることについての法的問題点はありますが，セクハラはその大半が勤務時間終了後の宴会など，「被害者」が「私服」の場合です。），いかなる服装をするかは基本的には個人の自由なのです。このような主張が「弁解」にすぎないことは明らかでしょう。

　「相手方が好意をもっていた」はもう少し手のこんだものであり，しばしば「加害者」側は，「（仮に私が）セクハラをしたとすれば，それは彼女（相手方）の言動から，彼女が自分に対して恋愛感情を抱いているものと誤信したことによるものである。したがって，相手方にも責任があり，これは慰謝料算定に当たり減額事由となる」などと主張しますが（セクハラは「擬似恋愛」関係が成立している，という主張も同様のものでしょう），「恋愛関係」とセクハラとは全く異なった事柄であり，おおよそ「誤信」など生じる余地のないものだからであり，この二つが全く異なった事柄，人間関係に関するものであることは明白なことです。次のケースはその典型例といえるでしょう。

事例4 東北大学セクシュアル・ハラスメント事件（仙台地判平11.5.24判時1705号135頁）

　大学の元助手の女性が，大学院博士課程に在学中，指導担当教官であった助教授から，継続的に性的接触や性関係を強要される等のセクシュアル・ハラスメントを受けたとして訴えた事件で，助教授は，性的関係を認めたものの，あくまでも原告の自由意思に基づく恋愛関係の中でのことであって，被告が指導教官としての地位を背景に強引に性関係を迫ったものではないなどと反論したケースで，判決は，被告（助教授）は教育上の支配従属関係を背景として，「原告が指導を放棄されることを恐れて強い拒絶ができないことに乗じて，原告が不快感を抱いていることを知りながら（中略），洞爺湖で原告に抱きついたり，帰りの飛行機の中で手を握るといった直接の身体的接触に及んだ上，札幌出張から帰ってからは自分の研究室で原告に背後から抱きつくといった性的接触を繰り返すなど，原告に対する性的言動を直接行動にまでエスカレートさせ，その結果，原告の性的自由を侵害した」旨判示しています。

　このようにセクハラに関して「加害者」らから加えられる「被害者にも責任がある」という主張が，自らの責任の回避・軽減をねらったものであることは明白であり，それにもかかわらず，人々に残る古くからの性差別意識等によって，このような主張が広く世間に受け入れられる余地を残していることから，セクハラ被害の顕在化を阻む要因ともなっているのです（二次被害，いわゆる「セカンドレイプ」なども同様の問題といえるでしょう。）。

5　セクハラと「不貞」の第三者

　セクハラの「被害者」が，しばしば「加害者」の配偶者（多くは妻）から，いわゆる「不貞の第三者」として慰謝料請求を受けることがありますが，その場面ではどのようになるのでしょうか。周知のとおり，最高裁は，夫婦の一方配偶者と内縁関係を持った第三者につき，「故意または過失がある限り，右配偶者を誘惑するなどして肉体関係をもつに至らせたかどうか，両名の関係が自然の愛情によって生じたかにかかわらず，他方の配偶者の夫または妻としての権利を侵害し，その行為は違法性を帯び，右他方の配偶者の被った精神上の苦痛を慰謝すべき義務がある」（最判昭 54.3.30 民集 33 巻 2 号 303 頁，最三小判平 8.3.26 判時 1563 号 72 頁，なお離婚慰謝料につき最三小判平 31.2.19 家判 22 号 87 頁）としていますが，この判決に対しては学説からの批判が強く，またその後の下級審判決でも，第三者との関係，意図，夫婦関係の状況などにより，上記最高裁判決を制限する方向にあります。したがって，セクハラとの関係では，セクハラ行為が違法と評価される場合，第三者に「故意または過失」はなく，配偶者からの請求を認めるべきではなく，前述した①関係形成途上型の場合は，このケースに該当することになりますが，②関係良好（決定）破綻型の場合，良好な関係であった際の行為が，「第三者」として慰謝料請求の対象とされる可能性があるものの，その後破綻する過程でのセクハラも含めて，全体としてのプロセスを評価した場合，「故意または過失」がないとされることがあり，少なくとも過失相殺の対象とされることになるでしょう（民法 722 条）。

　ちなみに裁判例としては，妻から相手方女性に 500 万円の慰謝料が請求されたのに対し，夫が女性の上司であり主導的な役割を果たしたこと，妻は夫に対する請求を宥恕していると認められること，本訴提起の目的は不倫関係を解消させることにあり，目的は達せられたこと，夫婦関係は修復されていることなどから，50 万円を相当とした例（東京地判平 4.12.10 判タ 870 号 232 頁），夫の行為が第三者に対する強姦・性交の強要

である場合に慰謝料請求を否定した例（横浜地判平元.8.30判時1347号78頁），妻が夫の経営する会社の従業員男性と性的関係をもったとして，夫が相手方男性に慰謝料請求した事案で，判決は一般論として「合意による貞操侵害の類型においては，自己の地位や相手方の弱点を利用するなど悪質な手段を用いて相手方の意思決定を拘束したような場合でない限り，不貞あるいは婚姻破綻についての主たる責任は不貞を働いた配偶者にあり，不貞の相手方の責任は副次的なものとみるべきである」として，原審が認めた夫から相手方男性に対する500万円の慰謝料を，200万円に変更した例（東京高判昭60.11.20判時1174号73頁）などがあります。

Ⅴ　マタハラ

1　マタハラとは

　「マタハラ」はマタニティ・ハラスメント（Maternity Harassment）の略の和製英語であり，今日一般には，働く女性が妊娠，出産に伴う就業制限や産前産後，育児休業等によって業務上支障を来すことを理由として，解雇や雇止め，自主退職の強要，配転などの不利益や不当な扱いを受けたり，精神的，身体的な嫌がらせを受けたりすることと広い意味で理解されており，本書でもこのような意味で用いることにします。

2　マタハラの実態

⑴　「3大ハラスメント」

　マタハラは女性労働者にとってはセクハラ，パワハラと共に職場の3大ハラスメントといわれる不利益な扱いであり，厚労省の「妊娠等を理由とする不利益取扱い及びセクシュアルハラスメントに関する実態調査」（2015年実施，図表2－8）では，働く女性の2割（21.4％）が経験しており，しかも企業規模が大きいほど経験率が高くなり（300人以上の大企業では，25.2％），また派遣労働者では約半数（45.3％）が経験しています。

　不利益取扱い等の態様をみると，「休むなんて迷惑だ」「辞めたら？」など妊娠，出産，育児関連の権利主張を公然と抑制する発言が半数（47％）を占め，次いでそれを示唆する発言も多く（21.1％），これらの発言を合わせると約7割に達しており，更に様々な労働条件上の不利益を受けているのです（賞与の不利益算定が最も多く18.4％，次いで不利益な配転14.6％，退職強要や非正規への転換強要14.4％，人事考課での不利益な査

図表2—8　雇用形態別妊娠等を理由とする不利益取扱い等経験率（個人調査）

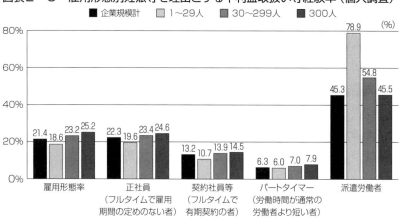

資料：厚労省「妊娠等を理由とする不利益取扱い及びセクシュアルハラスメント
　　　に関する実態調査」（2015年実施）

定14.0％，減給12.7％などと続き，解雇，雇止めはそれぞれ約2割となって
います。同年連合が実施した調査では，約6割が妊娠を理由として退職して
います。）。

　妊娠等を理由とする不利益取扱行為をした者は，「直属上司（男性）」
19.2％，「直属上司よりも上位の上司役員（男性）」15.4％に続き，「直属
上司（女性）」10.7％や「職場の同僚，部下（女性）」9.4％が挙げられて
いることが注目されます（図表2—9）。

(2)　遅れている防止対策

　これに対するマタハラ防止対策の実施状況をみると，厚労省の「平成
30年度雇用均等基本調査」では，約7割（68.8％）の企業が何らかの防
止対策を講じているものの，なお約3割が何らの取組をしていない状況
が明らかとなっており，この傾向は企業規模が小さいほど割合が高くな
り，30人未満規模では4割近く（37.2％）に達しています（300人以上で
は約1.4％（実施は99％））。具体的な取組内容をみると，「就業規則や労

図表２─９　妊娠等を理由とする不利益取扱い行為をした者（複数回答）

妊娠等を理由とする不利益取扱い行為をした者は「直属上司（男性）」「直属よりも上位の上司（男性）」に続き，「直属上司（女性）」や「同僚・部下（女性）」が挙げられている。

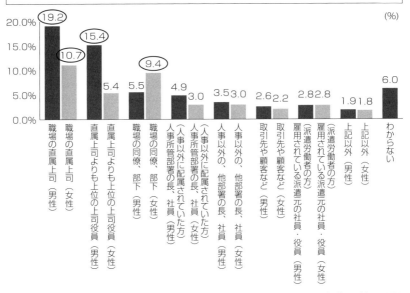

n（妊娠等を理由とする不利益取扱いを受けた人）＝1,898

資料：厚労省「妊娠等を理由とする不利益取扱い及びセクシュアルハラスメントに関する実態調査」（2015年実施）

働契約等の書面で妊娠・出産・育児休業等に関わるハラスメントについての方針を明確化し，周知した」が65.1％と最も高く，「相談苦情対応窓口を設置した」が43.9％，「業務体制の整備など，事業主や妊娠した労働者その他労働者の実情に応じ，必要な措置を行った」が34％となっています。

　防止対策の効果についてみると，前述した2015年調査では，女性労働者（正社員）の出産後の就労継続状況で顕著な違いがみられ，防止対策に取り組んでいる企業では，大多数（おおむね8割以上）が就労継続

は約半数（47.1％）に達しているのに比し，防止対策に取り組んでいない企業では，女性労働者の就労継続は37.2％にすぎず，女性労働者の就労継続には，マタハラ対策が重要であることが明らかとなっています。

3　マタハラに対する法規制

(1)　従来の法規制

　マタハラに関連する法制度としては，以前から妊娠・出産を理由とする解雇や賃金カット，退職強要などの不利益取扱いについて，均等法や育介法，労基法等によって禁止されてきました。労基法は，使用者に対して妊産婦等が坑内業務並びに危険有害業務に就業することを制限をすると共に（64条の2，3），産前産後の就業制限，育児時間等の確保措置等を課しています（64条の2，3〜68条）。また均等法9条3項や育介法10条等は，事業主に対して，妊娠・出産育児休業等の申出，取得等を「理由として」解雇等の不利益取扱いを行うことを禁止しています。このように労基法，均等法・育介法い等により，妊娠・出産・育児・介護等に関する不利益取扱い等が禁止されているにもかかわらず，なぜマタハラについて改めて明文化が必要とされていたのでしょうか？

　それについては理由があり，第1の理由は，法律上は上述したとおり妊娠・出産等を理由とした不利益取扱いは禁止されているにもかかわらず，女性労働者の妊娠，出産等の事実と労働条件の不利益取扱いの関連性が明確でないことから，現実には使用者や事業主が妊娠・出産した女性労働者に対して，退職勧奨や正社員をパートタイムなどの非正規社員に変更したり，従来の仕事を取り上げて軽易業務に従事させる等事業場の不利益取扱いが行われても，上記法令違反を正面から問うことが困難なことが多かったことが指摘できます。

　第2の理由は，上司や同僚からの心ない言葉や態度（ハラスメント）に対する規制は，不法行為に該当する場合は格別，法律上規制の対象と

されておらず（いずれも規制対象は使用者，事業主），そのため現実に妊産婦に対しての上司や同僚からの様々なハラスメントが，事実上放置されてきたことが指摘できます。

(2)　「マタハラ＝原則禁止」の明確化

　第1の問題については，2014年の最高裁判決（【事例9】）が，事業主のいわゆる「マタハラ行為＝原則違法」との画期的な判決を下したことで，大きく前進しました。事案は，病院の副主任であった女性職員が妊娠したことから，労基法65条3項（使用者は，妊娠中の女性が請求した場合においては，他の軽易な業務に転換させなければならない）に基づいて軽易な業務への転換を希望したところ，病院側は本人の同意のもとに降格した上で，産休復職後も元の副主任の地位に戻さなかったケースで，判決は，妊娠中の軽易業務への転換を契機として降格させた事業主の措置は，原則として均等法9条3項に違反する（例外として，業務上の必要性からの支障等の特段の事情，労働者の自由な意思に基づくものと認めるに足りる合理的な理由の客観的存在）旨の判断をしました（広島中央保健生協事件・最一小判平26.10.23）。

　これを受けて厚労省も，「均等法9条3項の『理由として』とは，妊娠・出産と解雇その他不利益な取扱いとの間に因果関係があることをいう。」（労働者に対する性別を理由とする差別の禁止等に関する規定に定める事項に関し，事業主が適切に対処するための指針第4の3⑴柱書）規定の解釈につき，新たな解釈通達（育児発0123第1号平成27年1月23日）を発し，妊娠・出産等の事由を「契機として」を基本的に時間的に近接しているか否かで判断することとし，その上で業務上の必要性の支障等特段の事情や，労働者が当該取扱いに同意している場合において，一般的な労働者であれば同意するような合理的な理由が客観的に存在するという例外的事由がない限り，原則として均等法に反するものとし，育介法10条に関しても同様の解釈通達がなされています。

4　マタハラ防止規定の厳格化

　マタハラに関する法規制は，2017年人事院規則で新たに職員へのマタハラ禁止が規定されると共に，均等法，育介法，指針により，事業主の措置義務とされ，更に2019年パワハラ防止法に伴う改正均等法，育介法では，事業主がマタハラに関する相談をした労働者に対して事業主が不利益取扱いを行うことが禁止されると共に，事業主，労働者の責務等へとマタハラ防止が厳格化されています。

　すなわち，マタハラ等は行ってはならないものであり，事業主・労働者の責務として，他の労働者に対する言動に注意を払うよう努めるものとされています。更に事業主には，マタハラに関して相談した労働者に対して事業主が不利益な取扱いを行うことが禁止され，調停の出頭・意見聴取の対象者が拡大され，紛争調整委員会が必要を認めた場合には，関係当事者の同意の有無にかかわらず，職場の同僚等も参考人として出頭の求めや意見聴取が行えるようになります。

　既に指摘したとおり，人事院規則と比して，均等法等にはマタハラの定義規定がない等の問題がありますが，相談等した労働者に対する事業主の不利益取扱い禁止が明記されたことは評価すべきことです。また国，事業主，労働者の責務規定についても，実効性に疑問等がつくものの，マタハラ防止に反する企業に対しては，行政機関による指導・勧告が可能とされたことは意味があります。更に紛争解決は，従来個別紛争解決促進法により，従来行政機関（労働局）による指導・助言や「あっせん」によって行われていましたが，新たに調停が利用可能となることも意味があります。セクハラやマタハラに関する調停件数は，例えば平成30年度は，セクハラ38件，マタハラ17件と極めて少なく，他方パワハラに関するあっせん申請件数は1,808件と過去最高（平成30年度，個別紛争解決制度の施行状況）を更新しており，今後はこれらの大半はパワハラ防止法における「調停」によることになります。

アカハラ―教育現場

1　教育現場でのハラスメント

(1)　生徒間の「いじめ」

　小，中，高校などの教育現場では，2000 年代に入り，生徒間でおびただしい数のいじめや嫌がらせが発生し，いじめによる生徒の自殺やその責任をとっての教師の自殺などが相次ぐようになり，学校現場でのいじめが深刻な社会問題となるとともに，各国のマスコミでも「Ijime」と呼ばれて関心を呼ぶようになってきています（asahi.com2006.11.25）。例えば，首都圏内の小中学校の調査では，6 年間（小学 4 年生から中学 3 年生まで）に，仲間はずれ，無視，陰口などの被害を経験した子どもが全体の 90.3％を占め，そのうち加害者として加わった子どもは 88.9％に達し，いじめに全く関わりのない子どもは 1 割にすぎず，週 1 回以上の頻度で被害経験がある子どもは 53.7％，加害経験は 43.1％に達しているのです（2010 年 7 月 26 日付時事通信）。

　これらの生徒・児童間のいじめにより生徒・児童が自殺するケースも増加しており，例えば 2011（平成 23）年，滋賀県大津市内の中学 2 年生の男子生徒が，同級生 3 人からのいじめを苦に自殺したケースでは，口を粘着テープで塞ぐなどの虐待，自宅から貴金属や財産を盗ませる，万引きをさせられる，顔に落書きなどをされ，これらの壮絶ないじめを目撃しながらクラス担任は，生徒らと一緒になって笑う等の無責任な態度に終始し，被害生徒が自殺した後も，学校側が実施した自殺原因究明のためのアンケートに対しても，加害者とされる生徒らは「死んでくれて嬉しい」「死んだと聞いて笑った」等と記載し，学校側も「いじめた側にも人権がある」「教育的配慮が必要」などと称して，加害者の生徒からの聞き取り調査は実施しなかったことが発覚し大問題となったこと

があります。

(2)　いじめ防止対策推進法

　このような状況の中で平成25年，「いじめ防止対策推進法」（以下，「推進法」といいます。）が制定され（6月成立，9月施行），「いじめ」の定義について「児童等に対して，当該児童等が在籍している等当該児童等と一定の人的関係にある他の児童等が行う心理的又は物理的な影響を与える行為（インターネットを通じて行われるものを含む。）であって，当該行為の対象となった児童等が心身の苦痛を感じているものをいう。」（第2条）と，初めて法律上明記がなされました。

(3)　文科省の「いじめ」調査

　これを受けて，平成26年に実施した文科省の生徒間のいじめに関する調査でも，いじめの認知件数は18万8,000件余に達しており（前年比2,254件増，平成26年度「児童生徒の問題行動等生徒指導上の諸問題に関する調査」より），具体的な態様としては，殴る蹴るなどといった身体的苦痛をはじめ，仲間はずれや集団による無視，冷やかしや嫌がらせ等の精神的苦痛をはじめ，悪口や脅し，金品の盗み，嫌なことや恥ずかしいこと危険なことをされたり，パソコンや携帯電話等で誹謗中傷や嫌なことをされるなど多岐に至っています。

　ちなみに前述の文科省の調査では，平成18年以前は，「いじめ」の定義について「自分より弱い者に対して一方的に，身体的・心理的な攻撃を継続的に加え，相手が深刻な苦痛を感じているもの。なお，起こった場面は学校の内外を関わりない」とされ，個々の行為がいじめに該当するか否かの判断に際しては，「表面的，形式的に行うことなく，いじめられた児童生徒の立場に立って行うこと」とされていたものの，「いじめ」の定義が狭く，しかもいじめの認定に際しても，児童生徒の立場に「互換性がない」とか「力関係に差があること」と解釈した場合，「いじ

める」側と「いじめられる」側が入れ替わったり，同級生同士で「立場」が対等とされる場合には，じゃれあいや単なるケンカとみなされることになり，かねてより批判が出ていたものでした。

　そこで，平成18年の調査からは，「いじめとは，当該児童生徒が，一定の人間関係のある者から，心理的，物理的な攻撃を受けたことにより，精神的な苦痛を感じているもの」とされて，それ以前に含まれていた「一方的」「継続的」「深刻な」といった文言が削除されると共に，「いじめられた児童・生徒の立場に立って」「一定の人的関係にある」「攻撃」については，それぞれ解釈指針が加えられ，これをもとにして上記推進法の定義がなされることになったものです。

⑷　「いじめ」の本質

　次のケースは，推進法制定前の判決ですが，集団からの「仲間はずれ」に関するものであり，生徒間のいじめの典型といえ，判決が述べているいじめの本質論は，ハラスメント一般に共通するものとして傾聴に値するものといえるでしょう。

> **事例5**　鹿沼市立中学校いじめ自殺事件等（東京高判平19.3.28判時1963号44頁）
>
> 　市立中学3年生の生徒Aが，同級生から執拗ないじめを受けたことによりうつ病に罹患し，自殺に至ったケースで，判決は次のように教員らの安全配慮義務違反を認めて，市，県に慰藉料支払を命じています（もっとも自殺との因果関係は否定し，同級生らとは控訴審で和解）。判決によると，「いじめと称せられる現象は，よくみられるものとしては，①本件におけるように，暴行等の犯罪行為が一定の期間，継続的に加えられるという，それ自体が法律違反として処罰の対象とされ，社会的に排除されるべき内容のもの，②犯罪に当たるとまでいうことができないものの，行為の継続と集団の力によっ

て被害者が疎外され，属する組織や社会における生活が困難となるもの，更には，③業務，研究，学習等分野を問わず，内容が正当なものであっても，指導や叱責が，これを受ける者にとって発憤の契機とならず，重荷となり，属する組織や社会における生活が困難となる原因となり得るものがある。」と述べ，その上で判決は，Aに対するいじめは，「①及び②が複合した形態と認めることができ，この種のいじめは，加害者を特定し，非難することによって解消するものでも，事後いじめが生じなくなるものでもないし，加害者の特定が困難であるか，又はそれが無意味な場合もある。本件は，先に見たように，暴行を加えた者だけではなく，被害者の陥った状態を放置した級友の卑怯な態度も，いじめの大きな要素であり，敢えて言えば，被害者以外の級友のすべてが加害者と言ってよい事例である」旨判示しています。

　さらに中学校や高等学校では，例えば教師が受験を控えた生徒に対して，成績と関係のないことで内申点を決めたりする等のいじめや嫌がらせや，また教師の生徒に対する暴力やハラスメントも近年問題となってきており，これらはむしろ「虐待」と呼ぶべきものであり，その中でも「性的虐待」等の「スクール・セクハラ」が大きな社会問題となっており，加害教師が処分されるというケースが多発するようになってきています。

2　教師間のいじめ・パワハラ

　教職員の間のパワハラ・いじめも深刻なものがあり，文科省は近年は対策を強化してきているものの，例えば全日本教職員組合青年部が実施したアンケート調査によると，37％がハラスメントを受けた経験があると回答しており，具体例としては校長や管理職などから「教員失格だ。

やめてしまえ」「お前はここにいること自体おかしい」「毎朝児童のことをするよりも，何よりも校長にあいさつしなきゃいけない」「新米は『はい』といっていればいいんだよ，でしゃばるんじゃない」「子ども（妊娠）はめでたいことだけど，教員にとっては迷惑。今年は妊娠しないでほしい」「若いうちは減私奉公だ」などというパワハラ・いじめが指摘されています（2007年11月から2008年3月にかけて青年教職員35歳以下，約2,000人）。

　次のケースは，精神疾患を抱える市立中学校の女性教員が，校長らからのパワハラが原因で精神疾患を増悪させて自殺したとして，市と県の責任が認められたものです。

事例6　曽於市立中学校事件（鹿児島地判平26.3.12判時2227号77頁）

　精神疾患を抱えていた女性教師が，病気休暇明け直後であるにもかかわらず，校長らから従来の音楽科及び家庭科に加えて，教員免許外科目である国語科を担当させられ，業務量の増加により心理的負担が過重となりパニック障害を起こしたところ，校長らは教員としての素質に問題があると考え，主治医に対する病状確認等をすることなく，指導力不足と判断し，県教育委員会も，指導力向上特別研修の受講を命じた結果，元教員Cは自殺するに至ったケースで，判決は「D校長及びE教頭において，亡Cが何らか精神疾患を有しており，その状態が良好でないことを認識し得たというべきところ」，「D校長が医師から亡Cにパニック障害があると聞かされていたにもかかわらず，亡Cの心療内科への通院状況について特段の発問もせず，（中略）被告県教育委員会に対して，亡Cについて指導力不足等教員に係る申請を行い」，これに対して「亡Cは指導力向上特別研修の受講は制裁措置であると考え，指導力向上特別研修の辞令をもらって，力が抜け，どうやって死のうかと思うと自殺

念慮をうかがわせる行動をしたことに照らして，指導力向上特別研
修の受講は，何らかの精神疾患を有し，その状態が良好でない亡C
にとり，極めて心理的負荷が大きいものであると認めることがで
き」「これらの経緯に照らせば，D校長，E教頭，被告県教育委員
会，F指導官及び本件担当指導官らの（中略）一連の各行為は，亡
Cの精神疾患を増悪させる危険性の高い行為である」旨判示してい
ます。

3　大学の場合

　大学などの研究・教育機関において，教授などがその権力を濫用して
学生や職員などに対して行うパワハラ・嫌がらせは，今日「アカデミッ
ク・ハラスメント（略称・アカハラ）」と呼ばれ，具体的には大きく二つ
に分けられ，まず学生（特に研究室に配属されている4年生や大学院生な
ど）に対するものとしては，授業を受けさせない，専攻の変更を迫る，
学位論文を受理しない，学生のプライバシーを暴露する，就職活動にお
いて不利な扱いをする（理由なく推薦を拒否するなど），私的な用事に使
うなどがあり，次に教員間におけるものとしては，後述のとおり，昇進
における差別，研究の妨害，退職勧告などがあります。

> **事例7**　「アカハラ」の例（東京地判平19.5.30判タ1268号247
> 頁）
>
> 　大学講師が，主任教授から，研究の価値及び教育活動を一切否定
> するような発言（「毎日大学に来ているようだが，何やっているのか分
> からない」「お前の書いたものを読んだけど，何回も読み直したけど，
> 何の感動もなかったよ」「実験をやらないやつなんて教育者の資格はな
> い」）や，大学からの退職を迫られているように受け取られる発言
> （「リストラで要らないやつがいるかと聞かれたら，真っ先にお前にマル

をつける」）をされたケースで，判決は「指導であればどのような
方法をとっても許されるということはなく，指導をされる側の人格
権を不当に侵害することがないよう，社会通念上相当な方法がとら
れなければならず，その相当性を逸脱した場合には，違法となり，
不法行為を構成するものというべきである。殊に，被告は本件大学
の主任教授であるところ，弁論の全趣旨によれば，本件大学の主任
教授は，人事，学位審査及び研究費の配分等，教室内の重要な事項
に関する決定権を有していることに照らせば，指導の方法，すなわ
ち，言葉，場所，タイミングの選択を誤ると，指導を受ける者に対
して必要以上に精神的な苦痛を与え，ひいては人格権を侵害するこ
とになりかねないものであるから，特に注意を払うことが求められ
るというべきであ」り，上記主任教授の発言は，「指導としての適
切さを欠き，原告の人格権を侵害しているものといわざるを得な
い」として，慰謝料（5万5,000円）を認容しています。

　近時，大学等においては，このような行為を防止するための様々な対
策が講じられていますが，いまなお大学や研究機関という閉鎖的空間を
隠れ蓑として陰湿なアカハラが行われているといわれており，これらは
その一事例といえるでしょう。

メンタル不全

1　メンタル不全・精神疾患の急増

(1)　メンタル不全とは

　メンタル不全は「メンタルヘルス不全（不調，低下）」の略語であり，医学的には，うつ病などの精神疾患・状態にあることを意味しています。メンタル不全は今や先進各国の産業において，深刻かつ重要視されているテーマの一つとなっており，我が国でも，近年うつ病や統合失調症などの精神疾患により医療機関にかかる患者数は著しく増加しており，1990年代は年間200万人程度であったものが，2000年代に入り倍増して約400万人に達し（2014年，392万人），もはや社会問題となっており，その中でも増加が顕著なのがうつ病と認知症（アルツハイマー病）となっているのです（**図表2−10**）。またこのような精神疾患患者数の増加に伴って，自殺者は1998年には年間3万人を突破して以来2011年まで毎年3万人を超えていましたが，近年中高年男性の自殺者が減少し，2015年には2万5,000人を下回ったものの，東京などの大都市では，30代以下の若者の自殺が全体の3割と死因のトップを占め，その中でもうつ病等の精神疾患が問題とされているのです。

(2)　精神疾患

　精神疾患の典型であるうつ病は，中枢神経系の神経伝達物質の不均衡から起こる疾病で，世界標準の診断基準で用いられる米国精神医学会の「精神疾患の診断統計マニュアル第5版」（DSM−5）記載の項目を満たした場合，「大うつ病エピソード」に該当するものとして，通常「うつ病」若しくは「抑うつ病」等の診断名で呼ばれることになります（医学的には患者の「現状」を診断）。それに至る傾向過程や原因についてみる

図表2―10　精神疾患を有する総患者数の推移（疾病別内訳）

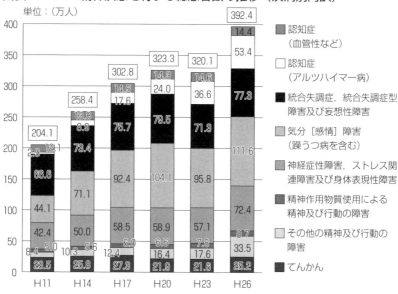

単位：（万人）

凡例：
- 認知症（血管性など）
- 認知症（アルツハイマー病）
- 統合失調症，統合失調症型障害及び妄想性障害
- 気分［感情］障害（躁うつ病を含む）
- 神経症性障害，ストレス関連障害及び身体表現性障害
- 精神作用物質使用による精神及び行動の障害
- その他の精神及び行動の障害
- てんかん

※ H23 年の調査では宮城県の一部と福島県を除いている。

資料：厚労省「患者調査」より厚労省障害保健福祉部で作成。

と，内因性と心因性に大別され，前者は本人のパーソナリティーや神経病傾向の関与が大きいケースに多く，後者は外部からの心理的ストレスや葛藤等が関与するケースに多いとされ，職場におけるストレスやパワハラ・いじめ等によるうつ病は，後者に関連することが多いといえるのです。しかもうつ病疾患のプロセスは症状の進展，回復とともに複雑な経緯をたどることから，その対策もより困難性が増すことになるのです（図表2―11）。このようにうつ病等はメンタルヘルス不全の典型ですが，そもそもメンタルヘルスとはどのような概念なのでしょうか。それを簡単に述べていきましょう。

図表2－11　うつ病の反応，寛解，回復，再燃，再発

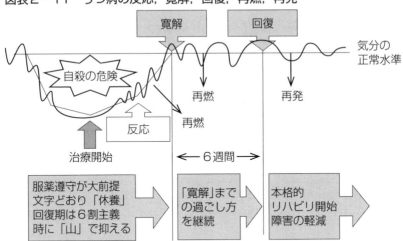

資料：天笠崇『現代の労働とメンタルヘルス対策』（かもがわ出版，2008年）
　　　104頁に加筆し筆者作成。

メンタルヘルスの概念

　「メンタルヘルス」mental health は精神的健康を意味し，身体的健康に対比して用いられる用語であり，元来は世界保健機構 WHO の「健康」の概念（＝単に「病気」でないというだけでなく，身体的にも心理的にも社会的にも「健全」wellbeing な状態にあること）に含まれるものであり，病気でない（障害されていない）という視点だけではなく，人格の成長や人間として望ましい存在様式を包含する積極的意味を有するものなのです。したがって職場におけるメンタルヘルスは，「こころの健康」「精神的健康」という意味にとどまらず，より積極的に働く者の心身にとって良好な職場環境の推進を目指すことを意味することになり，今日我々が事業所における「職場環境配慮義務」と呼んでいる概念は，このような考えの法的反映な

のです。

　日本の職場では，働く人々の心の不調やストレス対策の問題を検討する際に，個々人の「気の持ち方」とか「性格やものの見方」など個人的側面ばかりが強調され，職場全体としてのストレス対策は後回しにされる傾向にありますが，このように働く者個々人が自らの心身の健康管理・コントロールすることは当然として，それに加えて会社の責任において管理監督者を中心として労働環境の適正化，過重労働の防止，人間関係の調整等，職場におけるストレス要因の軽減に努める必要があるのです。

２　ストレスとメンタル不全

⑴　ストレスとは

　「ストレス」stress は，日常用語としては（精神的感情的）圧迫や緊張を意味するものであり，医学的には「何らかの外的刺激が心身に加わった結果心身が示す，ゆがみや変調の状態（心理的負荷）」とされており，ストレスを引き起こす「外的刺激」のことを一般に「ストレッサー」stressor と呼んでいます。ストレッサーには物理的（温度や騒音など），化学的（薬物など），生物的（病気など），精神的（人間関係上のトラブルなど）なものがありますが，私たちの生活において最も多くのストレスの原因となるものは，精神的ストレッサーであり，とりわけ日常生活や人生において，失業や配偶者などの死などの様々な出来事（ライフイベント）が強いストレスを与えるものであることはよく知られた事実です。このように種々のライフイベントがストレッサーとなって，うつ病等の要因となっていることが明らかとなってきていますが，発症状況は個体や環境により大きな差があることから（例えばちょっとしたストレスでも

図表2—12　ストレス脆弱性モデルによる疾患の理解

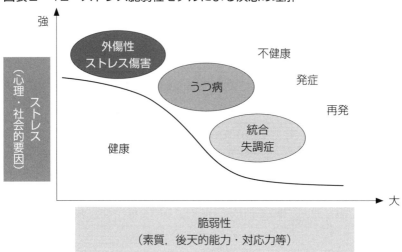

資料：厚労省「心の健康問題の正しい理解のための普及啓発検討会報告書～精神
　　　疾患を正しく理解し，新しい一歩を踏み出すために～」（2004年）3頁よ
　　　り著者作成。

うつ病になる人もあれば，他方ストレスを全く苦にせず仕事をする人もいる），
ストレスと疾病との関連について，以下に述べるとおり現在おおむね4
つのモデル（脆弱性モデル，職業性モデル，要求度・コントロールモデル，
努力・報酬不均衡モデル）が提唱され，労災認定実務では，ストレス脆
弱性モデルをベースにしつつ，他のモデルも参照して判断しているとい
えるでしょう（図表2—12）。

(2)　4つのストレスモデル

(i)　脆弱性モデル

　精神疾患の発生について，病気になりやすいかどうかの個体自体の
「脆弱性（もろさ）」と，発症を促す「ストレス（心理的負荷）」との2つ
の軸のバランス若しくはその総和が一定のいき値を超えると精神疾患は

発症するとするものです。ストレスが非常に強ければ，脆弱性が比較的小さくても精神的破綻が起こるし，逆に脆弱性が大きければ，ストレスが小さくても破綻が生じ，またライフイベントが慢性的になることよりストレスが加重されていくことになります。しかも脆弱性（もろさ）は一人一人違うので，人によってストレスの許容範囲が異なってくることになり，例えば PTSD などは，戦争とか災害とか極めて大きな心理的負荷によって起こりますが，同じ状況に置かれても PTSD になる人とならない人がいたりするわけです。ここでいう脆弱性とは，生得的なもの，例えば性格とか遺伝的な資質だけでなく，生育環境とか，後天的な能力や対応力に関わる問題も含み，したがって，ストレスを避ける工夫と同時に，ストレスを発散させる工夫，ストレスに強くなる工夫，脆弱性を小さくする工夫，つまり対応力，反発力（レジリエンス）を強化していくことによって，発症とか再発を避けることが目指されることになります。

　(ⅱ)　**職業性モデル**

　精神疾患の発現として，仕事上のストレスに加えてその人の属性や性格などの「個人的要因」，家庭の事情などの「仕事以外の要因」，同僚や家族などの支援などの，「緩衝要因」の３つの要因がプラスあるいはマイナスに働くというもので，このモデルからは，プラスあるいはマイナスに働く３つの要因をコントロールしていくこと，とりわけ「同僚や家族などの支援」の重要性が明らかになっています。

　(ⅲ)　**仕事の要求度・コントロールモデル**

　仕事の要求度・コントロールモデル（Job Demands Control Model: JDC）は，「仕事の要求度」と「仕事のコントロール」の二要因から構成され，仕事の要求度は特に「仕事の量的負荷（多忙さや時間的切迫感）」がその中心的な位置を占め，仕事のコントロールは「仕事上の裁量権や自由度」であり，仕事の要求度が高いにもかかわらず十分な「仕事上の裁量権や自由度」が与えられていない場合を「高ストレイン

(high strain)」と呼び，心身のストレス反応のリスクが高いとされています。

　一方，仕事の要求度が高くても，「仕事上の裁量権や自由度」が与えられていれば，生産性，職場での満足感ともに高まり，メンタルヘルス増進に寄与することになります（これにソーシャルサポートを追加したモデルでは，「仕事の要求度」が高く，「仕事上の裁量権や自由度」が低く，かつ上司や同僚のサポートが少ない場合が最も「高ストレイン」であり，健康障害やメンタルヘルスの問題が発生しやすくなるというものであり，例えば近年の非正規雇用の増加の中で，このような雇用形態での若者や女性，中高年労働者のうつ病等の増加は，多くの実証研究に裏付けされています。）。

(iv)　努力・報酬不均衡モデル

　努力―報酬不均衡モデル（Effort/Reward Imbalance Model: ERI　モデル）は，1996年に，ドイツの社会学者が提唱した比較的新しいものであり，仕事の遂行のために行われる努力（Effort）に対して，その結果として得られる報酬（Reward）が少ないと感じられた場合に，より大きなストレス反応が発生するというものです。この報酬には，経済的な報酬のみならず，心理的報酬（Esteem: 尊重），キャリア（Status control: 仕事の安定性や昇進）なども含まれ，このモデルは，先行モデルが捉えていない側面（報酬）を提示していること，本人にとってのやりがいとか達成感，やり遂げたことを周りに認められているかが，経済的な報酬と同じぐらい大きく評価されていることも注目されます。

3　メンタル不全とハラスメント

(1)　ハラスメントの特徴

　ところで職場におけるパワハラやいじめの相談の内容を見てみると，ほとんどの場合，退職勧奨や強要の手段として，あるいはその過程で，いじめ・嫌がらせを伴った執拗な退職勧奨がなされているのが，一つの

大きな特徴となっています。このようにして，日常の勤務に耐えられないほどの職場いじめが続くと，精神的ストレスと「いつ自分はクビになるのか」という雇用不安から，不眠，頭痛，吐き気，下痢・腹痛などの神経症状が出て体調不良を訴えるようになり，重篤な症状になると，「うつ病」を発症して，病気欠勤となり，治癒せずに長期休職となるケースも多く，最後には休職期間満了や復職の見込みなしと判断されて，自動退職，解雇を通告されることになるわけです。2つ目の特徴として，職場いじめ・嫌がらせのストレスにより，本人が精神疾患（うつ病）を発症するだけでなく職場全体に影響を与えて，職場環境の悪化・劣化を招いている点を指摘できるでしょう。とりわけ近年職場ではどこでも，企業間の激しい競争の中で職場環境が激変しており，例えばリストラで従業員が減少したことによる仕事量の増大や，使用者からの際限ない業務命令に従わざるを得ないという職場の環境の変化を背景として，長時間の過重な労働による過労とストレスを要因とするうつ病などの精神疾患に罹患する労働者が増加しており，これらに職場でのいじめ等とが加わることにより，職場環境の劣化の要因となっているのです。

⑵　「強いストレス」―ハラスメント

　このように，職場のパワハラ・いじめ，セクハラ，マタハラ等のハラスメントは，既に述べたとおり被害者に対して強度のストレスを与え，うつ病等の精神疾患を招来することが明らかとなってきているのです。例えば，過労死研究で著名な上畑鉄之丞氏と天笠崇氏の調査によると，精神疾患を発症したり自殺に至るまでの，ライフイベントについて第1は「長時間労働」（81.1％），第2は「想定外の重大な仕事の要求」と「ハラスメント」（43.2％）が占め，しかもその中でも，ハラスメントが強いストレスを与えていることが明らかとされてきています（**図表2―13**）。

　その結果，近年仕事上のストレス等によるうつ病やPTSDなどの精

図表2―13　仕事におけるストレスフルな出来事

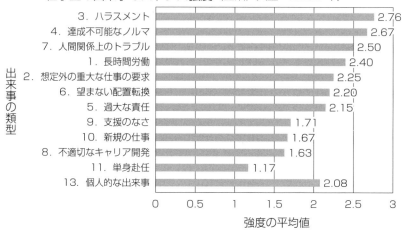

仕事上の出来事のストレス強度（上畑，天笠　2005 年）

出来事の類型

出来事	強度の平均値
3．ハラスメント	2.76
4．達成不可能なノルマ	2.67
7．人間関係上のトラブル	2.50
1．長時間労働	2.40
2．想定外の重大な仕事の要求	2.25
6．望まない配置転換	2.20
5．過大な責任	2.15
9．支援のなさ	1.71
10．新規の仕事	1.67
8．不適切なキャリア開発	1.63
11．単身赴任	1.17
13．個人的出来事	2.08

注．1：強い，2：非常に強い，3：極めて強い　として著者らが評価した。

資料：天笠崇『現代の労働とメンタルヘルス対策』（かもがわ出版，2008 年）66 頁

神障害による労災補償も急速に増加しており，このようにメンタルヘルスの悪化による企業への影響は，生産性の低下だけにとどまらず，ミスやトラブルによる事故の発生，欠勤者発生によって労働量が過重になるなどの悪循環，治療費や職場復帰に要する費用の拡大など，ともすれば企業の致命傷となり得るような結果をもたらしています。また，企業側としては，労災認定や訴訟による信用の失墜も考えておかなければなりません。このような事態に陥った企業は，収益低下をもたらすことは避けられない現状となっており，さらには，多くの日本企業では景気低迷によるリストラを断行した結果，経験豊かな人材の労働力が不足する事態にも陥っています。こうしたことも合わせて，メンタルヘルス問題を放置していれば，少しずつ企業としての体力が低下していくのは明らかなことと考えられます。

　メンタルヘルス悪化に伴う精神疾患の発生は，もはや「個人に起因する問題」と突き放している場合ではありません。そのほとんどが「業務に起因して発生」したものであり，上記のような企業リスクの発生に直結するため，メンタルヘルス対策を全社的な取組として位置づけていく必要があります。

第3章

ハラスメント行為と
法的責任

Ⅰ　ハラスメントと法的責任

1　法的責任のレベル

> **Q 1** 職場のハラスメントは様々でありますが，ハラスメントの法的責任はどのようなものがあり，どのようなレベルで問題となりますか。
>
> ──────────
>
> **A** ハラスメント加害者の責任（不法行為法上の責任，刑事責任など），使用者（＝事業主）の責任（使用者責任，ハラスメント防止法，均等法，育介法の措置義務違反など），労災補償など様々なものがあります。

(1)　ハラスメントの様々な責任

(i)　ハラスメントの法的責任

　職場においてパワハラ，セクハラ，マタハラ等のハラスメントが行われた場合，法的にみて違法不当な行為とされる場合には，加害者は，刑事・民事等の法的責任を負うと共に，使用者は使用者責任に加えてハラスメント防止法，均等法，育介法の措置義務違反などの責任を問われることになります。しかもハラスメントにより被害者は，精神疾患等のメンタル不全による休職や自殺に追い込まれる等深刻な被害を受けた場合には労災補償が問題となり，また作業能率の低下等による使用者の経営責任等が問題となることもあります。

　前述したとおり，ILO の「仕事の世界における暴力とハラスメントの撤廃に関する条約」（2019 年 6 月採択）では，ハラスメントを「身体的，精神的，性的又は経済的危害を目的とするか引き起こす，許容しがたい

広範な行為と暴行，危害」と定義し，セクハラやパワハラなど個別の類型ごとに規制するのではなく，包括的に禁止しています（1条）。

　我が国の場合，条約に規定するようなハラスメントそのものを禁止したり，制裁を科す法律は存在しないものの，実際には判例で，民事上は不法行為該当性（民法709条など），刑事上は刑法の各規定の該当性により，ハラスメントの違法性判断を行ってきています。

(ii)　法的責任のレベル

　これを責任のレベルでみると，まず個人のレベルでは，当該個人の①刑事上の責任（脅迫，強要，強制わいせつ罪など），②民事上の責任（不法行為，債務不履行など），③就業規則違反としての懲戒処分などが問題とされ，また使用者（事業主）のレベルでは，④使用者責任（不法行為，債務不履行など），⑤労災補償責任，⑥均等法，育介法，パワハラ防止法等における措置義務上の責任などが問題とされることになります。

　このような職場におけるハラスメントに対する法的責任については，均等法や育介法での事業主の措置義務等の立法化や，裁判例の蓄積により形成されてきていましたが，2019年5月の「パワハラ防止法」制定により，今日法的責任としての企業（事業主，使用者）の「ハラスメント防止義務」が一定程度整ってきたといえる状況にあるので，以下ではこれらについて検討することにしましょう（図表3─1）。

　これらの法的責任に加えて，使用者には経営責任や社会的（いわば非法的）責任が問われることがあり，しばしばマスコミ等で批判の対象とされるのはこのような責任も含んでいるといえます。

(iii)　使用者の職場環境配慮義務

　換言すれば，使用者は労働者にとって快適な就労ができるように職場環境を整える義務（職場環境配慮義務，労契法5条など）を負っており（この義務は，法的なものであると同時に経営上の義務でもある），労働者の快適な就労の妨げになるような障害（職場いじめ，職場八分，セクハラ，パワハラ，マタハラ等）を服務規律で禁止して，その発生を防止すると

図表3－1　責任のレベル

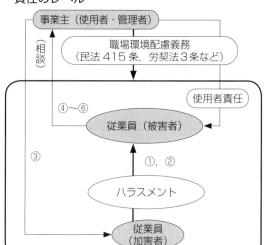

出所：筆者作成。

　ともに、これらの非違行為が発生した場合には、直ちに是正措置を講ず
べき義務を負っており、これを放置ないし黙認したり、労働者が精神疾
患等のメンタル不全を招来した場合には、法的責任として使用者責任や
債務不履行責任を問われるだけでなく、労災補償責任を負う場合がある
のです（使用者は無過失責任。労基法75条、労災法7条など）。

(2)　パワハラ

(ⅰ)　パワハラ行為

　部下のミスに対する上司の叱責などは、今日、程度の差こそあれ大半
の職場で行われていますが、その際、部下の人格を侵害してはならない
ことは当然であるにもかかわらず、従来、部下への叱責等は業務遂行の
上で当然であるといった意識や、職務上の関係にすぎない上司と部下の
関係が、人格面での上下関係とみなされがちであった我が国の企業風土
などから、部下に対する叱責等がいじめやパワハラとなり得るという認

識は，まだ十分に定着していないと思われます。例えば，部下を「鍛えるつもりで多少強い口調を用いていたこと」が「パワハラ」に当たると指摘され，ショックを覚える上司の例などが典型ですが，今日，上司による懲罰的対応により，部下がうつ病等を発症する例が増えており，上司が部下に対して「一人の人間」として接する必要性は急激に高まっているのです。

(ⅱ)　「優越的言動問題」

これに対して2019年成立のハラスメント防止法は，パワハラ防止を事業主が講ずべき措置義務とすると共に，パワハラを「優越的言動問題」と位置づけ，事業主，労働者の責務とし，これらの言動に注意を払うことを努力義務としています。したがって事業主が措置義務に違反した場合には，ハラスメント防止法違反として，是正勧告や公表の対象とされ，責務違反行為についても，場合によっては民事上の法的責任を問われることがあり得るのです。

一般にミスを犯した部下に対する注意などは，それが真に業務改善等を目的とする場合には，社会通念に反しない限り一定程度は許されることもありますが（もちろん，業務改善等とは無関係な私情に基づく場合には，業務上必要性を欠くものとして違法と評価されることになるでしょう。），管理監督する立場にある者には，権限行使に際して部下の人格を侵害することのないように注意する義務があるのです。そしてその注意義務の程度・範囲は，部下の犯したミスの程度も考慮に入れつつ，注意や叱責の度合いが社会通念に照らして許容されるものであるか否かの観点から判断されることになり，例えば，ミスを犯した部下に対して，皆のいる前で大声で怒鳴る等必要以上に強く叱責することも，社会通念に反して人格を侵害するものとして，不当なものとして懲戒処分等管理運営上の責任を問われたり，違法不当なものとして法的責任を問われることがあるのです。

(3)　セクハラ

(i)　セクハラ行為

　強制わいせつやキスを強要したり抱きついたりする行為が，刑事，民事上違法不当な行為であることは明らかであり，また女性にだけお茶くみをさせたり，掃除をさせる，女性にカラオケでデュエットをさせたり，お酌やチークダンスをさせる，「女性には仕事が任せられない」等のいわゆるジェンダー・ハラスメントと呼ばれているような性差別意識や女性蔑視に基づく言動なども，均等法上の規制対象とされる行為であり，当該行為者は懲戒処分の対象とされたり，上司や使用者が管理運営上の責任を問われたりすることがあります。

(ii)　性的言動問題

　2019年改正均等法では，事業主の措置義務等の対象範囲が，自社従業員に対する第三者からのセクハラ等が対象とされるようになると共に，セクハラに起因する「性的言動問題」に対する事業主，労働者の責務規定が新設される等しています。次のケースはセクハラに関する最高裁の初判断といえ，注目されるものです。

事例 8　**「海遊館」事件**（最一小判平27.2.26労判1109号5頁）

　大阪市が出資する第三セクターの水族館「海遊館」の男性管理職（課長代理）2名が，派遣社員の女性らに「俺の性欲は年々増すねん」「夜の仕事とかせえへんのか」などと継続的に性的な発言を繰り返したことを理由として，それぞれ出勤停止30日と10日間の懲戒処分を受け降格されたことに対して，男性側は「出勤停止は懲戒処分に次いで重い処分であり，事前の注意や警告をしないで処分したのは不当」として提起しました。水族館職員の過半数は女性で，来館者も家族連れや女性が多いことから，館側は職場におけるセクハラ防止を重要課題として位置づけ，従来から職員にセクハラ防止研修への参加を義務付けたり，セクハラ禁止文言を配布する等の取

組を行っていました。一審は発言内容が就業規則に禁止されたセクハラに当たると認定したが，二審は事前の警告がない重い処分として処分無効としました。最高裁は，男性管理職のセクハラ行為等につき，「その職責や立場に照らしても著しく不適切」であり，男性らは「セクハラの防止やこれに対する懲戒等に関する（中略）…方針や取組を当然に認識すべきであ」り，従業員らが館に対して被害の申告に及ぶまで「1年余にわたり被上告人〔男性側〕らが本件各行為を継続していたこと」「本件各行為の多くが第三者のいない状況で行われており，従業員Aらから被害の申告を受ける前の時点において，上告人〔館側〕が被上告人〔男性側〕のセクハラ行為及びこれによる従業員Aらの被害の事実を具体的に認識して警告や注意等を行い得る機会があったとはうかがわれないことからすれば，被上告人〔男性側〕らが懲戒を受ける前の経緯について被上告人〔男性〕らに有利にしんしゃくし得る事情があるとはいえない。」旨判示しています。

　高裁判決では，「男性らが，従業員らから明確な拒否の姿勢を示されたり，その旨館から注意を受けたりしてもなおこのような行為に及んだとまでは認められ」ず，「事前の警告や注意，更に館の具体的方針を認識する機会もないまま，本件各懲戒該当行為について，突如，懲戒解雇の次に重い出勤停止処分を行うことは，男性らにとって酷に過ぎる」として，これらの事情を男性らに有利に考慮していましたが，最高裁は，これらの事情をXらの有利に斟酌すべきではないと判断しました。

(iii)　**事前の警告や注意**

　企業との関係では，特に事前の警告や注意点等の有無が重要になってくると考えられます。最高裁は，企業はセクハラ行為を認識しても警告や注意をしなくてよいと判示しているわけではありませんので，企業が

セクハラ行為を認識して，警告や注意等を行い得る機会があったのに何らの警告や注意をしなかったという場合には，懲戒処分の有効性が否定される方向に働く可能性がありますし，そのような場合には，別途被害者側からの損害賠償請求も考えられます。企業としては，日頃からセクハラ防止のための研修等を行い，セクハラを許さないという姿勢を示しておくこと，加えて，従業員によるセクハラ行為を具体的に認識した場合には，適切に警告や注意，懲戒処分を行っておくこと等，日頃のコンプライアンス体制の整備が重要になってきます。

⑷　マタハラ

（ⅰ）　マタハラ行為

マタハラに対する事業主責任は，均等法11条の2，育介法25条，派遣法47条の3，均等法指針により措置義務が明文化されていますが（2017年施行），その契機となったのは「婚姻，妊娠，出産等を理由とする不利益取扱の禁止等」に関する均等法9条3項の効果が争われたケースで，2014年10月の最高裁判決が「妊娠中に負担の少ない業務に移したことを理由に，降格などの不利益取扱をした場合，原則として違法」としたことです。

> **事例9**　**広島中央保健生協事件**（最一小判平26.10.23労判1100号5頁）
>
> 　理学療法士で，病院の副主任（手当月9,500円）として勤務していた女性が，妊娠したため，労基法65条3項（使用者は，妊娠中の女性が請求した場合においては，他の軽易な業務に転換させなければならない）に基づいて，軽易な業務への転換を希望したところ，病院側は，同部署に既に副主任がいたことから，女性の副主任の地位を解いたうえで配転することにし，女性もこれに同意したが，育休復職後も元の副主任に戻さなかったことから，女性は副主任を解いた

措置が均等法9条3項に違反するとして副主任手当と損害賠償支払を求めたところ，1，2審とも，病院側の措置は女性も同意しており，人事配置上の裁量権の範囲内であり人事権の濫用にあたらないとして，女性の訴えを棄却したケースで（1，2審では，女性は育児休業復帰後に昇格させなかったことは育介法10条違反として争っている），最高裁は「一般に降格は労働者に不利益な影響をもたらす処置であ」り，「女性労働者につき妊娠中の軽易業務への転換を契機として降格させる事業主の措置は，原則として」均等法9条3項の「禁止する取扱いに当たるものとして解される」と述べて，女性の請求を認めたのです。

　最高裁は，上記原則論を述べると共に，例外事由として，①「自由な意思に基づいて降格を承諾したものと認めるに足りる合理的な理由が客観的に存在するとき」，②「軽易業務への転換に伴い副主任を免ずる措置を執ったことについて」その「業務上の必要性の内容や程度」「に照らして，上記措置につき同項の趣旨及び目的に実質的に反しないものと認められる特段の事情が存在するとき」の2点をあげ，同ケースでは①は認められず，②についての再審理を高裁に命じ，これを受けて高裁は，②も認められないとして女性の請求を認める判断をしています（広島高判平27.11.17労判1127号5頁）。

(ⅱ)　マタハラ隠し

　このような状況の中で，近年「能力不足」を理由に妊娠社員を解雇するケースが目立つようになってきており，いわば「マタハラ隠し」が新たな動きとして，指摘されます。例えば会社に妊娠を告げたところ退職勧奨をされ，それを拒否すると「能力不足」を理由に解雇されたり，妊娠が分かった途端，別な理由で解雇されたりしており，しかもこのようなケースは，規模にかかわらず多くの企業に目立っていることに注意する必要があるでしょう。マタハラは女性の働く権利に対する違法不当な

侵害行為であり，職場からの速やかな一掃が必要とされているのです。

　2019年改正均等法では，マタハラに起因する「妊娠・出産等関連言動問題」に対する事業主，労働者の責務規定や，相談を行ったこと等を理由とする不利益取扱い禁止規定が新設されています（改正均等法11条〜11条の4）。

　このようにいじめ・パワハラなどのハラスメントは，私たちの様々な場面で問題とされており，今日私たちの生活に深刻な影響を与えてきています。ハラスメントは，社会的には本来同じ集団に属する人々に求められる協力や互恵等の社会規範からの逸脱行為として位置づけることができ，その法的対応，とりわけ防止策の検討が必要なのです。

2　ハラスメントの判断枠組み

> **Q2** パワハラやセクハラ，マタハラなどのハラスメント行為はどのような場合に法的にみて違法とされるのでしょう。
>
> ---
>
> **A** ハラスメント行為が，使用者の職務権限と関連しない単なるいじめ・嫌がらせの場合は（セクハラが典型），社会通念上許容される限度を超えた場合に違法となり，他方使用者の権限と関連している場合，「業務上必要かつ相当な範囲を超えたもの」か否かが判断基準とされることになるでしょう（ハラスメント防止法30条の2）。

(1)　ハラスメントの判断枠組み

　パワハラ・セクハラ・マタハラ等のハラスメントに関する責任の有無，程度は，ハラスメント行為の評価を出発点として，前述したとおり当該行為者及び使用者の法的責任が問題とされることになります。まず，ハラスメントが使用者の有する権限と関連してなされる場合と，使用者の

127

有する権限とは関連しない，単なるいじめやセクハラ等の場合とが含まれており，そこで，法的責任，具体的には不法行為上の違法性を考える上でも，この二つを分けて考えるべきでしょう（図表3－2）。

　判例（例えば**事例12**など）では，ハラスメント行為が，使用者の有する権限と関連しない単なるいじめ・嫌がらせの場合は，被侵害利益の種類・程度と侵害行為の態様との相関関係により社会通念上許容される限度を超えた場合に違法となり，他方使用者の有する権限と関連している場合については，心理的負荷等を過度に蓄積させるような行為は原則として違法とされ，例外的にその行為が合理的な理由に基づいて，一般的に妥当な方法と程度で行われた場合には，正当な職務行為として，違法性が阻却される場合があるとされており，ハラスメント防止法では「業務上必要かつ相当な範囲」が判断枠組みとされることになります（同法30条の2など）。

図表3－2　ハラスメントの判断枠組み（パワハラ・セクハラの場合）

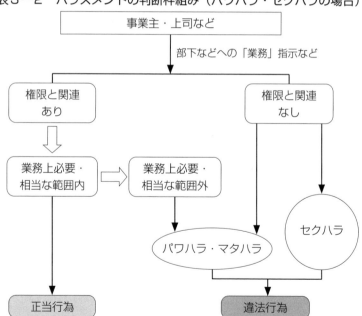

(2)　パワハラの場合

　パワハラ行為の違法性は，当該行為の目的，手段，態様や双方の関係等を総合的に考慮して判断されることになります。暴言や暴力などの身体的自由への侵害は，客観的評価が可能ですが，精神的自由（嫌がらせ，いじめ，共同絶交）への侵害は，前述したとおり個々の行為態様や程度は，それ自体違法性がそれほど強度でなくても，継続することにより被害者に多大なストレスを与えることになり，当事者の関係性や日頃の言動，動機等を総合的に判断する必要がでてくることになります。

　また，いじめ・パワハラ等の不法行為該当の判断に際しては，最初からいじめやパワハラの概念操作を行って，狭く限定的に判断するのではなく，一般的な不法行為判断の枠組みから出発し，個々的行為につき，個別具体的な諸事情を考慮して，その違法性を判断すべきです。次の裁判例は，パワハラにつき，上司の職務遂行過程における権限濫用か否かというは判断（一審はそのような判断枠組み）ではなく，不法行為の一般的な判断枠組みに立って違法判断をしており，妥当なものというべきです。

　いじめ・パワハラ等の不法行為該当の判断に際しては，最初からいじめやパワハラの概念操作を行って，狭く限定的に判断するのではなく，一般的な不法行為判断の枠組みから出発し，個々的行為につき，個別具体的な諸事情を考慮して，その違法性を判断すべきことになります。次の裁判例は，パワハラにつき，上司の職務遂行過程における権限濫用か否かというは判断（一審はそのような判断枠組み）ではなく，不法行為の一般的な判断枠組みに立って違法判断をしており，妥当なものというべきです。

事例 10　ザ・ウィンザー・ホテルズインターナショナル（自然退職）事件（東京高判平 25. 2. 27 労判 1072 号 5 頁）

　　会社Ｙ１の上司Ｙ２は，Ｘが①出張中における仕事上の失敗の件

で迷惑をかけたこともあり，飲酒強要を断ることができず，少量の酒を飲んだだけでも嘔吐しており，アルコールに弱いことに気づいたにもかかわらず，「酒は吐けば飲めるんだ」などといって酒を強要し，さらにXが②①の酒のために体調が悪いと断っているにもかかわらず，車の運転を強要し，またXが③一旦帰社せよとの指示を無視して帰宅したことに対し，深夜「私，怒りました」など怒りを露にした留守電をし，④夏季休暇中のXに対し，深夜「辞めろ！辞表を出せ！　ぶっ殺すぞ，お前！」などの語気を荒く話した留守電をする等したことから，Xは適応障害の精神疾患を発症して休職し，休職満了により自然退職に至ったケースで，控訴審判決は，①について「単なる迷惑行為にとどまらず，不法行為法上も違法というべき」，②について「上司の立場で運転を強要した一審被告Y２の行為が不法行為上違法であることは明らか」，③について「一審原告に精神的苦痛を与えることに主眼がおかれたものと評価せざるを得ないから，一審原告に注意を与える目的もあったことを考慮しても，社会的相当性を欠き，不法行為を構成する」，④について「留守電に及んだ経緯を考慮しても，不法行為法上違法であることは明らかであるし，その態様も極めて悪質である」旨判示し，いずれもY１の業務に関連してなされたものであることが明らかであるとして，Y１，Y２に対して150万円の慰謝料を命じています。

(3)　セクハラの場合

　セクハラは業務とは何ら関係のない行為であり（**図表３―２参照**），身体的自由（暴力やレイプなど）への侵害は，その侵害の程度，態様，損害について客観的評価が可能ですが，その多くが第三者等の目撃者のいない「密室」で行われることから，事実認定自体が困難なことが多く，この場合，当事者の関係性や日頃の言動，動機等を総合的に判断する必要が出てくることになります。

　次のケースは，会社の上司によるセクハラ行為が違法とされたものです。

　事例 11　**風月堂事件**（東京高判平 20.9.10 労判 969 号 5 頁）

　菓子店の店長が，部下である女性社員が休日明けの出勤日に同僚と雑談しているのを見とがめて，「昨夜遊びすぎたんじゃないの」「頭がおかしいんじゃないの」「エイズ検査を受けた方がいいんじゃない」「秋葉原で働いた方がいい」等と叱責し，業務終了後に，従業員の面前で「処女にみえるけど処女じゃないでしょう」等と発言を繰り返し，店員は退職を余儀なくされたケースで，一審判決は，「Z（店長）の原告（女性店員）に対する一連の言動は，雑談や酒席における一部の言動を除いて，原告（店員）に対する職務上の指導，注意，叱責であることは明らかであり，Z（店長）の一連の言動を全体としてみても，原告（店員）に対する継続的なセクハラ行為があったとは到底認め難いものである」と判示しました。しかし二審は，一審判断を覆して，「上記各発言が，職場における控訴人（女性店員）の仕事ぶりに対する店長としての部下に対する指導目的から発したものであったものとしても，上記各発言は，全体的にみると，控訴人においてZ（店長）の上記各発言を強圧的なものとして受け止め，又は性的な言動をやゆし又は非難するものと受け止めたことにも理由があるというべきであり，男性から女性に対するものとしても，上司から部下に対するものとしても，許容される限度を超えた違法な発言であったといわざるを得」ず，「Z（店長）の各言動は，その必要性が全く認められず，ただ控訴人の人格をおとしめ，性的にはずかしめるだけの言動であるし，他の従業員も同席する場において発言されたことによって，控訴人の名誉をも公然と害する行為であり，明らかに違法である。」旨判示し，店長と会社に対し，慰謝料 50 万円及び 6 か月分の逸失利益の支払を命じています。

⑷　マタハラの場合

　マタハラに関しては，均等法，育介法，派遣法等により，事業主は，妊娠・出産・育児休業・介護休業等を理由とした不利益取扱い（解雇・雇止め・降格など）を禁止され，事業主が職場における妊娠，出産等に関する言動に起因する問題に関して雇用管理上講ずべき措置についての指針で不利益取扱いについて，次のように規定しています。

妊娠・出産・育児休業等を理由として不利益取扱いを行うとは

　均等法及び育介法 の要件となっている「理由として」とは，妊娠・出産・育児休業等の事由と不利益取扱いとの間に「因果関係」があることを指し，したがって妊娠・出産・育児休業等の事由を「契機として（※）」不利益取扱いを行った場合は，原則として「理由として」いる（事由と不利益取扱いとの間に因果関係がある）と解され，法違反となります。
※原則として，妊娠・出産・育児休業等の事由の終了から1年以内に不利益取扱いがなされた場合は「契機として」いるとされ，ただし，事由の終了から1年を超えている場合であっても，実施時期が事前に決まっている場合や，ある程度定期的になされる措置（人事異動，人事考課，雇止めなど）については，事由の終了後の最初のタイミングまでの間に不利益取扱いがなされた場合は「契機として」いると判断されます。

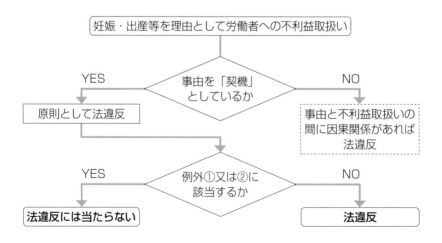

例外1　○業務上の必要性から不利益取扱いをせざるをえず，かつ，業務上の必要性が，当該不利益取扱いにより受ける影響を上回ると認められる特段の事情が存在するとき

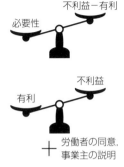

例外2　○労働者が当該取扱いに同意している場合で，有利な影響が不利な影響の内容や程度を上回り，事業主から適切に説明がなされる等，一般的な労働者なら同意するような合理的な理由が客観的に存在するとき

　ちなみに，次のような業務上の必要性に基づく言動は，ハラスメントに該当しないとされています。

ハラスメントには該当しない業務上の必要性に基づく言動の具体例

● 「制度等の利用」に関する言動の例
　(1)　業務体制を見直すため，上司が育児休業をいつからいつまで取得するのか確認すること。
　(2)　業務状況を考えて，上司が「次の妊婦検診はこの日は避けてほしいが調整できるか」と確認すること。
　(3)　同僚が自分の休暇との調整をする目的で休業の期間を尋ね，変更を相談すること。
　　※(2)や(3)のように，制度等の利用を希望する労働者に対する変更の依頼や相談は，強要しない場合に限られます。
● 「状態」に関する言動の例
　(1)　上司が，長時間労働をしている妊婦に対して，「妊婦には長時間労働は負担が大きいだろうから，業務分担の見直しを行い，あなたの残業量を減らそうと思うがどうか」と配慮する。
　(2)　上司・同僚が「妊婦には負担が大きいだろうから，もう少し楽な業務にかわってはどうか」と配慮する。
　(3)　上司・同僚が「つわりで体調が悪そうだが，少し休んだ方が良いのではないか」と配慮する。

> ※(1)から(3)のような配慮については，妊婦本人にはこれまで通り
> 勤務を続けたいという意欲がある場合であっても，客観的にみ
> て，妊婦の体調が悪い場合は業務上の必要性に基づく言動とな
> ります。

　更に前述したとおり，2019年改正均等法では，マタハラに起因する
「妊娠・出産等関連言動問題」に対する事業主，労働者の責務規定や，
相談を行ったこと等を理由とする不利益取扱い禁止規定が新設され（改
正均等法11条の3，4），より規制が強化されています。

3　ハラスメントの「判断基準」

> **Q**
> **3**　パワハラやセクハラなどのハラスメントが違法とされる場合，
> 　「誰」を基準としてなされることになるのでしょうか。
>
> ───────────────────────────────
>
> **A**　パワハラやマタハラについては，原則として「平均的な労働
> 　者」を基準としつつ，「被害者の主観」を考慮し，セクハラに
> 　ついては原則として「平均的な被害者」を基準として判断され
> 　ることになります。

(1)　「平均的な労働者」か「平均的な被害者」か

　ハラスメントの行為態様を見ると，前述したとおり相手方に対する不快な（望まない，好まない）言動により，身体的精神的苦痛を与える行為ですが，ここでのハラスメント行為の評価は「誰」を基準としてなされることになるのでしょうか？

　ハラスメントが身体的侵害（強制わいせつや暴力など）の形態をとる場合は，「被害者」の身体被害の有無・程度により明白となりますが，精神的攻撃（無視，仕事を与えないなど）をとる場合には，行為態様のみでは評価を確定することができず，当事者の関係や被害者の個性（ストレス耐性など）等が評価判断に大きな影響を与えることになるのです。

　ハラスメントが相手方に対する不快な言動により身体的精神的苦痛を与える行為である以上，「相手方（＝被害者）」を出発点とすべきことは当然のことですが，この場合，違法性判断に際して，「被害者が属する職場の一般的な人々」（＝平均的な労働者）を基準とすべきか，「被害者と同様の立場にある人々」（＝平均的な被害者）を基準とすべきかが問題とされることになります。

　ハラスメントの「判断基準」については，「2　ハラスメントの判断枠組み」で述べたとおり，パワハラ，マタハラが上司の職務権限に関連

した場合があるのに比し，セクハラはそれらの関連性がない点が考慮されるべきです。したがって，パワハラ，マタハラの場合，ハラスメント行為と上司らの職務権限や業務関連性との比較考量上，違法性判断において，被害者が属する職場の一般的な労働性（＝平均的な労働者）を基準としつつ，当該労働者の感情等の主観も考慮すべきことになります。他方セクハラの場合，何ら職務権限や業務上の関連性がないことから，当事者（＝被害者）が基準とされ，その際被害者と同様の立場にある労働者（＝平均的な被害者）を基準としつつ，当該被害者の感情等の主観も考慮されることになります。

　もっともハラスメントが，職場における「力関係」を背景としていることから，当事者の関係その他を総合考慮して違法性判断がなされ，実際には，いずれの立場でも違法性判断に違いがでてくることはほとんどないといえるでしょう。

(2)　パワハラ・マタハラの場合

(i)　「平均的な労働者」が原則

　パワハラやマタハラの場合，業務指示との関連で発生する場合が多いことから，次のパワハラの裁判例では，「加害者」側の指導指示という業務上の利益と，「被害者」側の人格的利益との利益衡量を必要とする場面で，原則として，「平均的な労働者」を基準として判示しています。

> **事例 12　海上自衛隊事件**（福岡高判平 20.8.25 判時 2032 号 52 頁）
>
> 　海上自衛隊員であったD（三等海曹，21 歳）が護衛船乗船中に，直属の上司の班長A，Bらから「バカかお前は。三曹失格だ」「ゲジC（トランプの最低カードのこと）」などと罵声をあびせられることが継続的になされ，自殺したケースで，一審判決は「その言動は，全体としていじめと評価されるものではなく，指導・教育等として

許される範囲にあったといえる」としましたが（長崎地佐世保支判平17.6.27労経速2017号32頁），控訴審判決は，業務中のいじめ・パワハラについての使用者責任が発生する場合の一般的基準として，「一般に，人に疲労や心理的負荷等が過度に蓄積した場合には，心身の健康を損なう危険があると考えられるから，他人に心理的負荷を過度に蓄積させるような行為は，原則として違法であるというべき」とし，その際，「心理的負荷を過度に蓄積させるような言動かどうかは，原則として，これを受ける者について平均的な心理的耐性を有する者を基準として客観的に判断されるべきである」とし，「ある行為が正当な職務行為であって違法性が阻却されるかどうかの判断に当たり，当該行為に合理的な目的があったかどうかを考慮すべきであることは当然であって，違法性の判断においても，およそ行為者である上官らの主観を考慮しないということはできない。もっとも違法性判断は原則として客観的に判断されるべきであって，上記のとおり，部下本人を基準とするのではなく，平均的な者を基準とすべきである」として，「バカかお前は。」「三曹失格だ。」等の罵声をあびせた上司Aの行為を違法として，国の責任を認定し，他方「ゲジC」などと発言した上司Bの行為は違法とはいえないとしています。

　同判決は，上司Aの言辞につき，Dを「侮辱するものであるばかりでなく，経験が浅く技能練度が階級に対して劣りがちである曹候出身者であるDに対する術科指導等に当たって述べられたものが多く，かつ，閉鎖的な艦内で直属の上司である班長から継続的に行われたものであるといった状況を考慮すれば，Dに対し，心理的負荷を過度に蓄積させるようなものであったというべきであり，指導の域を超える」と違法性を認定し，他方もう一人の上司Bが，Dに焼酎を持参するよう要請したり，「ゲジC」すなわちトランプの最低カード呼ばわりするというような発

言を行っていた件について，判決は「B班長とDは，おおよど乗艦中には，良好な関係にあったことが明らかであり，Dは2回にわたり，自発的にB班長に本件焼酎を持参したこと，B班長はDのさわぎり乗務勤務を推薦したこと，Dが3回目に焼酎を持参すると言った際，返礼の意味を含めてD一家を自宅に招待し，歓待したこと等からすれば，客観的にみて，B班長はDに対し，好意をもって接しており，そのことは平均的な者は理解できたものと考えられるし，Dもある程度はこれを理解していたものであって，B班長の上記言動は，Dないし平均的な耐性を持つ者に対し，心理的負荷を蓄積させるものであったとはいえ」ないと違法性を否定しています。

判決の結論を左右したものとしては，A—D，B—D間の人間関係，すなわちこれらの間でのコミュニケーションの有無・程度がA，Bの行為についての判断に影響を与えたものといえるでしょう。

(ⅱ)　「パワハラ防止法」

この点については，パワハラ防止法の指針では，『平均的な労働者の感じ方』，すなわち，同様の状況で当該言動を受けた場合に，社会一般の労働者の多くが，就業する上で看過できない程度の支障が生じたと感じるような言動であるかどうかを基準とすることが適当」としつつ，個別的な相談対応の場面で，労働者の「受け止め方などその認識にも配慮」するとして，相談者の主観にも配慮することを求めており，妥当なものといえ，マタハラについても同様に考えるべきです。

(ⅲ)　**判断基準のあり方**

ちなみに本来パワハラ・マタハラは前述したとおり，言語・非言語，あるいは加害者の自覚・無自覚，さらには当事者・第三者の判断にかかわらず，「加害者」が「被害者」に対して一方的に苦痛を与えるものであることから，ハラスメントの有無・程度等の判断基準としては，本来ハラスメントの「被害者」がどのように受け止めたかという「主観性」を前提としつつ，第三者の判断等の「客観性」を加味することによって

判断がなされるべきでしょう。したがってハラスメントの判断に際しては，被害者個人の主観を違法性判断の原則としつつ，例外的に被害者本人が職場いじめを認識していない場合には（例えば【事例1】関西電力事件では，会社側はいわゆる「職場八分」を，本人たちには告げたり分かるように実施していなかったことから，被害者本人には直ちに精神的苦痛を生じる態様のものではなかったものの，その行為が客観的に，職場において他者と自由に交際し，自由に人間関係を形成して自己の人格の円滑な発展を図る自由を，社会的に許容し得ない態様で不当に制約，侵害していたことから，このような行為は「職場における自由な人間関係を形成する自由（権利）」を侵害するものとされた），「第三者」の客観的判断を加味していくことになるでしょう。

(3)　セクハラの場合

(ⅰ)　「被害労働者」が原則

　前述したとおり，セクハラは業務関連性がないことから，「被害労働者」を基準にすべきことになり，その際被害者と同様の立場にある労働者（＝平均的被害者）を基準としつつ，被害者個人の主観や感情等も考慮すべきことになります。均等法11条の事業主の措置についての通達（平成18年10月11日雇児発第1011002号）でも，「『労働者の意に反する性的な言動』及び『就業環境を害される』の判断に当たっては，労働者の主観を重視しつつも，事業主の防止のための措置義務の対象となることを考えると一定の客観性が必要である。具体的には，セクシュアルハラスメントが，男女の認識の違いにより生じている面があることを考慮すると，被害を受けた労働者が女性である場合には『平均的な女性労働者の感じ方』を基準とし，被害を受けた労働者が男性である場合には『平均的な男性労働者の感じ方』を基準とすることが適当であること。ただし，労働者が明確に意に反することを示しているにも関わらず，さらに行われる性的言動は職場におけるセクシュアルハラスメントと解され得るも

のであること」とされています（「第3　事業主の講ずべき措置」「1(2)イ⑤『性的な言動』及び『就業環境が害される』の判断基準」）。

(ⅱ)　セクハラの特殊性

　セクハラは前述したとおり，職場や教育現場等のいわば「閉ざされた政治空間（＝閉鎖圏）」において，上司や教員などが権力関係を利用して行うものであり，部下や学生たちが「明確に意に反することを示」せない場合が多いことが問題とされるべきであり，また均等法が，セクハラ防止を事業主の「措置義務」とした趣旨からも，「労働者個人の感じ方」を基本にすべきでしょう。なぜならば，被害を受けた個々の労働者に対する行為の違法性が問題とされる場合で，「平均的」という判断基準を持ち込むことは，規定の裁判規範性を薄めるものであり，セクハラ防止の強化を図る立法趣旨を損なうものといえるからです。

　ちなみに人事院規則がセクハラ判断基準として，「性に関する言動に対する受け止め方には個人間で差があり，セクシュアル・ハラスメントに当たるか否かについては，相手の判断が重要である」（「人事院規則10-10の運用について」別紙1第1・第2）と述べて，被害者側の主観を基準としており，妥当なものといえます。

コラム　コミュニケーションとは

・・・・・・・・・・・・・・・・・・・・・・・・・・・・・・・

　労働／仕事において，コミュニケーションの役割は言うまでもなく不可欠なものです。

　私たちは，一般に「コミュニケーション」を情報や知識，感情などの「伝達」と考えがちですが，本来コミュニケーションは一方的なものではなく，「発信」と「応答」という双方向の交流が必要とされており，「意思の疎通」とか「心や気持ちの通じ合い」「互いの理解」とは，このような意味のことです。このように理解した場合，「コミュニケーションが成立している」と胸を張って言える職場はどれだけあるでしょうか？

　例えば厚労省が 2012 年 12 月に発表した「職場のパワーハラスメントに関する実態調査」では，「パワーハラスメント予防・解決のための取組を進めることで起こる問題として懸念されるもの」として，「上司と部下との深いコミュニケーションがとれなくなる」と回答する企業が，約 3 割に達しているのです。パワハラ・いじめの解決を図ることが，コミュニケーションを阻害する？という発想自体に，コミュニケーションに対する無理解があると言わざるを得ません。

　このようにみたとき，上司と部下との間にコミュニケーションを成立させるには，とりわけ上司の努力と時間が必要とされることになります。上司が部下にあれこれ指示しても，部下が本当に理解していないと，コミュニケーションは成立していないことになり，そこで「何やっているんだ」と怒鳴れば，その瞬間にコミュニケーションは「断絶」することになるのです。

　上司の叱責でも，コミュニケーションのとれている関係とそうでない場合とでは違ってくることになります。前述の【事例 12】海上自衛隊事件は，上司の叱責等の言動が，コミュニケーションの成否によって評価が分かれたケースであり，このように適切な感情管理こそがコミュニケーションを成立させ，いじめやパワハラのない良好な環境の職場を作っていくことにつながるといえるのです。

パワハラの責任

1　パワハラの責任と「パワハラ防止」法

　2019年5月に成立した「パワハラ防止」法では，前述したとおりパワハラに関して，職場において行われる①「優位的な関係を背景とした言動であって」，②「業務上必要かつ相当な範囲を超えたものにより」，③「労働者の就業環境が害される」ものの3要素を満たす行為について，事業主に防止措置等を義務付けていますが，パワハラに関する明確な定義・禁止規定がなく，しかもパワハラの定義，行為，措置義務の内容等はいずれも指針に委ねられています（図表2―4参照）。

　しかしながら，従来実務上パワハラの意味（概念・要素・行為類型）について，公務職場に関しては，2010年1月人事院，また，民間職場に関しては，2012年3月厚労省の円卓会議提言，2018年3月検討会報告書が，事実上の指針とされてきていたのです。

　また同法では，パワハラ防止を事業主が講ずべき措置義務とすると共に，パワハラを「優越的言動問題」と位置づけ，事業主，労働者の責務とし，これらの言動に注意を払うことを努力義務としており，したがって事業主が措置義務に違反した場合には，ハラスメント防止法違反として，是正勧告や公表の対象とされ，責務違反行為についても，法的責任を問われることがあり得るのです。

2　パワハラの行為態様

　パワハラの行為態様は，前述したとおり多様なものですが，この場合の違法性判断は，当該職場における「力」関係を考慮することになり，力関係で優位な立場にある者（上司など）は，それにふさわしい責任を

負うことになり，その際の責任の基準は，一定程度の職業なり地位なり
に置かれた通常人が，具体的な状況下で期待される注意（＝抽象的軽過
失）であり，したがってパワハラ・いじめにおいては，例えば職務に関
して裁量を有する上司の注意義務は，他の同僚と比してより高いものが
要請され，かかる義務違反の場合不法行為責任を負うことになるのです。

　そこで具体的な裁判例において，どのような場合が違法とされたのか，
上記円卓会議提言やパワハラ防止法「指針」等で示された行為類型に即
しながら，以下に検討していきましょう。

(1)　暴行，傷害など（身体的な攻撃）

> **Q 4** パワハラが暴行や傷害など身体的な攻撃で行われる場合，行為
> 者などにはどのような責任が発生するのでしょうか。
>
> ---
>
> **A** 加害者本人は，暴行・傷害罪として刑事責任を問われると共に，
> 民事上も不法行為責任を負うことになります。暴行や傷害など
> の身体的攻撃が，職務行為あるいは使用者の有する権限として
> 行われることは想定しがたく，身体の侵害という点で，それ自
> 体違法とされることになります。このような行為はたとえ教育
> 目的で行われたとしても，その態様から違法であることは明白
> です。

(i)　「目的」との関連

　上司等が部下に対して，「教育目的」であるとか，ミスをしたとして
叱責する際に，殴る，蹴る等の暴行を振るうことがしばしば見られます
が，このような行為は生命，身体に対する攻撃という点でそれ自体違法
とされることにされます。

　例えば近年問題とされるようになった柔道や相撲などのスポーツ界に

おける暴行，傷害等のいわゆる「体罰」も，「教育目的」などを口実として長いこと放置されてきたことが明らかとなってきましたが，この種の行為はいかなる目的であれ，許されるものではなく，身体への攻撃は，その態様・程度から見て違法とされる場合，行為者本人は暴行，傷害等の刑事責任を問われることになり，また民事上も不法行為責任を負うことは明白であり，これらを放置した使用者や共謀した行為者も同じく責任を問われることになります。

　次のケースは，上司が部下に対する接客訓練中に殴打したケースで，たとえ教育目的であったとしても許されるものではないとした判決です。

事例13　ヨドバシカメラ事件（東京地判平17.10.4労判904号　5頁・東京高判平18.3.8労判910号90頁）

　上司が，社員に対する接客訓練中に，社員の接客時における表情に笑顔が不十分であるとして，ポスターを丸めた紙筒様の物で頭部を強く約30回殴打し，さらにクリップボードで約20回頭部を殴打する等したケースに，判決は「上記認定の暴行の程度（強さ，回数）等を考慮すると，教育目的があったとしても違法性がないとは認められない」旨判示し慰謝料として20万円の支払を命じています（なお本件ではそれ以外にも多数の暴行が認定されています。）。

(ii)　「暴行」以外の手段

　また，直接的な暴行以外の手段で，継続的に身体に不快感を与える行為なども，それによってストレスを与え身体に障害をもたらす場合には，同じく刑事民事の法的責任を問われることがあり，次のケースは，上司が部下に対して長期にわたって扇風機の風を当て続け，ストレスから精神障害を与えたとして，上司本人と使用者の不法行為責任が認められています。

事例 14　日本ファンド事件（東京地判平 22 . 7 . 27 労判 1016 号 35 頁）

　会社の上司が，①季節に関わりなく，約半年間にわたって連日のように，「たばこ臭い」などと言って事務所に設置されている扇風機を用いて，喫煙者である部下らに対し風を当てたり（部下はそのため抑うつ状態となり，1か月の休職を余儀なくされる），②部下を自席に呼びつけて，仕事上の話をしていた際，突然激昂して部下の膝を足蹴りにする等の暴行を振るったケースで，判決は，①の行為について「喫煙者である原告Ｘ1及び原告Ｘ2に対する嫌がらせの目的をもって，長期間にわたり執拗に原告Ｘ1及び原告Ｘ2の身体に著しい不快感を与え続け，それを受忍することを余儀なくされた原告Ｘ1及び原告Ｘ2に対し著しく大きな精神的苦痛を与えたものというべきである」とし，②についても「これらの行為は，何ら正当な理由もないまま，その場の怒りにまかせて原告Ｘ3の身体を殴打したものであるから，違法な暴行として不法行為に該当するというべきである」として，上司の不法行為責任と会社の使用者責任を認めています。

　他にも上司や同僚からのいじめ，嫌がらせについて違法性が認められた東京都ほか（警視庁海技職員）事件（東京高判平 22 . 1 . 21 労判 1001 号 5 頁）などがあります。

(2)　無視，仲間外し，隔離等（精神的攻撃，人間関係からの切り離し）

> **Q5**　パワハラが無視，仲間外し，隔離等の人間関係からの切り離しや精神的攻撃で行われる場合，行為者らにはどのような責任が発生するのでしょうか。
>
> ____
>
> **A**　労働者は各自が，職場において良好な環境で労働を提供する権利を有しており，使用者はこれに対して，職場環境を整備する義務を負っており（＝職場環境整備義務，労契法3条，5条など），隔離，仲間外し，無視など（いわゆる「職場八分」）は，このような労働者の権利を侵害するものであり，直接の加害行為者や加担者が不法行為責任や懲戒処分の対象となるだけでなく，使用者の関与が認められる場合には，使用者責任を負うことになります（民法715条，415条など）。

(i)　仲間外し

　近年，企業間競争の激化に伴い，忙しすぎる職場の中には過剰なストレスがたまり，人間関係のもつれも多くなっており，そのため，部下や少数者，性格的に弱いとみなされた人や後ろ盾のない人などが，上司や多数者である周囲の人たちからパワハラやいじめの対象とされる例が増加しています。例えば，企業における成果主義の進展の中で，能力のある部下が高い評価を得られないように業務の完成直前に配置換えされたり，稟議書の中のミスを本人には故意にそれを告げず上司の前で恥をかかせるなど，特定の人間が（主に上司）特定の人間（主に部下）をいびりぬく例や，上司や同僚との意見の食い違いなどがどんどんエスカレートしていくうち，職場の少数派として「職場八分」の状況に追い込まれてしまう例がそのようなものといえるでしょう（前掲「三つのタイプの

上司」参照）。

　次のケースは，一審判決（横浜地川崎支判平 14 . 6 .27 判タ 1114 号 158 頁）が，我が国で職場によるパワハラ・いじめによる自殺の損害賠償を初めて認めた裁判例として，当時マスコミでも大きく取り上げられたものです（もっとも損害賠償額については，Ａがいじめを受けなくなってから約 1 年 4 か月後に自殺したことや，本人の資質ないし心因的要素も契機となっているとして，過失相殺の類推により 7 割を減じています。）。

事例 15　川崎市水道局（いじめ自殺）事件（東京高判平 15 . 3 .25 労判 849 号 87 頁）

　川崎市水道局工業用水課には，Ａを含めて 10 名の職員がいたが，Ａは職場に配属 1 か月後ぐらいから，上司である課長Ｙ 1 らが，Ａに聞こえよがしに「なんであんなのがここに来たんだよ」といった発言（Ａの父Ｘと水道局とは水道工事に関してトラブルを抱えていた）や猥雑なからかいをするだけでなく，「むくみ麻原」「ハルマゲドンが来た」などと揶揄嘲笑をするようになり，さらに職員旅行の際に，主任Ｙ 2 がＡに対してナイフを見せて，「今日こそ刺してやる」などとすごんだり侮蔑する発言をしたことがあったことから，Ａは欠勤がちになった。そのため，組合や職員課課長らが，パワハラやいじめの事実調査をしたものの，Ｙ 1 らが事実を否定し事実確認ができないでいたところ，Ａは入退院を繰り返す中で，精神分裂病ないし人格障害，心因反応と診断され，また自殺をほのめかす言動や自殺未遂を繰り返すようになり，Ｙ 1 ら 3 名をうらむという内容を含む遺書を残し，自宅で縊死した。

　判決は職場に溶け込めないＡに対し「Ｙ 1 ら 3 名が嫌がらせとして前記のような行為を執拗に繰り返し行ってきたものであり，挙げ句の果てに厄介者であるかのように扱い」「合同旅行会に出席したＡに対し，Ｙ 2 が，ナイフを振り回しながら脅すようなことを言っ

た」などの行動は，「Ｙ１ら３名の上記の言動はＡに対するいじめ（不法行為）」に該当するとし，川崎市には安全配慮義務があるところ，上司Ｙ１は一方的で執拗ないじめを制止しないばかりかこれに同調し，謝罪などによってＡの精神的負荷を和らげたり，事実報告をしたりするといった適切な措置を怠り，いじめ防止のための職場環境整備を怠ったまま，Ａの職場復帰のみを図ったことに安全配慮義務違反があり，自殺との因果関係を認定しています。

(ⅱ)　「リストラ」の手段として

　また近時においては，リストラの手段としていじめ・パワハラを用いるのが典型例であり，例えば会社の方針に異を唱えた職員に対して，会社としては解雇したいが合理的な理由が見つからなかったり，業績不振で退職勧奨したいが，本人が承諾しないといった場合などに，会社ぐるみで仲間はずれにしたり，雑用をさせるなど精神的に追いつめて，自発的に退職するように仕向ける場合などがその例であり（「集団（＝多数者）による個人（＝少数派）への不当な攻撃」！），このような場合は，会社として明示的な指示，命令がある場合だけでなく，むしろ会社からは全く指示がない状態で，管理職等が「会社の方針を察し」たり，同僚が「自分自身の保身や会社の暗黙の了解を得た」と考えて行う場合などもあり，これらはいずれの場合も，会社がしばしばこのような「いじめ」を黙認し，その結果，「いじめ」被害者のみならず，職場環境が不快なものとなり，広範かつ深刻な被害を与えることが起こることになるのです。

　この種の事案として，【事例１】関西電力事件が典型例ですが，次のケースは，13年もの長期にわたって職務担当を剥奪されていたものであり，常軌を逸した過酷な「職場八分」の典型例といえるものです（同様のケースとして，「内部告発」した社員が報復として約28年間にわたって，６畳程度の個室に隔離された上で，雑用に従事させられ，この間上司から毎

日のように退職勧奨が行われるなどしたケースで，使用者の不法行為責任を認め，1,365万円の支払を命じたトナミ運輸事件（富山地判平17.2.23判時1889号16頁）があり，その後，控訴審で一審判決の金額に乗せされた賠償金で和解しました→【事例33】）。

> ### 事例16　松蔭学園事件（東京高判平5.11.12判時1484号135頁）
>
> 　私立高校の女性教諭が，学校側から13年もの間，担当していた授業クラス担当等を外された上，職員室内で1日机の前に座っていることを強制されたり，他の教職員からも隔離されたり賃金を据え置かれたりしたケースにつき，判決は，「教師として労働契約を締結した原告に対し，長期間にわたって授業及び校務分掌を含む一切の仕事を与えず，しかも，一定の時間に出勤して勤務時間中一定の場所にいることを命ずることは，生徒の指導・教育という労働契約に基づいて，原告（教師）が供給すべき中心的な労務とは相容れないものであ」り「それ自体が原告に対して通常甘受すべき程度を超える著しい精神的苦痛を与えるものとして，業務命令権の範囲を逸脱し，違法である」旨判示しています（なお控訴審判決は，「被控訴人に対する控訴人の措置は，見せしめ的ともいえるほどに次々にエスカレートし，（中略）…見方によっては懲戒解雇以上に過酷な処遇といわざるを得ない」として，慰謝料額を増額しています。）。

(ⅲ)　メンタル不全

　また今日，リストラで従業員が減少したことによる仕事量の増大と使用者からの際限ない業務命令に従わざるを得ないという職場の環境を背景として，長時間の過重な労働による過労とストレスを要因とするうつ病などの精神疾患に罹患するメンタル不全労働者も多く，職場いじめと複合的な要因となっています。例えば，入社2か月後に過酷な工事現場の作業所に配属され，極めて長時間に及ぶ時間外労働や休日労働に従事

していた労働者Kに対し，上司が理不尽な言葉を投げつけたり，嫌みを言ったりするだけでなく，残業中に物を投げつける，机を蹴飛ばす，Kに残業を命じておいて自分は先に帰る，勤務中にKに向かってガムを吐き，ズボンについたのをみて笑う，測量用の針のついたポールを投げつけ足に全治約1週間程度の傷害を負わせる（しかも口止めした）などしたことから，会社Yの責任が問われたケースにつき（なおKは終業後上司らと飲酒した後，上司らをそれぞれ自宅へ車で送り届ける際に起こした交通事故で死亡している），判決は，「Yは，雇用契約におけるKが健康を害しないように配慮（管理）すべき義務（勤務管理義務）としての安全配慮義務に違反するとともに，Yの社員が養成社員に対してYの下請会社に対する優越的立場を利用して養成社員に対する職場内の人権侵害が生じないように配慮する義務としてのパワーハラスメント防止義務に違反した」として，使用者責任を認めています（日本土建事件・津地判平21.2.19労判982号66頁）。

　このように，今日うつ病に罹患したことにより，正常の認識，行為選択能力が著しく阻害されて，又は自殺行為を思いとどまる精神的な抑制力が著しく阻害されて，自殺に至ることは，精神医学において広く認められるようになってきており，いじめ→うつ病等の精神疾患→自殺のプロセスに，使用者の予見可能性が認められるケースが，今後とも増加していくことが予想されます。

(3) 言辞（言葉や態度による攻撃）

> **Q 6** パワハラが口汚い言葉や態度による攻撃で行われる場合，行為者はどのような責任が発生するのでしょうか。
>
> ---
>
> **A** 言辞（言葉や態度）によるパワハラ・いじめは，その程度が使用者の有する権限との関係，業務指導との区別が問題になり，目的において不当であったり，あるいは態様・方法・期間が相当でなく，過度の精神的・肉体的苦痛を伴う場合などには，権利の濫用に当たり違法となります。

(i) 業務との関連性

　言辞（言葉や態度）によるパワハラ・いじめは，その程度が使用者の有する権限との関係，業務指導との区別が問題になってきます。職場いじめの特殊性の一つは，多くの場合，職務命令等の人事権行使の外形をとることから，違法性の判断が微妙な場合が出てくることになりますが，前述したとおり，使用者や上司は，労働力の評価（人事考課）について裁量権を有しているとしても，人事考課は公平無私に行われるべきであって，上司が部下に対する個人的な感情に左右されたり，自己の意に沿わぬことに報復したり，不当な目的で低い査定をしたり，配置換えにつき使用者に不利益な意見を具申すること等は許されず（もっともこれらの証明は多くの場合困難なことが多いとしても），このような行為の結果，経済的損害ないし精神的苦痛を与えた場合には，裁量権の濫用として違法なものと認定されることになるでしょう。

　使用者は，労働者から提供された労働力をできるだけ有効に活用して，事業目的を遂行しようとするのであり，そのために，労働の質を高め，技術的に高度化し，かつ組織に適合したものにしようとし，このようなことから行うのが業務指導であって，このような業務指導は，使用者が

労働契約によって，取得する労働力の利用権から派生する当然の権利といえます。しかしながら，企業はいかなる業務指導であっても実施できるわけではなく，目的において不当であったり，あるいは態様・方法・期間が相当でなく，過度の精神的・肉体的苦痛を伴う場合などには，権利の濫用に当たり違法となり，そこで，適正な業務指導は，どの範囲のものかが問題となり，以下に裁判例をみながら検討してみましょう。これをいくつかに場合分けすると，おおむね次のようなものとなるでしょう。

(ii)　**業務と関連のない指示などの形態をとっている場合**

　業務との関連性がない単なる私的動機に基づくものが，被害者の権利侵害をもたらす場合，不法行為を構成することになり，次のケースは，指導目的に基づかない，単なるいじめ・嫌がらせの事案であり，態様においても，度重なる冷やかし，からかい，嘲笑・悪口，他人の前で恥辱・屈辱を与える，あるいは，暴力を振るうといったようなことから，違法であると判断されたところに特徴があります。

> **事例17**　**誠昇会北本共済病院事件**（さいたま地判平 16.9.24 労判 883 号 38 頁）
>
> 　職場で大きな力をもつ先輩の男性看護師Ａが，仲間とともに，後輩の男性看護師Ｂに対し，私生活の場面も含めて 3 年近くにわたり「死ねよ」などと言って執拗ないじめを行った結果，同人が自殺したケースにつき，判決は，Ａの責任につき，「ＡらのＢに対するいじめは，長期間にわたり，しつように行われていたこと，Ｂに対して『死ねよ。』との言葉が浴びせられていたこと，Ａは，Ｂの勤務状態・心身の状況を認識していたことなどに照らせば，Ａは，Ｂが自殺を図るかもしれないことを予見することは可能であったと認めるのが相当である」として，自殺についての損害賠償義務を認定し使用者については，本件いじめが 3 年近くに及んでおり，具体的な

出来事についても認識することが可能であったとして，いじめを防止する措置を取らなかった点に安全配慮義務違反の債務不履行責任があるとしています。

前掲【事例 12】海上自衛隊事件や【事例 15】川崎市水道局（いじめ自殺）事件なども同様の行為を含んでいることは明らかです。

(ⅲ)　**外形上業務と関連のある指示などの形態をとっている場合**

パワハラが，指導目的や必要業務に基づくものであっても，その手段態様が不当な場合には，権利侵害をもたらし違法とされることになります。上司が部下のミスに対して叱責することなどは，今日程度の差こそあれほとんど行われていることですが，部下の人格を侵害してはならないことは当然のことです。しかし従来，部下への叱責等は業務遂行の上で当然であるといった意識や，職務上の関係にすぎない上司と部下の関係が，人格面での上下関係とみなされがちであった我が国の企業風土などから，部下に対する叱責等がいじめやパワハラとなり得るという認識は，まだ十分に定着していないといえるでしょう。例えば，部下を「鍛えるつもりで多少強い口調を用いていたこと」が「パワハラ」に当たると指摘され，ショックを覚える上司の例などが典型ですが，今日，上司による懲罰的対応により，部下がうつ病等を発症する例が増えており，上司が部下に対して「一人の人間」として接する認識の重要性は急激に高まっているのです。

次の例は指導目的に基づくものであったとしても，手段・態様の点で，違法とされた裁判例です。

事例 18　**三井住友海上火災保険上司事件**（東京高判平 17.4 .20 労判 914 号 82 頁）

会社のサービスセンター所長は，課長代理の部下Ｘが，実績が芳しくなく，他の従業員の不満の原因になっていると考え，職場意識

の向上を目的として，X宛てに一部，赤文字の大きな文字で「1.
意欲がない，やる気がないなら，会社を辞めるべきだと思います。
当SC（サービスセンターのこと）にとっても，会社にとっても損失
そのものです。あなたの給料で業務職が何人雇えると思いますか。
あなたの仕事なら業務職でも数倍の業績を挙げますよ。（中略）こ
れ以上，当SCに迷惑をかけないで下さい」と記載し，Xを含む十
数名の所員にメールしたケースで，判決は，「本件メールの内容は，
職場の上司である被控訴人（所長）がエリア総合職で課長代理の地
位にある控訴人（部下X）に対し，その地位に見合った処理件数に
到達するよう叱咤督促する趣旨であることがうかがえないわけでは
なく，その目的は是認することができる」として，退職勧告とも，
会社にとって不必要な人間であるとも受け取られるおそれのある表
現が盛り込まれており，人の気持ちを逆撫でする侮辱的言辞と受け
取られても仕方のない記載などの他の部分ともあいまって，部下X
の名誉感情をいたずらに毀損するものであることは明らかであり，
上記送信目的が正当であったとしても，その表現において許容限度
を超え，著しく相当性を欠くものであって，部下Xに対する不法行
為を構成する旨判示して，違法と認定しています（同様に部下が同
僚に対して中傷発言したことに対して，上司の叱責が不適切とされた
ケースとして，三洋電機コンシューマエレクトロニクス事件（広島高松江
支判平21.5.22労判987号29頁）などがあります。）。

(iv)　**業務との関連性の有無判断**

　このように裁判例では，指導を目的とするものであっても，言動内容
が業務に関連するにとどまらず，人格自体を否定，非難する内容のもの
であったり，皆の面前や閉鎖的な環境で継続的に行ったというような場
合に違法性が認められることになります。他方，被害者の対応にも問題
がある場合や業務の性質上安全や緊急性のある場合などには，ある程度

厳しい指導も許容されることがあり，以下にその代表例を挙げてみましょう。

事例 19　前田道路事件（高松高判平 21.4.23 判時 2067 号 52 頁）

　　営業所の所長をしていたＡは，事業計画ノルマが厳しいことから架空出来高等を計上したところ，これを知った上司から厳重注意を受けたにもかかわらずそのまま継続し，やがて上司がＡに対し，「会社を辞めれば済むと思っているかもしれないが，辞めても楽にはならないぞ」とＡを厳しく叱責し，「無理な数字じゃないから，このぐらいの額だから，今年は皆辛抱の年にして返していこうや」等と営業所の従業員全員を鼓舞したところ，Ａは，その３日後，営業所内で自殺し，労基署長は，Ａの死亡を業務上の災害と認定したケースで，判決は，「Ａの上司からＡに対して架空出来高の計上等の是正を図るように指示がされたにもかかわらず，それから１年以上が経過した時点においてもその是正がされていなかったことや，Ｂ営業所においては，工事着工後の実発生原価の管理等を正確かつ迅速に行うために必要な工事日報が作成されていなかったことなどを考慮に入れると，Ａの上司らがＡに対して不正経理の解消や工事日報の作成についてある程度の厳しい改善指導をすることは，Ａの上司らのなすべき正当な業務の範囲内にあるものというべきであり，社会通念上許容される業務上の指導の範囲を超えるものと評価することはできない」旨判示し，会社の指導・叱責は正当な業務の範囲内と評価し，会社の不法行為責任を否定しています。

　本件では，不正行為是正を命じた指導・叱責が，「正当な業務の範囲内」か否かの評価をめぐって，一審と控訴審で結論を異にしているものであり，被害者の対応の評価について，二審がより厳しい判断をしたものといえます。同様に病院の事務職員が，試用期間中にミスを繰り返し

たことから叱責され，本採用を拒否されたケースで，本採用拒否は無効としつつ，叱責は「業務上の指示の範囲内」とした，医療法人財団健和会事件（東京地判平21.10.15労判999号54頁）などがあります。

　このように職場において，管理監督する立場にある者は，それらの権限行使に際して部下の人格権侵害をもたらすことのないようにする注意義務があり，当該注意義務の程度・範囲は，部下の犯したミスの程度も考慮に入れつつ，注意，叱責の度合いが社会通念に照らして許容されるものであるか否かの観点から判断することになるでしょう。すなわち業務指導の目的もない単なるいじめ・嫌がらせについては，社会通念上，許容される限度を超える態様のものは違法とされることになり，また業務指導の目的を有していても，態様において一般的な，妥当な方法，程度を逸脱していたり，通常甘受すべき程度を著しく超える不利益を与える場合は違法になり，指導を行う必要性，言動内容（人格非難や侮辱的な内容を含むか，名誉感情を毀損するものか等），回数（執拗に行われたものか，継続的に行われたものか等），態様（多人数の面前で行う，閉鎖的な環境で行う等），指導後のフォロー，日常的な関係等により判断されることとなり，他方従業員の対応にも問題がある場合や業務の性質上，安全や緊急性のある場合などでは，ある程度厳しい指導も許容される傾向にあるといえるでしょう。

⑷　職務担当の合理性（「無意味な要求」「過大な要求」「過小な要求」などによる攻撃）

> **Q7**　職務担当内容が，無意味・無価値な要求や，過大な要求，過小な要求など不合理な内容である場合，行為者にはどのような責任が発生するのでしょうか。
>
> **A**　労働者の担当職務の決定は，使用者の権限事項であり，原則として，どのような職務を担当させるかは使用者が決めることになりますが，合理的な理由ないし業務上の必要性がないとか，態様において一般的に妥当な方法，程度を逸脱していたり，通常甘受すべき程度を著しく超える不利益を与える場合などは，権利濫用として違法となり，裁判例では，①本来業務とは無関係な無意味・無価値な作業や職務を命じたり，②過大な要求による能力や経験とかけ離れた職務を担当させたり，③過小な要求により仕事を与えない場合が問題となります。

（ⅰ）　**本来業務とは無関係な，無意味・無価値な要求**

　本来業務と無関係な無意味・無価値な作業や過酷な要求を命じることは，原則として違法とされることになり，例えば次のような裁判例があります。

　事例 20　ネッスル事件（大阪高判平2.7.10労判580号42頁）

　　通常業務として，コーヒー豆の開発や焙煎作業に従事していた労働者が，組合専従を終えて職場復帰したところ，約4年間にわたって，コーヒー豆の回収やフィルターの洗浄作業に従事させられ，しかもいずれの作業も特別必要とされるものではなく，他の従業員から隔離され，炎天，寒冷下で多量の粉塵が発生する中での作業で

あったケースで，判決は「原告Aの従事したコーヒー豆回収作業は，それ自体の肉体的負担は少ないものの，職場環境が劣悪であり，かつ隔離的措置が講じられていたものとみられるから，右回収作業は，通常の作業の労働条件と対比し相当に苛酷なものであった」旨判示し，原告の人格権侵害を理由に，会社に対し慰謝料（50万円）の支払を命じています。

　この事件は，そもそも，業務上の必要性自体に疑問があったケースですが，次のケースは，業務上の必要性は認められたものの，その手段，態様の相当性をめぐって評価が分かれています。まず，違法と判断されたものとして次のケースがあります。

事例21　神奈川中央交通事件（横浜地判平11.9.21労判771号32頁）

　駐車車両と接触事故を発生させたバス運転手に対して，下車勤務を命じるとともに，期限を付さずに，多数ある下車勤務の勤務形態の中から，最も過酷な作業である，炎天下における構内除草作業のみを選択して作業させたケースにつき，判決は「原告は，本件事故において（中略）全く過失がないのにもかかわらず，被告上司は十分な調査を尽くさないまま，原告の有過失を前提にして右業務命令を発しているのである。そうであれば，前判断のとおり除草作業自体が下車勤務の一形態として適法であると認められるものとしても，被告上司の一存で，期限を付さず連続した出勤日に，多数ある下車勤務の勤務形態の中から最も過酷な作業である炎天下における構内除草作業のみを選択し，原告が病気になっても仕方がないとの認識のもと，終日または午前或いは午後一杯従事させることは，被命令者である原告に対する人権侵害の程度が非常に大きく，（中略）むしろ恣意的な懲罰の色彩が強く，乗車勤務復帰後に安全な運転をさ

せるための手段としては不適当であり，運行管理者である所長の裁量によりなしうる範囲内ではあり得ない」旨判示し，上司と会社に慰謝料60万円の支払を命じています。

同様に真夏の炎天下での過酷な指差確認を違法としたJR西日本吹田工場事件（大阪高判平15.3.27労判858号154頁）などがあります。

反対に違法性が否定されたものとして，次のケースがあります。

事例22　国鉄鹿児島自動車営業所事件（最二小判平5.6.11労判632号10頁）

　勤務時間中のワッペン，赤腕章の着用を禁止されていたにもかかわらず，組合員バッチを着用したまま点呼執行業務を行おうとしたため，当該労働者を点呼執行業務から外し，降灰除去作業を行わせたというケースにつき，一審，二審ともに「降灰除去作業は，前記のとおり，それ自体かなりの肉体的苦痛を伴うものであるから，使用者が付随的業務としてこれを労働者に命ずるについては，その作業量，作業時間，作業人員，作業方法などを考慮して，作業がいたずらに苛酷なものにわたらないようにすべきであって」「本件のようにかなりの肉体的，精神的苦痛を伴う作業を懲罰的に行わせるというのは業務命令権行使の濫用であって，違法であり，不法行為を成立せしめる」旨判示しました。しかし，最高裁は「その作業内容，作業方法等からしても，社会通念上相当な程度を超える過酷な業務に当たるものともいえず，これが被上告人の労働契約上の義務の範囲内に含まれるものである」「しかも，本件各業務命令は，被上告人が，上告人Aの取外し命令を無視して，本件バッジを着用したまま点呼執行業務に就くという違反行為を行おうとしたことから，自動車部からの指示に従って被上告人をその本来の業務から外すこととし，職場規律維持の上で支障が少ないものと考えられる屋外作業

である降灰除去作業に従事させることとしたものであり，職場管理上やむを得ない措置ということができ，これが殊更に被上告人に対して不利益を課するという違法，不当な目的でされたものであるとは認められない。」旨判示しています。

この事件では，毎日ではなく，組合バッジを着用したまま業務を行おうとした日だけ，降灰除去作業を命じたというものであり，また同作業所では，土地柄，降灰除去作業は，営業所の職場環境を整備して，労務の円滑化，効率化を図るために必要な定常的な作業であり，従来も必要に応じて他の職員が行っていたというものであった点などが，【事例21】とは判断を異にした要因ではないかと思われます。

(ⅱ)　**過大な要求**

能力や経験とかけ離れた職務を担当させたり，過大な要求をすることは違法とされることがあり，次のような裁判例があります。

> **事例 23**　バンクオブアメリカイリノイ事件（東京地判平7.12.4
> 労判685号17頁）
>
> 　リストラに消極的な態度をとる，外資系銀行に勤務する勤続33年の管理職（＝課長）が，ラインから外されて，①オペレーションテクニシャンという専門的知識を要するものの，同僚課長の指揮監督を受ける地位に降格され，さらに②従来20歳代前半の女性契約社員が担当していた受付業務（総務課）へ配転されたケースで，判決は①については銀行に委ねられた裁量権を逸脱した濫用的なものと認めることはできないとしつつ，②については，「原告ら元管理職をことさらにその経験・知識にふさわしくない職務に就かせ，働きがいを失わせるとともに，行内外の人々の衆目にさらし，違和感を抱かせ，やがては職場にいたたまれなくさせ，自ら退職の決意をさせる意図の下にとられた措置ではないかと推知されるところで

あ」り，「原告に対する右総務課（受付）配転は，原告の人格権
（名誉）を侵害し，職場内・外で孤立させ，勤労意欲を失わせ，や
がて退職に追いやる意図をもってなされたものであり，被告に許さ
れた裁量権の範囲を逸脱した違法なものであって不法行為を構成す
る」旨判示しています。

　本判決は，近年社会問題とされているいわゆる「追い出し部屋」のは
しりともいえるケースであり，業務上の必要性があれば，ポストも限ら
れているので，ある程度これまでの能力や経験を踏まえた職務であれば，
それを担当させることも必ずしも違法とはならないものの，これまでの
能力や経験からあまりにかけ離れた職務を担当させ，かつその業務上の
必要性も乏しいといった場合には，違法性が肯定されることになります。
　反対に違法性が否定された裁判例として，54歳以上の社員について
原則出向としている企業において，出向させた運転士を，出向先において
清掃業務を担当させたケースにつき，業務上の必要性があり，運転士と
しての適格性にも問題があったなどとして，権利濫用に当たらないと判
断したJR東海事件（名古屋地判平16.12.15労判888号76頁）があります。

　(ⅲ)　**過小な要求**

　過小要求などで職務を与えないケースについてみると，労務の提供を
目的とする労働契約において，全く職務を与えないというのは本来相入
れないものであり，会社のリストラや組合所属，信条を理由とする特定
労働者の排除など企業全体の方針としてなされることが少なくなく，次
の裁判例は近年問題とされているいわゆる「追い出し部屋」が問題と
なったケースで，違法と認定されています。

事例24　ベネッセコーポレーション事件（東京地立川支判平24.8.29判例集未登載）

　原告X（女性，50代前半）は，降格させられて，人財部付という

リストラ部内に配属されいわゆる「社内就活」を命じられ，年収約200万円ダウンとなり，さらに「業務支援センター」という新設部署に配属換えとなり，社内各部署の雑務を引き受けることが業務内容とされたケースで，判決は「人財部付に配属された社員は，名刺も持たされず，社内就職活動をさせられるほかは，単純労働をさせられたのみであること，人財部付の制度の運用が開始された当初は，配属先が見つかればD評価，見つからなければE評価という運用がなされていたこと，電話にも出ないよう指示されていたこと等を総合すると，人財部付は実質的な退職勧奨の場となっていた疑いが強く，違法な制度であったといわざるを得ない。」として人財部付という制度自体が違法なものであり，しかも年収約200万円の減収を伴う大きな不利益をもたらすとして裁量の範囲を逸脱し無効とし，さらに業務支援センターへの配転についても，人事権の裁量の範囲を逸脱し無効と判示しています。

　同様のケースとして，前掲【事例16】松蔭学園事件や後掲【事例33】トナミ運輸事件，リストラのために労働者にあえて仕事を与えないで一室に隔離した事例（セガ・エンタープライゼス事件・東京地決平11.10.15労判770号34頁），組合活動を理由として労働者に就業規則の書き写しなど不要な仕事を命じた事例（JR東日本〔本荘保線区〕事件・最二小判平8.2.23労判690号12頁），希望退職に応じない労働者に暴行をふるい，業務上必要のない単純な統計作業をさせた事例（エール・フランス事件・東京高判平8.3.27労判706号69頁）などがあります。配転に応じさせるための手段として行う場合（ネスレ配転拒否事件・神戸地判平6.11.4判タ886号224頁），あるいは，職務を与えない期間が必要以上に長期間にわたる場合（日本郵便逓送事件・京都地判平16.7.15労経速1884号3頁）には違法とされています。
　他方，職務を与えるとかえって業務に支障が生じる場合に，一時的に職務を与えなかったり，担当職務から外すことは，合理的な措置といえ

る場合があります。裁判例においても，パソコンの使用が禁止されている時間帯にパソコン操作をしたため，システムダウンを起こしたことを理由に，パソコンを使用する業務から外したり，番号管理業務の公平性を損なう禁止事項に反したことを理由にフリーダイヤル業務から外したという事案（NTT 東日本（東京情報案内）事件・東京地判平 12.11.14 労経速 1756 号 24 頁）や，金銭紛失事故への関与が疑われる社員を現金を取り扱う出札業務から外し一時的に就業制限した事案（東日本旅客鉄道事件・東京地判平 15.12.1 労経速 1857 号 14 頁）において，合理的な裁量の範囲内の措置であるとしたものがあります。

3　パワハラと法的権利（利益）

　パワハラ・いじめは，被害者の様々な権利（利益）を侵害し，損害を発生させることになりますが，それらを権利の種別に類型化すると，おおむね人格権（利益）侵害と職場環境侵害の二つに分類することができます。

(1)　人格権（利益）の侵害

　職場におけるいじめ・パワハラで共通に問題とされる権利侵害であり，職場におけるいじめ・パワハラが，上司や同僚から相手方に対して暴力，暴言などの言動により，相手の精神（＝感情）や身体に苦痛を与える行為であり，その本質は相手に対する侮辱である以上，精神や身体の安全，行動の自由，名誉，プライバシーなどの人格権侵害として不法行為を構成することになります。

(2)　職場環境の侵害

　職場において，労働者は人的・物的に良好な職場環境で労務を提供する権利を有しており，これに応じて，使用者は，労働契約における信義

則上の義務として，労働者に対して，物的に良好な作業環境を形成するとともに，精神的にも良好な状態で就業できるように職場環境を保持する義務（＝職場環境保持義務）を負っています（労契法3条，5条など）。他方労働者も，契約上の信義則上の付随義務として，企業運営や職場におけるチームワークを乱したり，他の労働者の就労を妨害してはならない義務（一職場秩序遵守義務）を負っており，これらの義務に違反した場合は，懲戒処分の対象とされるだけでなく，被害を受けた労働者に対し不法行為法上責任を負うことになるでしょう。したがって職場におけるいじめ・パワハラは，多くの場合当該個人の人格権を侵害するのみならず，職場環境をも侵害することになり，例えば上司が他の従業員の面前で部下を面罵し，当該従業員がそれによって精神的，身体的疾患を発生させた場合などには，当該従業員に対する人格権侵害を形成するだけでなく，他の従業員に対しても不快な職場環境を作り出したものとして，職場環境を侵害することにつながるでしょう。

　職場におけるいじめ・パワハラが，このように従業員個々人の人格権を侵害するだけでなく，職場環境を侵害し，ひいては企業能率の低下を招くことにつながることに思いを至すとき，使用者にはこのような行為を未然に防止することが必要とされるのです。

セクハラ・マタハラなどの責任

1　セクハラと責任

(1)　2019 年改正均等法

　2019 年改正均等法では，事業主の措置義務等の対象範囲を，自社従業員に対する第三者からのセクハラ等に広げると共に，セクハラに起因する「性的言動問題」に対する事業主，労働者の責務規定が新設される等セクハラ行為に対する規制を強化しています。

　既に述べたとおり，職場でセクハラが行われ，法的にみて違法不当な行為とされる場合には，当該行為者（＝加害者）は民事上刑事上の責任を問われることになります。

　セクハラも，個々の行為についてみると，強姦等の違法性の強度なものから，卑わいな言動など必ずしも強度でないものまで多様であるものの，職場内における「力関係」を背景として行われるものであることから，これらの行為がなされても，反論や抵抗をすることが困難なことが多く，それゆえにハラスメント行為それ自体が「意に反する」「不快なもの」として強いストレスを帯びたものとならざるを得ず，しかもそれらの行為が継続される場合，一層強いストレスを帯びたものとなってくることになります。したがってセクハラの評価に際しては，このような職場におけるハラスメントの特質を十分に考慮して判断がなされなければならないのです。

(2)　「被害者の態度」の評価

　セクハラは性的自由に対する侵害（暴行，脅迫，詐術，地位利用等によるかん淫や性的接触など）をはじめ，名誉，プライバシー等を侵害することになり，また被害者への性的自由侵害を行い，被害者より拒絶され

たことに対する報復として，パワハラ・いじめに至るケースも多数あり，更に近年，顧客や取引先からのセクハラが社会問題となってきており，次のケースはコンビニエンスストアの女性店員が顧客男性のセクハラに対して，終始笑顔で応対していたとしても，客とのトラブルを避けるためのものであったとみる余地があるとして，セクハラ行為が原因で受けた停職6か月の懲戒処分が「著しく妥当を欠くものとなるとはいえない」と判示して男性側の請求を退けています。

事例 25　**加古川市事件**（最三小判平 30.11.6 労経速 2372 号 3 頁）

　　加古川市環境部でゴミ運搬を担当していた 50 代の男性職員は，数年前から勤務時間中にコンビニを頻繁に利用するようになり，その際女性従業員に対し，手を握る，胸を触る，男性の裸の写真を見せる，胸元をのぞき込むといった行動をとったり，「乳硬いのう」「乳小さいのう」「制服の下，何つけとん」「胸が揺れとる。何カップや」といった発言をし，こうした言動を理由の一つとして，退職した女性従業員もいた。コンビニのオーナーは上記事実を従業員から頻繁に報告を受けていたが，商売に差し障りがないよう問題にすることは控えていたところ，2014 年 9 月，男性職員はコンビニの女性従業員に，飲み物を買ってやるので選ぶように指示して手を絡ませたうえ，指先を股間に軽く接触させた。女性従業員は直ちにオーナーに報告し，これに対してオーナーは市に対して苦情を送信したが，市はオーナーから事情を聴き，「処分を求めない」という意向を示されたことを理由に男性職員への処分を見送っていたが，新聞などに報じられたことから，停職 6 か月の懲戒処分を行った。男性職員は処分が重すぎると訴えたところ，一審，二審は，①女性従業員が被上告人の顔見知りであり，身体的接触について渋々ながら同意していたこと，②女性従業員及び本件店舗のオーナーが処罰

を望まず，警察の捜査対象にもなっていないこと，③被上告人が常習として同様の行為をしていたとまでは認められないこと，④社会に与えた影響が大きいとはいえないこと等として，処分は重きに失し違法と判示した。

　これに対し最高裁は，「上記①については，被上告人と本件従業員はコンビニエンスストアの客と店員の関係にすぎないから，本件従業員が終始笑顔で行動し，被上告人による身体接触に抵抗を示さなかったとしても，それは，客との間のトラブルを避けるためのものであったとみる余地があり，身体的接触についての同意があったとして，これを被上告人に有利に評価することは相当ではない。上記②については，本件従業員及び本件店舗のオーナーが被上告人の処罰を望まないとしても，それは，事情聴取の負担や本件店舗の営業への悪影響等を懸念したことによるものとも解される」「上記③については，行為1のように身体的接触を伴うかはともかく，被上告人が以前から本件店舗の従業員らを不快に思わせる不適切な言動をしており（行為2），これを理由の一つとして退職した女性従業員もいたことは，（中略）④についても，行為1が勤務時間中に制服を着用してされたものである上，複数の新聞で報道され，（中略）上告人の公務一般に対する住民の信頼は大きく損なわれた」旨判示して，男性の請求を棄却し，処分を有効としています。

(3)　被害者の「同意」などは

　セクハラ事件では，被害者が明確に拒否や抵抗をしなかったり，逆に迎合的ともとれるような行動をすることがあり，この点について「同意があった」とか「嫌がっていなかった」などと評価されることが多々あります。

（i）　大学教授と准教授のケース─Ｐ大学（セクハラ）事件

　例えば，大学の教授が飲食に誘った准教授の女性に対して，食事中に

太ももを触るなどしたとして懲戒処分（減給）されたケースで，女性准教授がすぐに席を立たなかったこと，同一ルートで帰宅したこと，事後感謝といたわりのメールを送信していることなどから，一審は「セクハラ被害を受けたという申告は不自然である」としてセクハラの事実を否定しました。

他方二審は「女性准教授が教授からの飲酒の誘いに応じるなどしたのは，教授が本件学部の教授の地位にあり，発言力があると感じており，これを拒否すると自己の本件学部内での立場に不利益が生じないとも限らないと考えたためであったと認められ，また，隣り合わせの飲酒の席でセクシャル・ハラスメント行為を受けたからといって，直ちに，その席を立って帰宅するなどすることも容易ではないものと考えられ，女性准教授は，上記のように本件学部における教授と自己との関係を考慮し，教授の機嫌を損ねることを避け，自己に不利益等が生じないようにしたいと思って，本件店舗で最後まで同席したり，同一のルートを通って帰宅し，別れ際に握手を求めたり，謝礼のメールを送信したりしたものと認めるのが相当である。そして，女性准教授が教授に対して拒否的な態度や不快感を明確に示さなかったからといって，女性准教授が教授の言動に対して何ら不快感を抱かなかったといえるものではないことはもちろん，セクシャル・ハラスメント行為がなかったことを推認させるといえるものでもない」「女性准教授において，教授である被控訴人に影響力があるものと感じ，教授の機嫌を損ねるなどすることが本件学部内での自己の立場に影響を及ぼすのではないかと懸念したことはごく自然と考えられるから，教授の上記主張を採用することはできない」旨判示し，セクハラを認定しています（P大学（セクハラ）事件・大阪高判平24. 2 .28労判1048号63頁）。

(ii) 派遣社員のケース—海遊館事件

同じく，管理職の男性上司が女性派遣社員に「俺のは，でかくて太いらしいねん」「不倫しようか」などと卑猥な言動を繰り返していたにも

かかわらず，女性が明確に拒否の態度を示さなかったことについて，「職場におけるセクハラ行為については，被害者が内心でこれに著しい不快感や嫌悪感等を抱きながらも，職場の人間関係の悪化等を懸念して，加害者に対する抗議や抵抗ないし会社に対する被害の深刻を差し控えたりちゅうちょしたりすることが少なくないと考えられる」とした，前掲【事例8】海遊館事件があります（最一小判平27. 2.26）。

(iii)　メール等の評価─労災認定基準

　更に厚労省の「心理的負荷による精神障害の認定基準について」でも，セクハラ事案の留意事項として，「セクシュアルハラスメントを受けた者（以下「被害者」という。）は，勤務を継続したいとか，セクシュアルハラスメントを行った者（以下「行為者」という。）からのセクシュアルハラスメントの被害をできるだけ軽くしたいとの心理などから，やむを得ず行為者に迎合するようなメール等を送ることや，行為者の誘いを受け入れることがあるが，これらの事実がセクシュアルハラスメントを受けたことを単純に否定する理由にはならない」と述べています。また，強姦や強制わいせつのような深刻な被害を受けている場合でも，身体的抵抗をする被害者は一部であり，被害を受けて，身体と心が麻痺して動けなかったり，加害者を落ち着かせるために冷静に説得しようと試みたりする人がいます。しかも被害者の心理的後遺症として，加害者に病的な憎悪を向ける人もいれば，逆に愛情や感謝の念を抱く人もいるという研究結果（いわゆるカサンドラ症候群）も知られているのです。

　したがってセクハラ問題を考えるときには，「拒否していないから，嫌がっていないだろう」「同意しているのだろう」という安易な捉え方はしてはならないのです。

2　マタハラと責任

(1)　改正均等法とマタハラ

　2019年改正均等法では，マタハラに起因する「妊娠・出産等関連言動問題」に対する事業主，労働者の責務規定や，相談を行ったこと等を理由とする不利益取扱い禁止規定が新設されています（改正均等法11条の3，4）。

　既に述べたとおり，マタハラの事業者責任について，妊娠を理由とした不利益取扱いは，前掲【事例9】広島中央保健生協事件（最一小判平26.10.23）がありますが，その後の裁判例でも次のように，産休，育休取得等を理由とした，退職や有期契約への転換の合意の有無や有効性等をめぐる争いも増加しています。

> 事例26　**フーズシステムほか事件**（東京地判平30.7.5労判1200号48頁）
>
> 　期間の定めなく雇用され事務統括職にあったXが，自身の妊娠，出産を契機として時短勤務を希望したところ，会社Y1の上司Y2から勤務時間短縮のためにはパート社員になるしかない旨説明され，その後降格や退職強要のうえ，解雇されたことから，いずれも無効であるとして，会社Y1並びに上司Y2に対し，雇用契約上の権利を有する地位にあることの確認や慰謝料等の支払を求めた。
>
> 　判決は，育児のための所定労働時間の短縮申出及び同措置を理由として解雇その他不利益な取扱いをすることは，育介法23条の2に違反するものとして違法であるが，「同法規定の対象は事業主による不利益な取扱いであるから，当該労働者と事業主との合意に基づき労働条件を不利益に変更したような場合には，事業主単独の一方的な措置により労働者を不利益に取り扱ったものではないから，直ちに違法，無効であるとはいえない。」「ただし，労働者が使用者に使用されてその指揮命令に服すべき立場に置かれており，当該合

意は，もともと所定労働時間の短縮申出という使用者の利益とは必ずしも一致しない場面においてされる労働者と使用者の合意であり，かつ，労働者は自らの意思決定の基礎となる情報を収集する能力にも限界があることに照らせば，当該合意の成立及び有効性についての判断は慎重にされるべきである。そうすると，上記短縮申出に際してされた労働者に不利益な内容を含む使用者と労働者の合意が有効に成立したというためには，当該合意により労働者にもたらされる不利益の内容及び程度，労働者が当該合意をするに至った経緯及びその態様，当該合意に先立つ労働者への情報提供又は説明の内容等を総合考慮し，当該合意が労働者の自由な意思に基づいてされたものと認めるに足りる合理的な理由が客観的に存在することが必要であるというべきである。」

　本件についてみると「被告Ｙ2は，原告に対し，勤務時間を短くするためにはパート社員になるしかないと説明したのみで，嘱託社員のまま時短勤務にできない理由についてそれ以上の説明をしなかったものの，実際には属託社員のままでも時短勤務は可能であったこと，パート契約の締結により事務統括手当の不支給等の経済的不利益が生ずることについて，被告会社Ｙ1から十分な説明を受けたと認めるに足りる証拠はないこと，原告は，同契約の締結に当たり，釈然としないものを感じながらも，第1子の出産により他の従業員に迷惑をかけているとの気兼ねなどから同契約の締結に至ったことなどの事情を総合考慮すると，パート契約が原告の自由な意思に基づいてされたものと認めるに足りる合理的な理由が客観的に存在すると認めることはできないというべきである。」として，Ｙ1との間で期間の定めのない事務統括としての雇用契約上の権利を有する地位にあることや，過去の未払事務統括手当17万円及びＹ1，Ｙ2に対する慰謝料50万円の支払を認容しました。

(2)　出産・育休等に関連するその他の裁判例

(i)　出産休業中に退職扱いされたケース

　医療法人社団充友会事件（東京地判平29.12.22労判1188号56頁）では，原告女性が出産のため休業中，自己都合退職申出の事実がないにもかかわらず，退職扱いされたケースで，判決は「均等法9条3項，同法施行規則2条の2及び育児・介護休業法10条は，妊娠や出産，産前・産後休業の取得などを理由とする解雇その他不利益な取り扱いを禁じており，この『不利益な取り扱い』には退職の強要が含まれ，労働者の表面上の同意があっても真意に基づかない勧奨退職はこの退職の強要に該当するから，退職の意思表示があったこと，その意思表示が労働者の真意（自由な意思）に基づくことの認定は慎重に行うべきであ」り，本件につき「原告には退職の意思もそれを表示する言動もなく，むしろ，A理事長，F職員及び同僚職員らに対し，育児休業を取得した上，職場復帰する意思を表示し，育児休業取得の手続を進めるための必要書類を被告及びD社労士事務所に求めていたが，A理事長は，平成28年1月以降，原告に不快感を抱いて，強引に退職扱いにしようと考え，1月22日ライン会話における片言隻句を歪めて解釈して，原告が退職の意思表示をしたと決めつけて，原告を退職扱いにして，事実上解雇し，また，原告からの上記必要書類送付の依頼も無視して，被告及びD社労士事務所をして上記必要書類を送付させないことで，原告が育児休業を書面で正式に申し出ることを妨げて，育児休業取得を拒否したというべきであ」り，「いわゆるマタニティ・ハラスメントが社会問題となり，これを根絶すべき社会的要請も平成20年以降も年々高まっていることは公知であることにもかんがみると，原告の精神的苦痛を慰謝するための慰謝料には金200万円を要するというべきである。」旨判示しています。

(ii)　雇止めされたケース

　また，ジャパン・ビジネスラボ事件（東京地判平30.9.11労判1195号28頁）では，無期労働契約社員である原告が，出産，産休，育休復帰の際

保育園が見つからなかったことから，会社との間で期間１年，１週間３日勤務の契約社員となる契約を締結し（その際の説明書には「契約社員は，本人が希望する場合は正社員への契約変更が前提です」等記載されていた），その後保育園が見つかったことから，正社員への復帰を求めたが，拒否され１年後に雇止めされたケースで，判決は「本件合意により本件正社員契約を解約して本件正社員契約を締結したことは，原告にとって，労働契約上の地位を維持するために必要であり，本件合意がなければ，これを維持することは不可能又は相当困難であった。すなわち，原告にとって，本件合意により得る法的な地位は，これをせずに育児休業終了を迎えた場合に置かれる地位と比較して有利なものであり，本件合意は，その当時の原告の状況に照らせば，必ずしも直ちに原告に不利益な合意とまではいえず，そうであるからこそ，原告は子を入れる保育園が決まらないという事情を考慮し，被告代表者から本件契約社員契約の内容につき説明を受け理解した上で，本件合意をしたものと認められる。したがって，これが原告の真意によらない被告の強要によるものとは認められず，本件合意は，原告に対する均等法９条３項及び育介法 10 条にいう不利益な取扱いに当たらない。」

「しかし，前提事実によれば，本件契約社員契約を含む被告における契約社員（１年更新）の制度は，被告においてもともと無期労働契約を締結していた従業員が育児休業から復職する際の選択肢として創設されたものと解され，いずれ当該従業員が希望すれば無期労働契約を再締結して正社員に復帰することを想定したものであると認められる」「以上によれば，本件契約社員契約は，労働契約法 19 条２号の定める，労働者において契約期間の満了時に更新されるものと期待することについて合理的な理由があるものと認められる有期労働契約に当たる」

「被告は，原告が正社員への契約再変更を「前提」とする被告の立場を踏まえて契約社員から正社員への復帰を求めたのに対して，被告は，原告を正社員に戻す労働契約の締結に係る交渉において不誠実な対応に

終始して，原告を正社員に復帰させる時期や条件等について具体的かつ合理的な説明を何ら行わなかったものであるから，契約準備段階における交渉当事者間の信義則上の義務に違反したものと認められる。したがって，被告は，原告に対し，不法行為に基づき，これによって原告が被った損害を賠償するべき義務を負う。」旨判示しています。

(ⅲ)　**昇給拒否されたケース**

更に学校法人近畿大学（講師・昇給等）事件（大阪地判平31.4.24労判1202号39頁）では，原告は平成27年11月から28年7月まで育児休業を取得したところ，平成28年度の定期昇給が実施されず，復帰後の本俸も復帰前のままとされ（当時の旧育休規程8条は「休業期間は昇給のための必要な期間に算入しない。昇給は原則として，復帰後12ヶ月勤務した直近の4月に実施する」と定めていた），育児休業した平成28年度に昇給させなかったことなどについて，不法行為を主張したケースで，判決は，労基法39条8項，12条3項4号，育介法6条は，育児休業期間を出勤として取り扱うべきことまで使用者に義務付けているわけではなく，当該不就労期間を出勤として取り扱うかどうかは，原則として労使間の合意に委ねられているから，Ｙの旧育休規程が「育児休業期間を勤務期間に含めないとしているからといって，直ちに育児介護休業法10条が禁止する『不利益取扱い』に該当するとまでいうことはできない」が，「少なくとも，定期昇給日の前年度のうち一部の期間のみ育児休業をした職員に対し，旧育休規程及び給与規程をそのまま適用して定期昇給させないこととする取扱いは，当該職員に対し，育児休業をしたことを理由に，当該休業期間に不就労であったことによる効果以上の不利益を与えるものであって，育児介護休業法10条の『不利益な取扱い』に該当すると解するのが相当」として，平成28年度の昇給不実施につき，不法行為に基づく損害賠償を認めています。

コラム　記者会見の作法
・・

　ハラスメントに限らず，原告側は訴訟提起の際，自らの主張について広く知ってもらうために新聞関係者等に記者会見などを行うことがあり，その際の原告の発言内容などをめぐって被告側から名誉毀損等の反論がなされることがあります。前述(ii)ジャパン・ビジネスラボ事件でも，記者会見での原告側の発言内容に対して，被告側から名誉毀損等の反論がなされています。例えば原告側は「子供を産んで戻ってきたら，人格を否定された」旨発言していますが，この点について，判旨は「原告が本件の経緯から受けた感想を述べたものと解され，なにがしかの事実を摘示したものとは認められない」旨述べて，名誉毀損を否定しています。また，原告の発言である「平成26年9月に育児休業期間終了を迎えたが，保育園が見つからなかったため休職を申し出たものの認められず，被告から1週間3日勤務の契約社員になるか自主退職するかを迫られた。」「やむを得ず契約社員としての雇用契約を締結したところ，1年後に雇止めされた。」「上司の男性が，『俺は彼女が妊娠したら俺の稼ぎだけで食わせるくらいのつもりで妊娠させる』と発言した。」「原告が労働組合に加入したところ，代表者が『あなたは危険人物です』と発言した。」等について，判決は「その内容自体及び発言がされた場に照らせば，いずれも一般に原告が本訴においてその旨主張しているとの事実を摘示したと理解されるものであって，被告代表者らが上記行為をしたとの事実を摘示したものではない」「本件発言は，本件記者会見に出席した報道関係者あるいは同人らによる報道を見聞きした一般人において，本訴における原告の認識のみを元にした主張や同事件に係る事実経過に対する原告の感想や所見を述べたものと理解されるにとどまるものであって，これが訴訟の一方当事者

の一方的な言い分と受け止められるべきものであることは明らかで
ある。したがって，本件発言がそれのみによって被告の名誉や信用
が毀損される行為であるとは認められない。仮に本件記者会見に係
る報道を見聞した者がそれのみにより被告に対する評価を低めたと
しても，それは，当該報道機関による報道の仕方によるか，あるい
はその者の偏った受け止め方というべきことであってこれが直ちに
本件発言の結果であると解することは相当でない。」旨判示してお
り，参考になります。

　ちなみに虚偽の事実を述べたり，殊更に相手を非難するような発
言をしたりすることは，場合により不法行為となることは言うまで
もありません。

3　アカハラと責任

アカハラについても多数の裁判例があり，次の裁判例はその一例です。

事例 27　神戸大学医学部事件（神戸地判平 25.6.28 判例集未登載）

　神戸大学では 2008 年当時，元准教授Ｘが科長を務める血液内科
を腫瘍内科と統合・再編する計画が進んでいたことから，当時の学
部長Ｙ2 はＸに対し「自分で身を引けへんかったら処分する」「進
退を一任しないなら，研究も診療も一切できないようにする」など
と再三にわたって退職を強要し，Ｘが拒否すると「助教授のくせ
に」「アホ」「エゴイスト」などと非難（その後Ｘは再任用されず退
職）し，厳重注意処分としたケースで，判決は「（Ｙ2 はＸに対し）
長時間，侮蔑的・脅迫的な表現で退職を迫っており，不法行為に当
た」り，さらにＸを診療や研究ができない地位に追いやったことや，
厳重注意処分としたことも「制裁や嫌がらせを目的にしたもので，

Xが受けた精神的苦痛・不利益は大きい」として，Y2と神戸大学に対し275万円の支払を命じています。

　ちなみに，東北大学は，2013年度「ブラック企業大賞，特別賞」（弁護士や大学教授などで構成された民間団体が，パワハラやアカハラなど，コンプライアンスを無視する企業や団体を告発し改善する目的で行っている企画）の特別賞を受けており（同年度の大賞はワタミ），その受賞理由として，薬学部助手の男性（当時24歳）が，指導教授の指示により，実験機材の修理や実習指導に忙殺され，さらに生殖機能異常などの副作用がある抗がん剤の実験に従事し，排気も十分にできない環境で，ほぼ一人だけでの実験を強いられ，友人たちに「もう子どもはできないかも知れない」などと漏らすような環境にもかかわらず，指導教授は，「仕事が遅い。他の子を採用すれば良かった」などと男性を叱責したところ，うつ病を発症し，「新しい駒を探してください」との遺書を置いて，自殺したことを指摘しています（宮城労働局も「業務上の心理的負荷が強い」として過労自殺と認定）。

メンタル不全（自殺を含む）

1　はじめに

　パワハラ・セクハラ・マタハラなどのハラスメントにより，被害者に対して人格権等の侵害があった場合，前述した身体的，精神的，社会的苦痛の結果として，身体的傷害のみならずうつ病等の精神的傷害が発生し，メンタル不全により日常の社会生活を送れなくなったり，最悪の場合には自殺に至る等の様々な被害が発生することになり，ハラスメントの加害者本人は，被害者に対して不法行為責任を負うことになり，また使用者も不法行為法上の使用者責任若しくは職場環境整備義務違反等の債務不履行責任を負うとともに，労災が認定される場合があります。このような場合，ハラスメントとメンタル不全に関しては，被害の内容・程度，ハラスメント行為と被害との因果関係の有無や過失相殺などが争いとなります。

2　被害の発生

　ハラスメントにより，被害者にうつ病やPTSD等の精神的被害が発生した場合，損害の内容・程度が問題とされることになります。うつ病などの精神疾患の原因としては，主として外因性，内因性，心因性の三つの要因が指摘されており，ハラスメントによる精神疾患は，主として精神に対するストレスによる心因性が原因とされています（これに対して外因性疾患は，脳に影響を及ぼすことが明らかな外的要因—例えば脳等の身体傷害や薬物，毒物が原因によるもの—を指し，内因性疾患は脳の機能異常—歴史的には，例えば統合失調症や躁うつ病がこれに分類されている—を指しています。）。

　臨床場面でうつ病として扱われるのは，「２週間以上にわたり毎日続き，生活の機能障害を呈している」というある程度の重症度を呈するものとされていますが，心因性か内因性かの区別が困難とされ，これらが複数重なって発症することが多くみられるとされています。

　次のケースは障害を持った部下が，上司の過酷な叱責によりうつ病となって退職したケースの裁判例です。

> **事例 28**　U 銀行（パワハラ）事件（岡山地判平 24.4.19 労判
> 　　　　　　　　　　　　　　　　　　　　1051 号 28 頁）
>
> 　脊髄空洞症に罹患して，入院治療後職場復帰したものの，身体障害者等級４級に認定されていたＸに対して，上司Ｙ２はＸがミスをする都度厳しい口調で，「お前なんか辞めてしまえ。足がけ引っ張るな」「あほなんじゃねんかな，もう」などと繰り返し継続して叱責し，その結果Ｘは，うつ病となり自主退職したケースで，判決は「本件で行われたような叱責は，健常者であっても精神的にかなりの負担を負うものであるところ，脊髄空洞症（中略）…の後遺症等が存するＸにとっては，さらに精神的に厳しいものであったと考えられること，それについてＹ２が全く無配慮であったことに照らすと，上記Ｘ自身の問題を踏まえても，Ｙ２の行為はパワーハラスメントに該当する」とし，Ｙ２の不法行為責任と被告U銀行の使用者責任を認めています。

3　ハラスメントと被害の関係

　被害者が，ハラスメントによりうつ病や心因反応等のメンタルヘルス不全を発病させることは，今日広く認識されており，このような場合には，法的にみてこれらが相当因果関係にあるものとされています。さらに，ハラスメントによるうつ病，心因反応その他の精神疾患に加えて，

自殺という結果がもたらされた場合,「自殺」は被害者の自発的意思が介在することから,因果関係の存否や過失相殺が問題となり,裁判例ではこれらが争われることになります。

　次の事例は,いじめと精神疾患の関係を認めつつ,大幅な過失相殺が認められた事案です。

事例 29　ファーストリテイリング（ユニクロ店舗）事件（名古屋高判平 20.1.29 労判 967 号 62 頁）

　店長代行 X は,店長 A から仕事上のことで暴行を振るわれ休職し,半年後に,会社側はこのままでは無断欠勤等を理由に懲戒解雇せざるを得ない等として状況説明と社宅の明渡しを求めたところ,X はじんましんを呈し,その後 PTSD の診断書を会社に送付して休職を続けていたところ,会社の管理部長 B が,労災の休業補償支給申請手続中に X と電話で会話中に,「いいかげんにせいよ,お前。ぶち殺そうかお前。調子に乗るなよ,お前」などと声を荒げる等したことにより精神的被害を受けたと訴えたケースにつき,判決は,A や B の不法行為責任を認めた上で,X の疾病につき,妄想性障害に罹患していることを認定し,過失相殺につき,素因減額を認め 6 割の減額をしています。

　同種事案としては【事例 15】川崎市水道局（いじめ自殺）事件（過失 7 割）や【事例 17】誠昇会北本共済病院事件（過失なし）などが指摘でき,このように,今日うつ病に罹患したことにより,正常の認識,行為選択能力が著しく阻害されて,又は自殺行為を思いとどまる精神的な抑制力が著しく阻害されて,自殺に至ることは,精神医学において広く認められるようになってきており,ハラスメント→うつ病等の精神疾患→自殺のプロセスに,使用者の予見可能性が認められるケースが,今後とも増加していくことが予想されます。

　もっとも過失相殺を適用するに当たって，判例上，本人の性格が通常
予想される範囲を外れるものでない限り，損害額の算定においてしん酌
できず，家族の対応も減額事由とならないとされており（電通過労自殺事
件・最二小判平 12.3.24 労判 779 号 13 頁），ハラスメントと自殺との関係につ
いても，同様の法理が適用されることになりますが，ハラスメントに基
づく被害（自殺を含む）の発生要因は，元来違法不当な加害行為に起因
するものであり，特段の事情がない限り，過失相殺の適用（類推適用を
含む）には慎重であるべきと思われます。

第4章

使用者の
「ハラスメント防止義務」と
メンタル不全・労災

I 使用者の「ハラスメント防止義務」

1 使用者の職場環境配慮義務（＝「ハラスメント防止義務」）

(1) 職場環境配慮義務

(i) 職場環境配慮義務とは

使用者は，労働者にとって快適な就労ができるように職場環境を整える義務（職場環境配慮義務，労契法5条，労安法3条など）を負っており，労働者の快適な就労の妨げになるような「障害（＝非違行為など）」を，服務規律（＝就業規則）で禁止して，その発生を防止するとともに，これらの障害が発生した場合には，直ちに是正措置を講ずべき義務を負っており，これを放置・黙認したりして，労働者が精神疾患等のメンタル不全や職場秩序が混乱したような場合には，法的責任として使用者責任や債務不履行責任を問われるだけでなく，労災補償責任を負うことがあります（使用者は無過失責任。労基法75条，労災法7条など。同様に元請企業や派遣先企業と，下請企業や派遣元企業の従業員間のように，法的には直接の契約関係が存しないとされている場合においても，元請と下請労働者間に現実の指揮命令が存在するかぎり，職場環境配慮義務上の責任を負うことになる。派遣法6条1項6号・47条の2）。

(ii) ハラスメントと職場環境配慮義務

パワハラ，セクハラ，マタハラなどのハラスメントが，上述した労働者の快適な就労の妨げになるような「障害」に該当することは明らかであり，使用者が職場において負うハラスメント防止義務は，このような義務（＝「職場環境配慮義務」）の一形態をなすものであり，「労働者の労働条件環境が使用者や従業員等のハラスメントにより害されないように防止配慮すべき義務」と定義することができます。

他方，労働者もまた雇用契約においては，本来的義務として所定の服

務規律や企業秩序に従って，使用者の指揮監督下で「労働に従事する」義務を負うとともに，このような義務の履行に伴って，企業の社会的にみて保護に値する利益を不当に侵害してはならないという信義則上の付随的義務を負うことになり，具体的には，労働者は企業の運営や職場におけるチームワークを乱したり，他の労働者の就業を妨害してはならない等の企業秩序・職場秩序を遵守する義務（職場秩序遵守義務）を負っており，このような義務に違反した労働者に対し，使用者は非違行為の是正，将来の再発防止を目的とした懲戒処分や損害賠償請求をなし得ることになり，その意味は程度の差はあれ労働者自身も職場環境配慮義務＝ハラスメント防止義務を負っているといえます。

　今日，国，事業主，労働者それぞれがハラスメント防止法制定を契機として，パワハラに関して「優越的言動問題」，セクハラに関して「性的言動問題」，マタハラに関して「妊娠・出産等関連言動問題」として，新たな責務が規定されたことは，この意味では興味深いものがあります<small>（パワハラ防止法30条の3など）</small>。

(2)　「ハラスメント防止義務」と事業主の措置義務

(i)　事業主の措置義務の法的性質

　では，このような使用者が負う民事上の責任であるハラスメント防止義務は，パワハラ防止法，均等法上の事業者が負う措置義務とはどのような関係に立つのでしょうか？　パワハラ防止法等の事業主が負う措置義務は，それに違反した場合，行政指導による助言，指導，勧告や企業名の公表等，行政上の制裁が予定されており，直接民事上の不法行為責任や契約責任等に基づく損害賠償請求を根拠付けるものではありません。

(ii)　使用者の民事責任と事業主の措置義務との関係

　ところで事業主は上記パワハラ防止法上の措置義務等に基づいて，あらかじめ就業規則等でハラスメント予防や事後措置を行うことが義務付

けられているのであり，この場合，例えば，部下が上司からのパワハラ
を受けたとして使用者に訴えたにもかかわらず，漫然と放置して何らの
対処もしなかったり，ハラスメントの相談をした部下が，解雇等の不利
益を受けたりした場合，措置義務違反を問われると共に（パワハラ防止法
30条の2など），上述した使用者は自ら制定した就業規則上の義務を怠る
ものとして，民事上もハラスメント防止義務違反を構成することになる
でしょう。

　更に事業主若しくは労働者は，パワハラ防止法，均等法等により，職
場における言動に必要な注意を払ってハラスメントを回避すべく努力義
務を負うこととされ（パワハラ防止法30条の3，均等法11条の2，4など），使
用者は職場において研修を実施したり，就業規則でハラスメント防止を
従業員に義務付ける等，日常的にハラスメント防止に努力することが求
められます。例えばパワハラの場合，パワハラ防止法により，事業主の
措置義務の内容とされている，①「優位的な関係を背景とした言動で
あって」，②「業務上必要かつ相当な範囲を超えたものにより」，③「そ
の雇用する労働者の就業環境が害されること」の3要素を満たす行為が
対象とされ，従来セクハラ，マタハラの場合，均等法等により事業主の
措置義務等とされている行為が対象とされ，少なくともこれら事項の違
反が使用者側にある場合，契約上の義務違反が推定されることになるで
しょう。

　このように事業主にとっての措置義務違反は，実際上大半の場合「ハ
ラスメント防止義務」違反として民事責任を構成することになるのです。

　次のケースは弱視となった高校教師が復職したものの，校務を担当さ
せられず8割もの給与がカットされた裁判例です。

事例30　愛知学院（愛知高校）事件（名古屋地判平17.12.16労
判915号118頁）

　高校の社会科の教諭をしていた原告Xは，両球後視神経炎に罹患

して入院し，弱視となって大きな字しか読むことができない状態となり（身体障害者手帳・視力障害3級の交付を受けている），復職申請したものの，AV学習センター指導員とされ，やがてAVセンター閉鎖に伴い指導員も解任され，以後，一切の校務分掌や部活動顧問から排除され，職員会議への出席も認められず，出席不要とされた上で，一方的に8割もの給与カットをされたケースで，判決は，学校が「教諭として復職したXに対し，AV学習センター指導員の職を解いた後，一切の校務を分掌させず，部活動顧問も割り当てず，職員会議への出席も認めず，校務分掌がないことを理由に出勤不要とした上，Xが法廷闘争を望む以上給与も支給できないとして，一方的に8割もの給与カット（前記のとおり実質支給額はゼロ）をしたのは，それ自体が，合理的根拠ないし法的根拠を欠いたもので，違法評価を受けるものといわざるを得ず，その直後に被告がXを解雇する方針であることを明らかにしていることに照らせば，それらの違法行為は，Xを退職に追い込むためのものであったと推認することができ，Xの人格権を侵害する違法行為であった」として使用者に慰藉料200万円の支払を命じています。

　このように，原告（労働者）が，使用者の職場環境配慮義務違反に該当する事実を主張・立証しなければならないとしても，使用者の職場環境配慮義務については，今日までの裁判の蓄積や立法等によって，ハラスメントを防止するために，使用者には，相当程度に高度の予見義務若しくは回避義務が課されるものとされており，主張・立証における原告の負担はそれほど重いものとはならないものと考えられます。

　このことを前提として，次にハラスメントの具体的内容を，これまでの判例，学説で問題とされた事例を中心に検討していくことにしましょう。

2　使用者の「ハラスメント防止義務」の具体例

　職場におけるハラスメントの使用者責任を問題とする場合，ハラスメントの発生原因によって分類した場合，前述したとおり①使用者自身若しくは「職場ぐるみ」で行われるものと，②職場の上司や同僚などによって行われるものとがあり，それによって使用者責任の根拠や責任の程度に違いが出てくることになるでしょう。

⑴　使用者自身若しくは「職場ぐるみ」のハラスメント

　使用者自身若しくは「職場ぐるみ」のハラスメントは，典型的には労働組合に対する不当労働行為や，思想・女性差別，リストラの一環としての退職強要など，使用者の意を受けた管理職や上司，同僚などによる職場ぐるみの形態をとることに特徴があります。

　このような場合，現実にパワハラやマタハラ行為を行った上司や同僚らが不法行為責任を行うのみならず（民法709条），使用者もまた，当該行為が使用者自身の行為と評価される場合には，自ら不法行為責任（同条）若しくは使用者責任（同法715条）が問われ，いずれの場合にも使用者は労働契約上の職場環境保持義務を怠ったとして，契約上の債務不履行責任を負うことになります（同法415条）。次にその例をいくつか挙げることにしましょう。

（ⅰ）　使用者自身の不法行為責任が問われた事例

　数人の従業員で構成される零細企業などで，代表者本人やそれと同視できる者によるパワハラ・マタハラが行われたり，近代的組織形態を備える大企業などで，前述したリストラや不当労働行為，昇進・昇格差別などの不利益取扱いなどが，社会的に見て「企業ぐるみ」で行われていると評価される場合，使用者である企業そのものや代表者自身の不法行為と捉えられて，民法709条による責任が問題とされることになります。

　例えば次のケースは，配転を拒否した女性従業員に，会社ぐるみで様々な嫌がらせを行った行為が違法と認定された裁判例です。

事例31　ネスレ配転拒否事件（神戸地判平6.11.4判タ886号224頁）

　配転を拒否した女性従業員に対し，以後約1年にわたり仕事をさせず，同僚たちに命じて仕事の話をさせなかったり，「会社のノートを使うな。」「トイレ以外はうろうろするな。」等，繰り返し嫌みをいい，電話の取り次ぎにも口をはさみ，最後には電話を取り外してしまうなどしたケースにつき，判決は，「労働者が配転の必要性について理解を示さないからといって，翻意を促すための手段として，使用者において，労働者に対し，意向打診，説得の範囲を超えて，嫌がらせ等の行為をすることは許されるものではなく，また，労働者は，労働契約上の地位に基づき，勤労を通じ自己を実現していく権利を有することも論を待たないところであるから，業務の指示をしない措置が，不法な動機に基づき，又は相当な理由もなく，雇用関係の継続に疑問を差し狭ませる程度に長期にわたる場合等，信義則に照らし合理的な裁量を逸脱したものと認められる場合は，違法性を帯び，不法行為を構成する」旨判示しています。

　前述した【事例1】関西電力事件，【事例16】松蔭学園事件，【事例30】愛知学院（愛知高校）事件などはその典型といえるでしょう。

　同様にセクハラが，会社「ぐるみ」や代表者本人によって行われた場合なども，使用者や企業自身の不法行為責任が問題とされています（大阪セクハラ（運送会社）事件・大阪地判平7.8.29判タ893号203頁，札幌セクハラ事件・札幌地判平8.5.16判タ933号172頁，金沢セクハラ事件・名古屋高金沢支判平8.10.30判タ950号193頁，東京セクハラ（M商事）事件・東京地判平11.3.12労判760号23頁など）。

　更にパワハラやセクハラ行為の発生が予見できたにもかかわらず，使用者がそれを漫然と放置したり，事後の適切な調査等の事後措置を怠っ

た場合も，同様に使用者自身の不法行為責任が問題とされることがあり，次のケースは会社が，原告からの訴えについて事情聴取など「職場環境を調整すべき義務」を怠り，解雇権の濫用に当たるとして使用者の不法行為責任が認められた裁判例です。

事例 32　沼津セクハラ・F鉄道工業事件（静岡地沼津支判平11.2.26 労判 760 号 38 頁）

　　土建会社Y1に入社した女性社員Xは，入社直後から上司Y2ら二人から執拗に交際を迫られたり，支店の廊下や階段で抱きつかれたりし，これを拒否すると支店長と特別な関係があるかのような噂を流され，会社常務Ⅰがこれを理由として支店長を注意したことから，XはⅠに「一方的な話を聞いて判断されては困りますので，私の話も聞いていただけませんか。」等と訴えたものの，Ⅰはこれをとりあわず，Xは退職勧奨の上で解雇されたケースで，判決は，「会社Y1は，Xや支店長に機会を与えてその言い分を聴取するなどしてXと支店長とが特別な関係にあるかどうかを慎重に調査し，人間関係がぎくしゃくすることを防止するなどの職場環境を調整すべき義務があったのに，十分な調査を怠り，被告上司からの報告のみで判断して適切な措置を執らず，しかも，本件解雇撤回後も，被告Y2上司の下で勤務させ，仕事の内容を制限するなどしたものであり，職場環境を調整する配慮を怠ったものであり，この点に不法行為があるというべきである。」旨判示しています。

　近年ハラスメントは，社会的に見ると，企業や大学等が構造的に抱える問題であり，同時に法的に見ると，企業や大学自身が自らの責任をおいてこのような違法不当な行為を排除すべきであるとの考えが広がるとともに，端的に使用者自身の組織的責任を問うべきであるとの認識が強まっており，上記裁判例は，そのような社会的・法的要請の反映ともい

えるものなのです。

(ii)　使用者の契約・債務不履行責任が問題とされた事例

　使用者には，労務遂行に関連して労働者の人格的尊厳を侵したり，その労務提供に重大な支障を来す事由が発生することを防ぎ，又はこれに適切に対処して，職場が労働者にとって働きやすい環境を保つよう配慮すべき労働契約上の信義則上の義務（職場環境整備（配慮）義務）があり，使用者がこの義務を怠るときは債務不履行責任を問うべきであるとするものです。

　この場合，特に「会社ぐるみ」のハラスメントは，人事権を行使しての人格権侵害行為に及ぶことが一般的であることから，端的に会社の契約責任としての債務不履行責任を問題とすべきことになり，このようなアプローチの成立要件は，不法行為法上の使用者責任に関するアプローチと多くの場合重複することになりますが，使用者意思に基づく職場いじめの場合，直属上司や同僚の暴力，脅迫のみならず，人事権に基づく昇進・昇給差別や解雇等が行われることから，不法行為に基づく損害賠償のみならず，違法な昇進・昇給・解雇等に対する無効等の救済手段が用意される必要があり，そのような法的処理には使用者の契約責任を問題とすべきでしょう。

　次の裁判例は，内部告発した社員に対する報復措置として，約28年間という長期間にわたり，無意味無価値な労務に従事させたケースで使用者の債務不履行責任を認定したものです（同事件は高裁で，賠償額が増額の上和解）。

事例33　**トナミ運輸事件**（富山地判平 17.2.23 判時 1889 号 16 頁）

　大手貨物運送会社の社員が，ヤミカルテルを告発したところ，会社は運輸省（当時）から厳重警告をなされたが，これに対する報復として長期間（約28年間）にわたり告発社員を昇進させず，不利益

　　な異動を命じて6畳程度の個室に隔離した上で雑務に従事させ，こ
　　の間上司らからは毎日のように退職勧奨が行われるなどしたケース
　　につき，判決は「使用者は，信義則上，このような雇用契約の付随
　　的義務として，その契約の本来の趣旨に則して，合理的な裁量の範
　　囲内で配置，異動，担当職務の決定及び人事考課，昇格等について
　　の人事権を行使すべき義務を負っているというべきであり，その裁
　　量を逸脱した場合はこのような義務に違反したものとして債務不履
　　行責任を負うと解すべきである。このことは，使用者の人事権に広
　　範な裁量が認められることによって否定されるものではなく，また，
　　人事権の行使が手続的に適正になされているとしても，そのことが
　　実体的な裁量逸脱の有無を左右するものではない」旨述べて使用者
　　の債務不履行責任を認定しています（なお，同判決は，使用者の不法
　　行為責任も認定しています）。

　同様に社員が上司から退職勧奨をされ，これを拒否すると自主的に退
職するよう追い込む目的で，仕事を与えずに降格することなどしたケー
スで，判決は「被告会社は，原告に対し，労働契約上の付随義務として，
原告を適切に就労させ，不当な処遇をしてその人格の尊厳を傷つけない
よう配慮すべき義務を負っている」として会社の債務不履行責任を認め
た，プロクター・アンド・ギャンブル・ファー・イースト・インク（本
訴）事件（神戸地判平16.8.31労判880号52頁）などがあります。

⑵　職場の上司や同僚らによるハラスメント

　職場の上司や同僚らによる人格権侵害行為の典型は，セクハラや人間
関係のもつれ，好き嫌いなど個人的事情等に基づき行われるパワハラ・
マタハラなどであり，このような場合，当該行為を行った上司や同僚が
不法行為責任（民法709条）を負うことは当然として，使用者も不法行為
責任や債務不履行責任（同法709条，415条）を問われることがあり，この

場合，①上司である「管理職」など使用者の「履行補助者」によるハラスメント行為と，②それ以外の者による行為に分けて検討する必要があります。なぜならば前述したとおりハラスメント防止義務は，使用者が信義則上労働者に対して負う職場環境配慮義務の一形態としての契約上の義務であり，この義務を怠ったことに帰責事由がある限り債務不履行若しくは不法行為責任を負うことになりますが，この義務を使用者のいわば手足となって履行する「履行補助者」がハラスメントを行った場合と，それ以外の者の行為とでは違いが出てくるからです。

（i）　上司によるハラスメント

パワハラ・マタハラなどのハラスメントが，いわば社会的にみて「企業ぐるみ」で行われていると評価される場合であっても，一般にある程度の規模以上の企業においては，現実のいじめの「実行役」は，直属上司であったり，同僚であったりしており，このような場合，「実行役」が不法行為責任を負うとともに（民法709条），会社は当該行為について使用者責任を問われることになり（同法715条），大半のケースがこのようなものといえるでしょう。

すなわち，使用者が雇用契約上負う職場環境配慮義務は，現実には使用者の「手足」である「履行補助者」によって履行されることになり，履行補助者の義務違反行為については，これを使用者自身の義務違反行為と見て責任を負うものと解され，このように履行補助者は，ハラスメント防止義務についても使用者と同様の義務を負っており，これらの者が自らの地位・権限を濫用してハラスメントを行い，労働者の良好な職場環境を侵害した場合，当該個人が不法行為責任を負うだけでなく，使用者もまた職場環境配慮義務違反としての契約責任（若しくは不法行為責任）を負うことになるのです。

このような観点で見た場合，従来いじめやセクハラとして不法行為上の使用者責任が問題とされてきた裁判例の中でも，職場の上司などが，職務に関連して行ったハラスメントは，使用者の契約上負う職場環境配

慮義務違反をも構成することになるのです。

　この種の事例としては，上司の厳しい叱責により部下がうつ病等の精神疾患を罹患するケースが典型であり，既に述べたとおり多数の裁判例がありますが（【事例10】ザ・ウィンザー・ホテルズインターナショナル（自然退職）事件，【事例12】海上自衛隊事件，【事例14】日本ファンド事件，【事例18】三井住友海上火災保険上司事件，【事例28】Ｕ銀行（パワハラ）事件など），次の事例もその一例です。

事例34　富国生命保険ほか事件（鳥取地米子支判平21.10.21労判996号28頁）

　生命保険会社の班長（マネージャー）であった原告Xは，営業部長の手続ミスで発生した保険金トラブルや自身の営業成績の低迷などから，支社長や営業部長から，他の従業員の面前で「業績が悪い」「班員を育成していない」「この成績でマネージャーが務まると思っているのか」「マネージャーをいつ降りてもらっても構わない」等多数回にわたって厳しく叱責されたことで，ストレス性うつ病となり，欠勤，休職期間満了により自動退職したケースで，判決は「支店長は，他の社員の居る中で，原告に対し，不告知教唆の有無を問いただしているが，この点は，管理職としての配慮に欠けるものであり，違法であ」り，また「長年マネージャーを務めてきた原告に対し，いかにもマネージャー失格であるかのような上記の言葉を使って，叱責することは，マネージャーとして原告の誇りを傷つけるもので，違法といわねばならない。」として，支店長，営業部長の行為を不法行為とし，会社の使用者責任を認めて，慰藉料300万円の支払を命じています（ただし，上司らの不法行為との相当因果関係があるのはストレス性うつ病の発症であり，その他の休業，退職との因果関係は否定しています。）。

(ⅱ) 同僚や部下などによるハラスメント

　上司以外の同僚など他の従業員によるハラスメントが行われた場合，個人としての不法行為責任を問われるのは当然として，それに加えてこれらの者の行為が「その事業の執行に付き」なされたものであると認められる場合に，使用者は不法行為法上の使用者責任を問われることになります。またこれらの者のいじめやマタハラなどを行うことを使用者が放置したことにより，被害が発生・拡大した場合には，使用者には職場環境配慮義務違反等の契約責任若しくは使用者責任が発生することになるでしょう。

　「事業の執行に付き」なされたか否かは，裁判例では一般に①事業の執行と見られる行為と従業員の不法行為との時間的・場所的な関連性や，②従業員の不法行為が生じた原因と事業執行との関連性などにより判断しているといえ，例えば，同僚（特に先輩）らからの集団によるハラスメントがその典型といえ，前述した【事例15】川崎市水道局（いじめ自殺）事件，【事例17】誠昇会北本共済病院事件などの例を挙げることができ，また従業員同士のトラブルでも，使用者が放置したことにより責任が問われた例として次の裁判例を挙げることができます。

> **事例 35**　**アジア航測事件**（大阪高判平14.8.29 労判 837号 47頁）
>
> 　女性社員Xが，同僚の男性社員Y2（空手の経験あり）にトナーのカートリッジの注文を依頼したところ，それが命令口調であったことや，同僚として日頃から口調などに反感をもっていたことなどから，口論となったあげく，Y2はXに対し平手で一回殴打してけがをさせ，しかもY2はXに全く謝罪せず，会社も事務的な対応に終始したことから，Xはその後症状が悪化し，手のしびれ，めまい等の症状が出，欠勤するようになったところ，無断欠勤を理由に会社Y1から解雇されたケースにつき，一審判決（大阪地判平13.11.9 労判 821号 45頁）は解雇の効力につき「原告Xの欠勤は，被告会

社Ｙ１の従業員が行った暴行に原因するもので，純粋に私的な病気による欠勤ではなく，その治療費については，被告会社Ｙ１にも支払の責任があったことは，前述のとおりであり，治癒をまって，復職させるのが原則であって，治癒の見込みや復職の可能性等を検討せず，直ちに解雇することは，信義則に反する」として無効とし，さらにＹ２の暴行による不法行為責任とＹ１の使用者責任を認め，二審判決もこれを維持しています（ただし損害につき二審判決は「Ｙ２による暴行から既に５年が経過した現在もなお治療中であることについては，Ｘの心因的な要素がより大きく寄与しているということができる。」として４割の過失相殺をしています。）。

(3)　第三者によるハラスメント

取引先や関連企業の従業員，あるいは顧客などの第三者によるハラスメントが発生した場合，行為者である第三者が責任を負うことは当然として，使用者が責任を負う場合が出てきます。

2019 年制定のパワハラ防止法や改正均等法等の指針で，自社の労働者が取引先，顧客等の第三者からハラスメントを受けた場合，事業主の措置義務の対象とされ，また自社の労働者が取引先等の第三者にハラスメントを行った場合，第三者から調査等の協力を求められた際に事業主はこれに応ずる努力義務が明確化されています。

（ⅰ）　他社従業員によるハラスメント

出向につき，出向先，出向元の責任を認めた裁判例として次のものがあります。

事例 36　デンソー（トヨタ自動車）事件（名古屋地判平20.10.30 労判 978 号 16 頁）

トヨタ自動車に出向していた，トヨタグループの自動車部品メーカーデンソーの従業員Ｘ（44 歳）は，長時間勤務に加え，担当部内

で不具合が生じると，トヨタの上司から仲間のいる前で公然と，「もうデンソーに帰っていいよ。使い物にならない人はうちにはいらないから」などとなじられ，Ｘはこれに強いショックを受け，デンソーの担当者に「デンソーに帰りたい」と言ったものの聞き入れてもらえず，さらに担当替えを訴えても，トヨタの担当者からは，「他のグループの人はそれぐらいの業務を皆抱えてやっている」と聞き入れてもらえず，やがてうつ病を発症して休職し（第1回うつ病），一旦回復してデンソーに復帰したものの，再びうつ病に罹患して休職を余儀なくされたとして（第2回うつ病），トヨタとデンソーに対し，健康上の安全配慮義務違反による休業損害等を請求したケースで，判決は，トヨタの社員の叱責について，「その表現は過酷でパワーハラスメントと評価されても仕方のないもの」として違法性を認定し，トヨタの責任につき，「原告に対し，業務の軽減，その他何らかの援助を与えるべき義務が生じ，その後も，原告の業務遂行の状況や健康状態に注意し，援助を与える義務があったというべきであり，それにもかかわらず，少なくとも原告が第1回うつを発病するまでこれを怠っていた」とし，また，デンソーについても，第1回うつ病発症についてトヨタと同様の責任を認め，さらに第2回うつ病についても，「遅くとも平成12年3月には被告デンソーに帰社させるべきであったのに，かえって長期出張の延長をしたのであるから，同義務の不履行がある。」として，両者に休業損害等を命じています（なお素因減額を考慮して，3割の過失相殺をしています。）。

このように出向や派遣などの場合には，ハラスメントに関しては，第一次的には当該労働者を指揮命令する派遣先や出向先使用者が責任を負うことになりますが，出向労働者や派遣労働者が，出向元や派遣元に相談してきた場合には，出向元や派遣元には，出向先，派遣先での勤務状

況を確認したり，出向，派遣の取り止め，休暇取得，医師の受診の勧奨等の措置をとるべき注意義務を負うことになります。また派遣先は，現行法上，セクハラの場合，派遣法47条の2により措置義務を負うこととされているものの，マタハラの場合，妊娠による不利益取扱いに関しては，均等法9条に基づく指針により規制がなされているものの，それ以外は規制の対象となっておらず，またパワハラについても同様であり，これらのハラスメントは，民法上の規定（民法709条，715条など）により，不法行為，使用者責任が問われており，以下のケースは，派遣先の従業員によるパワハラについて派遣先企業の責任を認めたものです（**事例13**　ヨドバシカメラ事件も同様）。

　そこでこれらのハラスメントに対する規制を強化するため，2017年1月施行の均等法，派遣法，育介法改正では，派遣先事業主や従業員（派遣先の上司や同僚など）によるマタハラ行為が規制対象とされて，規制が強化されています。

事例37　アークレイファクトリー事件（大津地判平24.10.30 労判1073号82頁）

　派遣社員原告Xは，派遣先社員であるAらから，本来業務の他にゴミ拾いなどの雑用を命じられたり，作業引継ぎの際に別の作業をすると「命令違反」と言われたり，仕事で失敗するたびに叱責を受け，「殺すぞ」とか「あほ」などと罵声をあびせられたことから，派遣期間満了時点で退職したケースで，判決は，「被告の正社員であり，原告を含む派遣労働者を指示・監督する立場にあるAらは，指揮命令下にある部下に対する言動において，その人格を軽蔑，軽視するものと受け取られかねないよう留意し，特に，派遣労働者という，直接的な雇用関係がなく，派遣先の上司からの発言に対して，容易に反論することは困難であり，弱い立場にある部下に対しては，その立場，関係から生じかねない誤解を受けないよう，安易で，う

かつな言動を慎むべきところ，Aらの原告に対する各言動は，いずれも，その配慮を極めて欠いた言動で，（中略）…社会通念上，許容される相当な限度を超える違法なものと認められ」るとして，被告Aらの不法行為責任と派遣先会社の使用者責任を認めています。

(ⅱ)　顧客等

「モンスターペアレント」や「モンスターカスタマー」などの違法不当なクレーマーや，ストーカーなどによる従業員の被害もこのような問題といえるでしょう。例えば次のケースは，患者の暴力で休職した看護師に対する，使用者の安全配慮義務や期間満了による解雇の効力が争われた裁判例です。

事例38　医療法人社団こうかん会事件（東京地判平25.2.19 労判1073号26頁）

　　病院Yの看護師であった原告Xは，①勤務中に入院患者Fからの暴力により傷害を受けて休職した後（労災認定され休業保障等の支給を受けた），病状回復したことから復職したところ，②再び別の入院患者Hから暴力を振るわれ，適応障害として休職していたところ（労災申請したものの不認定とされ），休職期間満了による解雇通告を受けたことから，Yに雇用契約上の安全配慮義務違反があるとして損害賠償請求をするとともに，Yによる解雇は労基法19条違反で無効と主張したケースで，判決は①については，「被告の第○北病棟においては，看護師がせん妄状態，認知症等により不穏な状態にある入院患者から暴行を受けることはごく日常的な事態であったということができ」「このような状況下において，被告としては，看護師が患者からこのような暴行を受け，傷害を負うことについて予見可能性があったというべきであ」り，直ちに応援に駆けつけることを周知徹底すべき注意義務を負っていたとして，Yの損害賠償義

　務を認めています（ただし，②については，Ｙの安全配慮義務違反は
　ないとして，解雇は有効としています。）。

　同様に，市立病院神経科の医師が患者によって刺殺されたケースで，
市は，神経科に来院する患者が予測しがたい行動をとる場合に備え，診
察室の配置を決定するに当たり，そこで勤務する医師等の安全のために
逃げる場所を確保し，患者からの加害行為を避けることができるように
する義務があるにもかかわらず，それを怠った過失があるとして，損害
賠償責任を負うとされた裁判例（福島地判平 16. 5 .18 判時 1863 号 91 頁），病
院の看護助手が主任看護師の指示により，ベッドの上で激しく暴れる救
急搬送された男性患者の体を押さえつける抑制作業に従事していたとこ
ろ，患者に腕を噛まれてＣ型肝炎に罹患し後遺障害が残ったケースで，
病院経営者の安全配慮義務違反が認められた裁判例（大阪地判平 16. 4 .12
判時 1867 号 81 頁）などがあります。

　また，男性顧客からつきまとわれてストーカー行為を受けていた女性
社員が，その旨会社に訴えたにもかかわらず十分な対応をとられないう
ちに，会社が入居しているビルのエレベーターで待ちぶせしていた顧客
から傷害を受け，さらに電車の中でも強迫されるなどしたことから退職
を余儀なくされたケースで，判決は，「傷害事件発生後には，その後の
危害防止のために必要な措置を執るべき義務が生じていたと認めるのが
相当である」旨述べて，傷害事件後の顧客に対する危害防止義務を認め
ています（バイオテック事件・東京地判平 11. 4 . 2 労判 772 号 84 頁。もっ
とも同ケースでは，会社には顧客からのストーカー行為を訴えられた時点で，
顧客に対する警告や警察への通報等のアドバイス等をして従業員の就労の安
全を確保すべき義務が発生していたとみるべきでしょう。）。

　このように同僚従業員や第三者によるいじめの場合，使用者責任が認
められることがあるのです。

ハラスメント・メンタル不全と労災

1　ハラスメント・メンタル不全と労災認定

(1)　労災申立手続

　職場でのハラスメントにより精神的疾病で療養や休職を余儀なくされたり自殺に至った場合は，本人や遺族は労災申請をすることになりますが，そのためには，証拠の収集・保存に努めることが重要であり，これが後の手続の帰すうを決めることになります。労災事故が発生してから，療養・休業の場合は2年，障害・遺族補償給付・葬祭料補償を求める場合は5年の期間が時効になっていますが，ハラスメントが労災の可能性がある限り，損害（精神罹患や自殺）が発生してからあまり時間を空けずに労災申請を考えるほうがよいでしょう。

　時間が経つほど記憶も曖昧になり，またハラスメントが職場の原因であること（業務起因性）の証明責任が本人側に課せられているので，発症前や生前の被災者本人に関するいじめや労働実態に関する情報が失われやすいからです。労災申請の手続処理は相当に複雑なので，第三者の支援を得たほうがよいでしょう。第三者には，精神科医療機関の精神保健福祉士，労働組合で労災申請に慣れている担当者，弁護士や社会保険労務士などが考えられます。また直接労働基準監督署に相談するのもよいですが，担当者によって対応がまちまちになりがちなので，それを知った上で相談する必要があります（図表4—1）。

　ちなみに労働基準監督署に申請して労災が認められない場合，都道府県労働局さらには厚労省に不服申立てができ，いずれも費用は不要で手続も簡便となっています。

図表4―1　民間労働者の労災申請の流れ（公務員もほぼ同様）

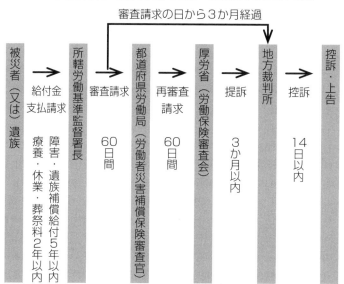

(2) 認定基準

　労働者がいじめ・パワハラが原因で脳・心臓疾患を発症したり，うつ病等の精神障害を罹患して自殺した場合など，それが「業務上」の事由による疾病又は死亡に該当すれば労災法が適用され，保険給付と労働福祉事業の保護が受けられます。

　しかし，労働者に発病する精神障害は，事故や災害の体験，仕事の失敗，過重な責任の発生等の業務による心理的負荷，自分の出来事等の業務以外の心理的負荷，精神障害の既往歴等の個体側要因が複雑に関係し合って発病するとされることから，次のとおり①＋②＋③を総合判断して労災認定しています（図表4―2）。

図表4－2　精神障害の労災認定フローチャート

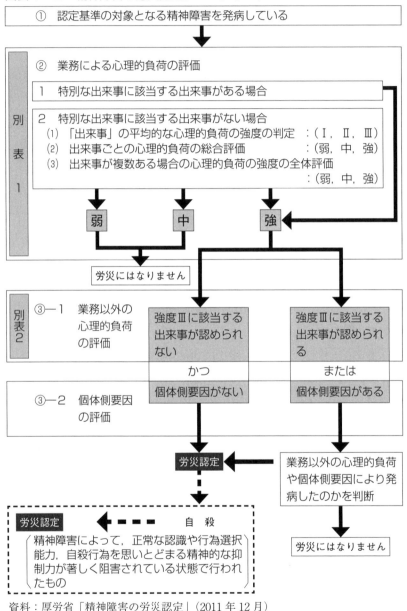

資料：厚労省「精神障害の労災認定」（2011 年 12 月）

> ① 認定基準の対象となる精神障害を発症していること
> ② 認定基準の対象となる精神障害の発症前のおおむね6か月の間に，業務による強い心理的負荷が認められること
> ③ 業務以外の心理的負荷や個体側要因により発症したと認められないこと
> ※厚労省「心理的負荷による精神障害の認定基準について」（平23.12.26基発1226第1号）より

(i) 労災の対象

労災の対象とされる精神障害は，認定基準（上記①）の対象となる精神障害を発症していることとされます。

即ち「ICD‐10」（＝国際疾病分類第10回修正版）第5章「精神および行動の障害」のうち，主にF2（統合失調症型障害及び妄想性障害），F3（気分［感情］障害），F4（神経症性ストレス関連及び身体表現性障害）に分類される精神障害が対象とされ，うつ病（F3）や急性ストレス反応（F4）などが典型例となります（認知症や頭部外傷による障害（F0）とアルコールや薬物による障害（F1）は原則として除外され，いわゆる心身症も除外されます。なお，DSM‐5も参照のこと。）。

(ii) 精神障害の程度

労災の対象とされる精神障害の程度は，①を発症するおおむね6か月の間に業務による強い心理的負荷（＝ストレス）が認められることとされています。即ち，発症前おおむね6か月の間に起きた業務による出来事について，「業務による心理的負荷評価表」（「心理的負荷による精神障害の認定基準について」平23.12.26基発1226第1号）により，「強」と評価される場合，上記②を満たすことになります。ただしパワハラ・いじめやセクハラのように，出来事が繰り返されるものについては，発症の6か月前に始まり継続していた場合は，発症時からの心理的負荷が評価の対象とされます。

　心理的負荷による精神障書の労災認定については，従来前述した平成
11年9月発の判断指針（「心理的負荷による精神障害等に係る業務上外の判断指
針」基発第544号，改正平21.4.6基発0406001号）が用いられていましたが，
同指針は認定手法が複雑なだけでなく，急性ストレス評価を中心とした
ものであったことから，ハラスメントによるうつ病などの慢性ストレス
評価がしづらく，後述するとおり裁判所からの批判の対象とされ，しか
も近年の精神障害の労災請求件数の大幅増加に対応するために，平成
23年12月発の「認定基準」（「心理的負荷による精神障害の認定基準につ
いて」平23.12.26基発1226第1号）で，㋐分かりやすい「心理的負荷評
価表（ストレスの強度の評価表）」，㋑いじめやセクハラのように出来事
が繰り返されるものについては，その開始時からの全ての行為を対象と
して心理的負荷を評価，㋒精神科医の合議による判定を，判断が難しい
事案のみに限定する等により審査の迅速化を図り，6月以内の決定を目
指し，精神障害を発病した人の認定の促進を図っていくとしています。

　この間，前述したとおり，精神疾患による労災申請は2009年以降毎
年1,000件台を超え，2018年度には1,820件と過去最高を更新して，労
災認定者も500人前後に達しており，その中でも，「（ひどい）嫌がらせ，
いじめ又は暴行を受けた」「上司とのトラブル」「同僚とのトラブル」
「セクハラを受けた」「退職を強要された」などのハラスメントに関連す
る精神疾患が，4分の1（約120人）を占めるに至っています（厚労省
「平成30年度過労死等の労災補償状況」）。

　具体的には，「（ひどい）嫌がらせ，いじめ，又は暴行を受けた」は，
その多くが心理的負荷「強」と評価され，決定件数178件のうち，3割
である69件が支給認定され，「上司とのトラブル」の場合，決定件数
255件のうち約7％の18件，「同僚とのトラブル」の場合，決定件数69
件のうち2件，「部下とのトラブル」では決定件数18件のうち，支給認
定3件となっており，「（ひどい）嫌がらせ，いじめ等」や「上司とのト
ラブル」と「（同僚，部下との）トラブル」との間で相違があることが明

らかとなっています。上司から部下に対する指導や叱責が，当然部下にとって強いストレスをもたらし，それが過度の場合は心理的負荷が強くなることは当然のことであり，このような状況を反映したものといえます。

(ⅲ)　労災の対象外

　上述の①が，業務以外の心理的負荷や個体側要因により発症したと認められない場合は，労災の対象外とされ，私生活でのストレス（例えば離婚や家族の死亡など）や，精神障害の既往症やアルコール依存状況などが，①の原因となっているか否かが判断の対象となります。

　以上のとおり，①＋②＋③を総合判断して，労災認定がなされることになり，特に②で用いられる認定基準の「業務による心理的負荷評価表」には，具体的な出来事の持つ平均的な心理的負荷の強度（修正要素も含む）が，Ⅰ，Ⅱ，Ⅲにランクづけされ（〔Ⅰ〕は日常的に経験する一般的に問題とならない程度のもの，〔Ⅲ〕は人生の中でまれに経験することのある程度のもの，〔Ⅱ〕はその中間とされます。），これに基づいて，業務による出来事と出来事後を一連のものとして総合評価し，「強」とされた場合（③に該当しない限り）には，「業務上」の認定がなされることになるのです（**図表4−3**，業務による心理的負荷の評価が，「弱」や「中」とされた場合には，その段階で「業務外」とされることになります。）。

　ちなみに，パワハラ防止法の制定に伴い，企業に対するハラスメント対策が強化されることから，労災認定基準について見直しの必要が求められており，厚労省内に設置されている「精神障害の労災認定の基準に関する専門検討会」で，パワハラの定義等の明確化のための検討がなされており，2020年度以降に労災認定基準が改訂される見通しとなっています。

2　ハラスメント・メンタル不全と「心理的負荷評価表」

　「認定基準」では，新たに「業務による心理的負荷評価表」が定められ，心理的負荷を評価しやすいように，「強」「中」「弱」の心理的負荷の具体例が示されています（**図表4―3**）。例えば「上司とのトラブル」（強度Ⅱ，「上司から業務指導の範囲内である強い指導，叱責を受けた」り，「業務をめぐる方針等において，周囲からも客観的に認識されるような対立が上司との間に生じた」場合）には，「業務を逸脱する指導」や「人格を否定した結果」がなくとも，心理的負荷が「中」と評価され，さらに「業務をめぐる方針等において客観的に認識されるような大きな対立が上司との間に生じ，その後の業務に大きな支障をきたした」場合には，「強」と評価されることになります。

　また，この間「判断指針」の評価をめぐって，裁判例で度々批判されてきたことに応え，複数の出来事による相乗効果の評価を可能とするようになっており，例えば「中」と評価される「いじめや嫌がらせ」と，同じく「中」と評価される「達成困難なノルマが課された」場合には，「強」と評価されることが可能となっているのです。

　認定基準の「心理的負荷評価表」では，「会社の経営に影響するなどの重大な仕事上のミス」「退職を強要された」「（ひどい）嫌がらせ，いじめ又は暴力を受けた」は〔Ⅲ〕に，「達成困難なノルマが課された」「上司とのトラブルがあった」「同僚とのトラブルがあった」「部下とのトラブルがあった」「セクハラを受けた」などは〔Ⅱ〕に分類されており，これらの行為はいずれもハラスメントに関連するものといえます。

(1)　パワハラの場合

　ハラスメント防止法では，「業務の適正な範囲」を基準として，パワハラの該当性判断を行っており，「身体的な攻撃（暴行，障害など）」はそれ自体「業務の適正な範囲」外であり，さらに「精神的な攻撃（脅迫，名誉毀損，侮辱，ひどい暴言など）」「人間関係からの切り離し（仲間外し，

隔離，無視など）」も原則として「業務の適正な範囲」外とされて不適切な行為として，ハラスメントに該当するものとしています。

　ハラスメントは，その内容・程度や，その継続する状況により，心理的負荷の強度が評価され，このうち，⒤部下に対する上司の言動が業務指導の範囲を逸脱しており，その中に人格や人間性を否定するような言動が含まれ，かつこれが執拗に行われた，⑾同僚等による，多人数が結託しての人格や人間性を否定するような言動が執拗に行われた，⒤治療を要する程度の暴行を受けたという場合は，心理的負荷は「強」とされ，業務起因性が肯定されることになります。また業務の範囲をめぐって争いがある場合でも，「業務をめぐる方針等において，周囲からも客観的に認識されるような大きな対立」が「上司や多くの同僚，部下との間に生じ」「その後の業務に大きな支障をきたした」場合には「強」と評価されることになるでしょう。このような類型に該当するものとして，「心理的負荷評価表」においては，まず「業務の適正な範囲」逸脱の典型である「（ひどい）嫌がらせ，いじめ，又は暴行を受けた」は，平成30年度の決定件数178件のうち，約4割の69件が支給決定され，「上司とのトラブル」も，決定件数255件のうち約1割の18件が支給決定されています。

　また「過大な要求」（業務上明らかに不要なことや遂行不可能なことの強制，仕事の妨害）や「過小な要求」（業務上の合理性なく，能力や経験とかけ離れた程度の低い仕事を命じることや仕事を与えないこと）などは，「業務の適正な範囲」との線引きが必ずしも容易でない場合があり，心理的負荷評価表も，「達成困難なノルマが課された」ケースでは，決定件数14件中5件が支給決定されており，更に近年問題とされている顧客や取引先からの無理な注文やクレームについても，平成29年度は決定件数40件中6件が，平成30年度も34件のうち7件が支給決定されています。

　さらに「業務に関連して違法行為を強要された」り，「非正規である

図表4－3　業務による心理的負荷評価表（ハラスメント関連につき抜粋）

出来事の類型	具体的出来事	I	II	III	弱	中	強	決定件数	支給決定件数
5　②仕事の失敗、過重な責任の発生等	会社で起きた事故、事件について、責任を問われた			☆	【「弱」になる例】 ・　軽微な事故、事件（損害等の生じない事態、その後の業務で容易に損害等を回復できる事態、社内でたびたび生じる事態等）の責任（監督責任等）を一応問われたが、特段の事後対応はなかった	○　会社で起きた事故、事件について、責任を問われた 【「中」である例】 ・　立場や職責に応じて事故、事件の責任（監督責任等）を問われ、何らかの事後対応を行った	【「強」になる例】 ・　重大な事故、事件（倒産を招きかねない事態や大幅な業績悪化につながる事態、会社の信用を著しく傷つける事態、他人を死亡させ、又は生死に関わるケガを負わせる事態等）の責任（監督責任等）を問われ、事後対応に多大な労力を費やした ・　重大なまでとはいえない事故、事件ではあるが、その責任（監督責任等）を問われ、立場や職責を大きく上回る事後対応を行った（減給、降格等の思いペナルティが課された等を含む）	7	7
8	達成困難なノルマが課された			☆	【「弱」になる例】 ・　同種の経験等を有する労働者であれば達成可能なノルマを課された ・　ノルマではない業績目標が示された（当該目標が、達成を強く求められるものではなかった）	○　達成困難なノルマが課された 【「中」である例】 ・　達成は容易ではないものの、客観的にみて、努力すれば達成も可能であるノルマが課され、この達成に向けた業務を行った	【「強」になる例】 ・　客観的に、相当な努力があっても達成困難なノルマが課され、達成できない場合には重いペナルティがあると予告された	18	5
12	顧客や取引先からクレームを受けた			☆	【「弱」になる例】 ・　顧客からクレームを受けたが、その内容に対応を求められるものではなく、取引関係や、業務内容・業務量に大きな変化もなかった	○　顧客や取引先からクレームを受けた 【「中」である例】 ・　業務に関連して、顧客等からクレーム（納品物の不適合の指摘等その内容が妥当なもの）を受けた	【「強」になる例】 ・　顧客や取引先から重大なクレーム（大口の顧客等の喪失を招きかねないもの、会社の信用を著しく傷つけるもの等）を受け、その解消のために他部門や別の取引先と困難な調整に当たった	35	17
20　④　役割・地位の変化等	退職を強要された			☆	【解説】 退職勧奨が行われたが、その方法、頻度等からして強要とはいえない場合には、その方法等から「弱」又は「中」と評価	○退職を強要された 【「強」である例】 ・　退職の意思のないことを表明しているにもかかわらず、執拗に退職を求められた ・　恐怖感を抱かせる方法を用いて退職勧奨された ・　突然解雇の通告を受け、何ら理由が説明されることなく、説明を求めても応じられず、撤回されることもなかった		30	11
21	配置転換があった			☆	【「弱」になる例】 ・　以前に経験した業務等、配置転換後の業務が容易に対応できるものであり、変化後の業務の負荷が軽微であった	○　配置転換があった （注）ここでの「配置転換」は、所属部署（担当係等）、勤務場所の変更を指し、転居を伴うものを除く。	【「強」になる例】 ・　過去に経験した業務と全く異なる質の業務に従事することとなったため、配置転換後の業務に対応するのに多大な労力を費やした ・　配置転換後の地位が、過去の経験からみて異例なほど重い責任が課されるものであった ・　左遷された（明らかな降格であって配置転換としては異例なものであり、職場内で孤立した状況になった）	52	10
24	非正規社員であるとの理由等により、仕事上の差別、不利益取扱いを受けた			☆	【「弱」になる例】 ・　社員間に処遇の差異があるが、その差は小さいものであった	○　非正規社員であるとの理由等により、仕事上の差別、不利益取扱いを受けた 【「中」である例】 ・　非正規社員であるとの理由、又はその他の理由により、仕事上の差別、不利益取扱いを受けた ・　業務の遂行から疎外・排除される取扱いを受けた	【「強」になる例】 ・　仕事上の差別、不利益取扱いの程度が著しく大きく、人格を否定するようなものであって、かつこれが継続した	5	1

210

出来事の類型	具体的出来事	平均的な心理的負荷の強度			心理的負荷の強度を「弱」「中」「強」と判断する具体例			平成26年度労災認定	
	具体的出来事	心理的負荷の強度 Ⅰ	Ⅱ	Ⅲ	弱	中	強	決定件数	支給決定件数
29 ⑤対人関係	（ひどい）嫌がらせ，いじめ，又は暴行を受けた			☆	【解説】部下に対する上司の言動が業務指導の範囲を逸脱し，又は同僚等による多人数が結託しての言動が，それぞれ右の程度に至らない場合について，その内容，程度，経過と業務指導からの逸脱の程度により「弱」又は「中」と評価 　　「弱」になる例 ・複数の同僚等の発言により不快感を覚えた（客観的には嫌がらせ，いじめとはいえないものも含む）	【「中」になる例】・上司の叱責の過程で業務指導の範囲を逸脱した発言があったが，これが継続していない ・同僚等が結託して嫌がらせを行ったが，これが継続していない	○　ひどい嫌がらせ，いじめ，又は暴行を受けた 【「強」である例】・部下に対する上司の言動が，業務指導の範囲を逸脱しており，その中に人格や人間性を否定するような言動が含まれ，かつ，これが執拗に行われた ・同僚等による多人数が結託しての人格や人間性を否定するような言動が執拗に行われた ・治療を要する程度の暴行を受けた	169	69
30 ⑤対人関係	上司とのトラブルがあった		☆		【「弱」になる例】・上司から，業務指導の範囲内である指導・叱責を受けた ・業務をめぐる方針等において，上司との考え方の相違が生じた（客観的にはトラブルとはいえないものも含む）	○　上司とのトラブルがあった 【「中」である例】・上司から，業務指導の範囲内である強い指導・叱責を受けた ・業務をめぐる方針等において，周囲からも客観的に認識されるような対立が上司との間に生じた	【「強」になる例】・業務をめぐる方針等において，周囲からも客観的に認識されるような大きな対立が上司との間に生じ，その後の業務に大きな支障を来した	221	21
31	同僚とのトラブルがあった		☆		【「弱」になる例】・業務をめぐる方針等において，同僚との考え方の相違が生じた（客観的にはトラブルとはいえないものも含む）	○　同僚とのトラブルがあった 【「中」である例】・業務をめぐる方針等において，周囲からも客観的に認識されるような対立が同僚との間に生じた	【「強」になる例】・業務をめぐる方針等において，周囲からも客観的に認識されるような大きな対立が多数の同僚との間に生じ，その後の業務に大きな支障を来した	40	2
36 ⑥セクシュアルハラスメント	セクシュアルハラスメントを受けた		☆		【「弱」になる例】・「○○ちゃん」等のセクシュアルハラスメントに当たる発言をされた場合 ・職場に水着姿の女性のポスター等を掲示された場合	○　セクシュアルハラスメントを受けた 【「中」である例】・胸や腰等への身体接触を含むセクシュアルハラスメントであっても，行為が継続しておらず，会社が適切かつ迅速に対応し発病前に解決した場合 ・身体接触のない性的な発言のみのセクシュアルハラスメントであって，発言が継続していない場合 ・身体接触のない性的な発言のみのセクシュアルハラスメントであって，複数回行われたものの，会社が適切かつ迅速に対応し発病前にそれが終了した場合	【「強」になる例】・胸や腰等への身体接触を含むセクシュアルハラスメントであって，継続して行われた場合 ・胸や腰等への身体接触を含むセクシュアルハラスメントであって，行為は継続していないが，会社に相談しても適切な対応がなく，改善されなかった又は会社への相談等の後に職場の人間関係が悪化した場合 ・身体接触のない性的な発言のみのセクシュアルハラスメントであって，発言の中に人格を否定するようなものを含み，かつ継続してなされた場合 ・身体接触のない性的な発言のみのセクシュアルハラスメントであって，性的な発言が継続してなされ，かつ会社がセクシュアルハラスメントがあると把握していても適切な対応がなく，改善がなされなかった場合	47	27

資料：厚労省「精神障害の労災認定」（2011年12月），「過労死等の労災補償状況」表2─8「精神障害の出来事別決定及び支給決定件数一覧」（平成27年6月）を基に著者作成。

との理由等により仕事上の差別，不利益な取扱いを受けた」行為も，同様に「業務の適正な範囲」を逸脱する行為であり，これらが認定される場合には，そのハラスメントの程度や精神的被害の程度に応じて労災認定がなされることになります。

(2)　セクハラの場合

　次にセクハラについてみると，(i)強姦や本人の意思を抑圧してのわいせつ行為，(ii)胸や腰などへの身体接触を含むセクハラが継続して行われた，(iii)身体接触を含むセクハラで，継続していないが会社に相談しても適切な対応がなく，改善されなかった。又は会社へ相談後，職場の人間関係が悪化した，(iv)性的な発言のみだが，人格を否定するような内容を含み，かつ継続してなされた，(v)性的な発言が継続してなされ，かつ会社がセクハラを把握しても対応がなく，改善されなかった場合には，「強」とされて労災認定されることになります。

　これに対して(i)胸や腰等への身体接触を含むセクシュアル・ハラスメントであっても，行為が継続しておらず，会社が適切かつ迅速に対応し発病前に解決した場合，(ii)身体接触のない性的な発言のみのセクシュアル・ハラスメントであって，発言が継続していない場合，(iii)身体接触のない性的な発言のみのセクシュアル・ハラスメントであって，複数回行われたものの，会社が適切かつ迅速に対応し発病前にそれが終了した場合には，「中」として認定されないものとされています。

　労災補償状況では，平成29年度は決定件数64件のうち半数超の35件，平成30年度は，決定件数54件のうち33件が労災認定されており，セクハラ被害の深刻化をうかがわせるものといえるでしょう。

(3)　マタハラの場合

　マタハラは，その大半は，心理的負荷評価表のパワハラやセクハラに関連する出来事の類型と重複しており，例えば「(ひどい) 嫌がらせ，

いじめ又は暴力」や「退職を強要された」などがその典型ですが，特に妊娠に伴う軽易業務への転換（労基法 65 条）や育児休業取得を契機として前述した裁判例にみられるように，配置転換（平成 30 年度労災認定では，決定件数 54 件中 8 件が支給決定を受けている。）や，上司，同僚らとの仕事の範囲をめぐるトラブル（特に上司からの叱責や多数の同僚らとの対立など）によるメンタル不全が問題とされています。

3　労災と裁判

(1)　労災と裁判

　ハラスメントによる精神疾患について，労災認定手続，判断基準は前述したとおりですが，労災認定がなされなかった場合には不服申立て（審査，再審査請求）を行い，それが認められない場合には，労災認定不支給処分を争って裁判所に提起することになります（もっとも労災補償は使用者の故意，過失を問わず，定型・定型化された一定の補償が公法上の義務として迅速になされるメリットがあるものの，補償額が定額となり，しかも精神的損害（慰謝料等）が含まれていないことから，前述したとおり使用者の責任として，職場環境配慮義務違反を問う，いわゆる労災民訴が起こされることになり，ハラスメントによる使用者責任を問う裁判例はこのような性格を有しているといえるでしょう。）。

　次頁の図表 4 － 4 は，ハラスメント等の精神障害事案に関する，労働基準監督署長の処分の取消しを求める行政訴訟の提訴件数，判決件数，国（＝労働基準監督署長）側が敗訴した件数の統計資料です。

(2)　労災認定と裁判所の判断枠組み

　労基署における労災不認定処分に対して，被害者から不認定処分取消訴訟が提起された場合，今日では，裁判所は，業務起因性の判断基準として「認定基準」を，合理性を有するものとして評価する傾向に向かっ

図表4－4　精神障害事案に関する訴訟状況

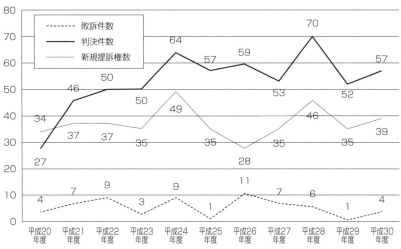

出所：厚労省「精神障害の労災認定の基準に関する専門検討会」資料より

ているといえるでしょう。ハラスメントに関するものではありませんが，国・横浜西労基署長（ヨコハマズボルタ）事件（東京地判平24.11.28労判1069号63頁）は，認定基準につき，「近時の医学的・心理学的知見や裁判例の状況等も踏まえ，より柔軟な運用が可能となるように判断指針等の内容を改訂したものであり，労災保険制度の基礎である危険責任の法理にかなうものであって，その作成経緯及び内容に照らして十分な合理性を有するものであると認めることができる」「基本的には認定基準に従いつつこれを参考としながら，当該労働者に関する精神障害の発病に至るまでの具体的事情を総合的に斟酌し，必要に応じてこれを修正する手法を採用することとする」と評価しています。

　また，国・八王子労基署長（京王電鉄バス）事件（東京地判平27.2.25労判1117号23頁）でも，「基本的には認定基準に従いつつこれを参考としながら，当該労働者に関する精神障害の発病に至までの具体的事情を総合的に斟酌し，必要に応じてこれを修正する手法を採用することとする」

とほぼ同旨の評価をしており，これら以外の裁判例でも，「認定基準」の合理性についてほとんどが肯定的な見解を示しているのです（国・中央労働基準監督署長（旧旭硝子ビルウォール）事件・東京地判平27.3.23労判1120号22頁，国・秋田労働基準監督署長（ネッツトヨタ秋田）事件・秋田地判平27.3.6労判1119号35頁，国・八王子労働基準監督署長（東和フードサービス）事件・東京地判平26.9.17労判1105号21頁など）。

　ただし，例外的に，国・鳥取労基署長（富国生命・いじめ）事件（鳥取地判平24.7.6労判1058号39頁）のように，従前どおり「認定基準」の合理性を認めず，「判断指針及び認定基準は，各分野の専門家による専門検討会報告書に基づき，医学的知見に沿って作成されたもので，一定の合理性があることは認められるものの，精神障害に関しては，生物学的・生理学的検査等によって判定できるものではなく，診断にあたっては幅のある判断を加えて行うことが必要であり，あたかも四則演算のようなある意味での形式的思考によって，当該労働者がおかれた具体的思考によって，当該労働者がおかれた具体的な立場や状況等を十分に斟酌して適正に心理的負荷の強度を強化するに足りるだけの明確な基準となっているとするには，いまだ十分とはいえない」とするものも見られます。

(3)　労災認定の具体例

　労災認定の実務上，「業務指導の範囲」が認定基準の判断指針とされていますが，実際の裁判例においてもおおむね「業務指導の範囲」を逸脱した行為について業務起因性が認められ，「業務指導の範囲」内とされるものは，業務起因性が否定される傾向にあるといえるでしょう。以下に幾つかの裁判例を見てみましょう。

（ⅰ）　業務起因性が認められたもの

　認定基準上あるいは労災認定の実務上，「ひどい嫌がらせ，いじめ等」や「上司とのトラブル」の取扱いは，「業務指導の範囲」をめぐって明確に区分されていますが，実際の裁判例においてどのような場合に労災

認定されるのか検討してみましょう。前述の認定基準によれば，業務指導の範囲を逸脱した「ひどい嫌がらせ，いじめ等」は業務起因性が肯定され，裁判例においても，業務指導の目的を有さない，単なるいじめ・嫌がらせの場合や，業務指導を目的とする場合でも，言動内容が業務に関することを超えて，人格や人間性を否定するような言動が執拗に行われた，はけ口がないなど閉鎖的な環境の下で行われたといったケースにおいては，業務起因性が認められる傾向にあるといえるでしょう。

例えば，「存在が目障りだ。消えてくれ」「給料泥棒」等と言われ，うつ病になり，その後自殺した男性社員のケースで，労基署長の不支給処分を覆し，「パワハラ自殺」として初めて労災認定をした裁判例（後掲【事例39】）や，上司から「主任失格」「指輪を外せ」などのパワハラや長時間労働が重なってうつ病になり，その後自殺したケースで，何ら合理性のない「いわゆるパワーハラスメントとも評価されるべきもの」と判断した裁判例（後掲【事例40】）などが注目されます。

事例39　静岡労基署長（日研化学）事件（東京地判平 19.10.15 労判 950 号 5 頁）

製薬会社の営業所に勤務していた医薬情報担当者（MR）Kが，上司であるA係長から営業成績や仕事の進め方をめぐって度々厳しい指導を受けたばかりか，「存在が目障りだ，居るだけでみんなが迷惑している。おまえのカミさんも気がしれん，お願いだから消えてくれ。」「車のガソリン代がもったいない。」「何処へ飛ばされようと俺はおまえは仕事しない奴だと言い触らしたる。」「給料泥棒。」「肩にフケがベターと付いている。お前病気と違うか。」などと人格否定的な発言をあびせられ自殺したケースにつき，判決は，①「A係長のKに対して発したことば自体の内容が，過度に厳しい」「このようなことばが，企業の組織体の中で，上位で強い立場にある者から発せられることによる部下の心理的負荷は，通常の『上司との

トラブル』から想定されるものよりもさらに過重なものである。」とし，②「上述のことば自体の内容に加え，営業活動の基本すらできておらず身なりもだらしないというＫに対する評価，Ｋの死後に同僚やＫの親族に対してした発言内容からも，Ａ係長がＫに対し嫌悪の感情を有していたことが認められる。」とし，また③「Ａ係長が，Ｋに対し，極めて直截なものの言い方をしていた」，「上司の側から，表現の厳しさに一定の悪感情を混じえた発言を，何らの遠慮，配慮なく受けるのであるから，そこには，通常想定されるような『上司とのトラブル』を大きく超える心理的負荷があるといえる。」とし，さらに④「会社の勤務形態が，上記のような上司とのトラブルを円滑に解決することが困難な環境にある」ことなどを指摘して，これら①〜④があいまって，Ａの精神疾患による自殺を招来したとして，業務起因性を肯定しています。

事例 40　名古屋南労基署長（中部電力）事件（名古屋高判平19.10.31 労判 954 号 31 頁）

　電力会社で現場の技術職に従事していたＡが，デスクワーク中心の業務となって主任に昇格したところ，長時間労働に加えて，上司Ｂ部長から「主任失格」「おまえなんか，いてもいなくても同じだ。」などと叱責されたり，面談の際に，「Ａ君はいつも結婚指輪をはめていましたね」などと言って指輪を外すよう求めたことなどから，ストレスによりうつ病を発症し，焼身自殺したケースで，判決は，「Ｂは，Ａに対して『主任失格』，『おまえなんか，いてもいなくても同じだ。』などの文言を用いて感情的に叱責し，かつ，結婚指輪を身に着けることが仕事に対する集中力低下の原因となるという独自の見解に基づいて，Ａに対してのみ，８，９月ころと死亡の前週の複数回にわたって，結婚指輪を外すよう命じていたと認められる。これらは，何ら合理的理由のない，単なる厳しい指導の範疇

を超えた，いわゆるパワー・ハラスメントとも評価されるものであり，一般的に相当程度心理的負荷の強い出来事と評価すべきである（判断基準も，心理的負荷の強い出来事として，「上司とのトラブルがあった」を上げている。）」旨判示し，労基署長の不支給処分が取り消されています。

同様に，環境プラント会社の社員が，上司から社長ら役員の面前で，「できが悪い」「何をやらしてもアカン」などと発言された翌日に自殺したケースにつき，上司の発言と自殺との因果関係を認めた，奈良労基署長（日本ヘルス工業）事件（大阪地判平 19.11.12 労判 958 号 54 頁）などがあります。

(ii) **業務起因性が否定されたもの**

反対に業務指導の範囲内の行為については，業務起因性が否定される傾向にあり，そのような裁判例として次のケースがあります。

事例41 さいたま労基署長（日研化学）事件（東京高判平 19.10.11 労判 959 号 114 頁）

　係長であったAは，品質管理責任者として，周囲からそれなりの能力と責任を期待されていたものの，日常の品質管理業務において，現場のトラブルの際に適切な対応ができなかったため，周囲や部下から文句が出されたことや，株取引で多数の損失を出したことなどからうつ病になり自殺したケースで，判決は「亡Aは現場でのトラブル処理に一人では適切な判断ができないことが一度ならずあり，このトラブル対応についての不適応は，亡Aの業務遂行能力の低下がその原因であって，亡Aの脆弱性・反応性の強さを示す事情ということができるのであるから，亡Aの業務が一般的に強度の心理的負荷を伴うものであったということはできない。そして，亡Aは平成8年12月から平成9年3月にかけて，株取引で大きな損失を

> 被ったのであり，このことが亡Aにきわめて多くの心理的負荷を与
> え，本件うつ病発症の決定的な原因となったものと見るべきであ
> る。」旨判示し，業務起因性を否定しています。

　同種のものとしては，不手際があったことなどにより，上司から厳し
い指導を受けたり，しかられることが度々あったケースで，「その心理
的負荷が，平均的労働者を基準として，精神的破綻を生じさせる程度の
ものであったとまでいうことはできない。」旨判示して業務起因性を否
定した裁判例（栃木労基署長（小松製作所）事件・東京地判平20.10.16 労経速2029
号3頁）や，原告Xが，出向先会社の上司Cから電話による顧客対応時
間が長いとか，電話の応対が悪い等と約4時間にわたって，厳しく指導
をされた翌日にうつ病を発症して休職したケースで，「Xが，Cの指導
に対し，長時間沈黙を続けていたことは明白であり，このようなXの頑
なな態度が約4時間にも及んだ原因であると認められる。Cが，上記の
ように少々挑発的な質問をするなど感情的になったのも，そのようなX
の態度に原因があったともいえる。」旨判示し，指導時間の長さを根拠
にその心理的負荷を過大に評価することはできないとして，業務起因性
を否定した裁判例（池袋労基署長（光通信）事件・東京地判平22.8.25 労経速2086
号14頁など）があります。

(4)　「誰」を判断基準とするか

　ハラスメントが相手方に対する不当な攻撃により，身体的・精神的苦
痛を与える行為である以上，相手方（＝被害者）の視点を出発点とすべ
きことは前述したとおりですが，ハラスメントと精神疾患との因果関係，
業務起因性の判断に際して，被害者「(個人)」を基準にすべきか，「被
害者と同様の立場にある人々」（＝平均的な被害者）を基準とすべきかが
ここでも問題となります。この点について大半の裁判例は，ハラスメン
トが職場における「力関係」を背景として発生することに着目しつつも

業務起因性は客観的判断が必要なことから，原則として「平均的な被害者」を基準にしているといえるでしょう（もっとも被害者「個人」であれ「平均的な被害者」であれ，ほとんどの場合違いが出てくることはないといえます。）。

次の裁判例は，上司による指導の範囲を超えた厳しい叱責，ノルマの強要などが，平均的な労働者に精神障害を発症させるおそれのある程度の強度の心理的負荷があるものとされた典型的なケースです。

事例42　国・諫早労基署長（ダイハツ長崎販売）事件（長崎地判平22.10.26 労判 1022 号 46 頁）

　　　Xは上司のB部長から受けた説教や叱責の心理的負荷が強度であったことや，営業ノルマや不達成に対するB部長からの叱責の心理的負荷があったこと，毎月おおむね80時間前後と推認される時間外労働があったことなどから，自殺を図ったケースで，判決は「精神障害の成因には，個体側の要因としての脆弱性と環境要因としてのストレスがあり得るところ，上記の危険責任の法理にかんがみれば，業務の危険性の判断は，当該労働者と同種の業務に従事し遂行することを許容できる程度の心身の健康状態にある平均的な労働者を基準とすべきであり，このような平均的な労働者にとって，当該労働者の置かれた具体的状況における心理的負荷が，一般に精神障害を発症させる危険性を有しているといえ，特段の業務以外の心理的負荷及び個体側の要因のない場合には，業務と精神障害の発症又はその増悪との間に，相当因果関係が認められると解するのが相当である。」旨判示し，業務起因性を認めています。

前述した【事例39】～【事例41】のケースも同様に，「被害者と同種」の平均的な労働者を判断基準としていますが，ハラスメントによるうつ病等の精神疾患は，「加害者」と「被害者」との関係性が大きな比重を

占めており，原則として被害者「個人」を基準とすべきものと思われます（もっとも前述のとおり，どちらの立場に立っても，実際にはそれほど結果に差が出てくることはないといえましょう。）。

第5章

ハラスメント・メンタル不全対処法

はじめに

　本章では職場でハラスメント・メンタル不全を発生させないための対策と，現実に発生した場合の対策を実務に則して検討することにしましょう。まず，ハラスメント，メンタル不全の防止対策，次に事後対策，更に個別具体的な相談対処法等の順に述べてみましょう。ちなみにハラスメント防止対策については，今般成立・施行される「パワハラ防止法」指針に詳細に記されており，厚労省のホームページ等で掲載できますので，指針の内容は省略しています。

 ハラスメント防止対策

1　ハラスメント防止体制の整備

Q8　職場におけるハラスメント防止に向けた社内体制を整備する際，どのような点に留意したらよいのでしょうか。

A　ハラスメント防止にはトップのメッセージ，ルール作り，実態の把握，教育研修，社内への周知がポイントとなります。事後の相談体制については，被害者が上司以外の人（組織）に安心して相談できるようにし，企業・事業所の規模や職場の実態に応じた対応によって再発を防止することが必要です。

(1)　ハラスメント防止，解決の意義

　いわゆるセクハラやパワハラ，マタハラなどのハラスメント行為が，働く人々の人格や尊厳を傷つけ，許されないものであり，とりわけ職務上の地位や人間関係を濫用して意図的に行ったり，仮にそのような意図がなくとも，度の超えた叱責や指導が，働く人々の意欲や自信を失わせ，ストレスからうつ病等の精神疾患を招来し，休退職に至ることにもつながります。さらにこれらのハラスメントは従業員個々人の問題にとどまるものでなく，企業にとっても組織の生産性に悪影響を及ぼすだけでなく，貴重な人材の流失を招いて大きな損失にもつながり，また，これを放置することにより裁判で使用者としての責任を問われることになり，企業のイメージダウン（「ブラック企業」！）にもつながるものなのです。

　このようにハラスメント防止，解決に取り組むことは，こうした損失の回避のみならず，従業員個々人の尊厳や人格が尊重される職場づくりが職場の活力につながり，仕事に対する意欲や職場全体の生産性の向上にも貢献することにもなるという観点に立って，積極的に推進する必要があるのです。

　しかも，ハラスメントは職場で働く誰でもが当事者となり得る問題であり，上司から部下のみならず，同僚間や部下から上司などでも起こっており，このようなハラスメントの対応が遅れると，ますます職場の人間関係がこじれ，エスカレートし深刻な事態に至るおそれがあります。また，問題を放置していると，使用者が果たすべき安全配慮義務を怠ったなどとされ，企業の責任が問われることもあります。したがって研修や意識啓発等を日頃から進め，社員全体の意識を高めることにより，問題の早期発見・早期解決につなげていくべきなのです。

(2)　ハラスメント防止対策の基本

　防止対策では，全ての社員が各々の立場で取組を進めることを促す環境整備と意識啓発が重要であり，ルール作りや社員教育を進めるなど，

次の5点がポイントになります。

(ⅰ)　**トップのメッセージ**
- 組織のトップが，職場のハラスメントは職場からなくすべきであることを明確に示す

(ⅱ)　**ルールを決める**
- 就業規則に関係規定を設ける，労使協定を締結する
- 予防・解決について方針やガイドラインを作成する

(ⅲ)　**実態を把握する**
- 従業員アンケートを実施する

(ⅳ)　**教育する**
- 研修を実施する

(ⅴ)　**周知する**
- 組織の方針や取組について周知・啓発を実施する

　これまでの企業文化では，会社によっては，熱血指導などに象徴されるように会社のためや本人のためを思ってした言動であれば，行き過ぎた行為も許されると理解されてきた面もありました。そのため，社員からは，管理職も含め，上層部がパワハラやセクハラ・マタハラなどの不法・不当な行為を容認若しくは許容していると思われがちです。さらには，会社がこういう行為を奨励していると捉えていることすらあるかもしれません。

　まずはトップをはじめとした上層部がハラスメント防止の必要性と意義を十分に理解し，自ら積極的に取り組むという姿勢や決意を表明し，明確なメッセージを発信することが極めて重要です。

　例えば，社内報や朝礼などの際に，**図表5―1**のようなメッセージを社長名で掲示したり，表明することが考えられます。

(3)　教育研修

　ハラスメント防止対策として，トップのメッセージを踏まえた就業規則等のルール作りが実効性を持つようにするには，教育研修が重要です。

図表5－1　ハラスメント防止のメッセージ

> ○セクハラやパワハラ，マタハラ等のハラスメント行為は人権にかかわり，
> 　社員の名誉や尊厳を傷つけるものであり，職場環境を悪化させる重大な問
> 　題です。
> ○管理職は，コミュニケーション能力やマネジメント力を向上させ，ハラス
> 　メント行為を防止するために努力して下さい。
> ○ハラスメントを決して容認することなく，全ての社員が相手を相互に尊重
> 　し合える，働きやすい職場環境づくりに取り組んでいきます。

ハラスメントの予防に向けて，社員の日頃の言動などを見直すための問
題意識を持ってもらうきっかけとして，効果的な役割を果たします。

　特に管理職をはじめとする従業員の問題意識を高め自主的な取組を促
す教育研修は最善の予防対策といえるでしょう。その場合管理職自身の
意識改革を図る「管理職研修」と広く従業員の気づきを促す「従業員研
修」の両面で取組が必要であり，例えば，自己チェックリスト（**図表5
－2**）により問題意識の見える化を図るのも一法です。

図表5−2　自己チェックリスト

　セクハラやパワハラ，マタハラが許されないことはいうまでもありませんが，自分では気づかないうちに相手に不快な思いをさせてしまうことがあるかもしれません。そのようなことを防止する意味で，もう一度自分自身を振り返ってチェックしてみましょう。あなたは，次のようなことをしていませんか？　もし心当たりがあったら直ちにやめましょう。

〈セクハラチェックリスト〉
1　裸や水着姿のポスター・写真などを職場に貼ったり置いたりする。
2　容貌・体型・年齢等について話題にする。
3　性的なからかいや冗談を言ったり，性的な噂を流したりする。
4　男女交際の程度や性的な経験などについて尋ねる。
5　性的な内容の手紙やメールを送ったり電話をかけたりする。
6　しつこく食事やデートに誘うなど交際を迫ったり，あとをつけるなどつきまとったりする。
7　カラオケでのデュエットや酒席でのお酌などを強要する。
8　マッサージなどと称して必要もないのに身体に触る。
9　軽い気持ちで肩や髪，背中などに触ったり，必要以上に接近し身体を密着させたりする。
10　性的な関係を迫る。
11　女性（男性）だからということで特定の仕事を依頼する。
12　「男のくせに根性がない」とか「女には任せられない」などと言う。
13　「うちの女の子（男の子）に届けさせます」などと人格を認めないような呼び方をする。
14　「女こども」「女々しい」などという差別的な言い方をする。
15　「まだ結婚しないの？」「彼（彼女）はいないの？」などと執拗に聞く。

〈パワハラチェックリスト〉
1　部下がいつも不要とされる FAX されてきた宣伝物を「廃棄」の箱に入れたので，「勝手に捨てるな。お前さんには権限がないだろう！」と言う。
2　部下が腰痛があるというので，「太り過ぎとちゃうか？！」と言った。
3　部下が勤務時間後の社内の自主的勉強会に私用があって出られないと言うので，「何で出ないんだ？」と不快そうに言った。
4　部下が報告すると，「俺は聞いてないぞ！」と，声を荒げることがしばしばある。
5　部下が渡した資料をろくに見もせず，パソコンに向かったままで報告を

聞いていることが多い。
6　部下に「あなたは，覚えが悪いなぁ。もう言わせないでください」と言った。
7　部下に「私の若いころは，もっと厳しかったんだ。最近の若い者は甘やかされている」と，日頃から口にしている。
8　部下の同僚数人に対し，「あいつは使えない奴だから」と言った。
9　「彼は，またやらかすかもなぁ」と，数か月も前の失敗のことを，また言った。

〈マタハラチェックリスト〉

1　部下の女性をそれまでは，1年契約で更新して雇用をしていたが，妊娠したことを報告されたので，「次の契約更新はしない」と言った。
2　部下の女性から妊娠を報告されたので，「結婚しただけなら認めるが，子どもができた場合は退職してもらう」と言った。
3　正社員として雇用されていた同僚から妊娠の報告をされたので，「子育てしながらだと休めない。パートになったら」としつこく勧めた。
4　部下の女性から妊娠を報告されたので，「うちの会社は産休・育休はないよ。採用前にも説明をしたはずだ」と言った。
5　部下の女性から結婚の報告をされたので，「会社の規約で，育休を取得した者は昇任資格がないと決められているよ」とそれとなく妊娠をしないように言った。
6　同僚の女性がマタニティドレスを着て仕事をしていたので，「女はいいよな，子どもがいるってろくに仕事をしなくても給料がもらえるから」と言った。
7　妊娠した女性に対する風当たりがきつい職場で，妊娠したことをなかなか言い出せず，つわりがひどかったものの休憩を申し出ることができなかった。
8　産休が終わり職場に復職したら，「残業をするように」と命令され，拒否したら解雇された。
9　産休が終わって復職したら，希望しない部署に異動させられた。
10　妊娠したことを伝えたのに，高いところに登って物を取るように，職場の上司から指示された。

2　ハラスメント防止規程

> **Q 9**　ハラスメント防止規程を策定する際のポイントを教えてください。
>
> **A**　パワハラ防止法，均等法等の指針や厚労省のハラスメント対策サイト「あかるい職場応援団」の資料などを参考にしながら，就業規則の関連規定，就業規則に基づく防止規程，方針・ガイドライン等を作成することになります。社員が守るべき規律だけでなく，管理職の責務，予防や相談対応の体制なども含めた全般的なルールを定めることが必要です。

(1)　ハラスメント防止規程策定の基本

　2019 年制定のパワハラ防止法や改正均等法等により，事業主はハラスメント防止措置に関して，社内方針の明確化，周知啓発や苦情などに対する相談体制の整備，被害を受けた従業員へのケアや再発防止等が義務付けられており，具体的内容は，厚労省ホームページに掲載されているハラスメントポータルサイトである「あかるい職場応援団」の資料などを参照しながら作成していく必要があります。

　具体的には，①就業規則に関連規程を追加する，②就業規則に基づく防止規程を新たに作成する，③方針・ガイドラインを作成する等が考えられ，適宜これらを組み合わせて，社員が守るべき規律だけでなく，管理職の責務，予防や相談対応の体制なども含めた全般的なルールを策定します。その上でハラスメント防止のガイドラインや指針をパンフレット等にして，従業員がいつでも見られる場所（食堂や廊下，掲示板など）に掲示して全従業員に周知徹底させます。

⑵　ハラスメント防止規程の具体例

ハラスメント防止規程の具体例を例示しましょう（図表5－3）。

図表5－3　ハラスメント防止規程（例）

1．ハラスメント防止規程の目的
⑴　職場からハラスメントを一掃し，全職員が参加して，快適な職場環境を実現することを目的とします。
⑵　この方針の対象は，正社員，派遣社員，パート・アルバイト等当社において働いている方全て，また，顧客，取引先の社員の方等も含みます。相手の立場に立って，ハラスメントのない快適な職場を作っていきましょう。

2．ハラスメントの判断基準
①　職権や地位のパワーを背景にした言動であること。
②　本来の業務や指導の範ちゅうを超えて，人格と尊厳を傷つける言動を行うこと。
③　ハラスメントの中でもパワハラは，継続的に繰り返し行われること。

3．ハラスメントになり得る行為（ここでは主としてパワハラを例示しています）
・職場での集まりに特定の個人を呼ばなかったり，仲間外れにしたり，話しかけられても無視をする。
・「在庫が合わない，あいつが持ち出しているんじゃないか」などと言って，ありもしない噂を流したり，中傷する。
・賞味期限のごまかし，在庫の水増し，法違反，規律に反する行為を強要する。
・飲み会へ強制的に参加させたり飲酒を強要する。
・執拗に延々と長時間にわたって，一方的に説教をする。
・「目障りだ」「オマエなんかいらない」などと言って，人格や存在を否定する言動を行う。
・些細な仕事のミスを取り上げて，「あいつは，最近少しおかしい。うつ病じゃないのか」と，周囲に言いふらし，病人扱いすること。
・売場や職員の前，全体ミーティングなど職員の前で，執拗に怒鳴ること。
・足で蹴ったり，頭を叩く，殴るなどの肉体的暴力や土下座をさせたり，物を投げつけるなどの行為をすること。

4．管理者として認識すること

「ものの言えない職場」は，仕事，職場運営，労働者の心と体の健康状態などにおける様々な問題を覆い隠します。管理者はそうした状況を生まないよう，ハラスメント防止と一掃に取り組むものとします。

① 自らの言動や部下の言動が，ハラスメントに当たらないか，十分注意すること。

② 部下に対して業務上，職場運営上の指示を明確にすること。

③ 部下を「育てる」という意識を持って指導すること。

④ ハラスメント防止について周知徹底すること。

⑤ 部下から相談を受けた場合は，相談者のプライバシーに配慮しながら，実態を調査し，しかるべき部署，窓口を通して対応すること。

5．職員として認識すること

(1) ハラスメントを受けていると感じたら

① 自分一人で抱え込まないで，職場の同僚や，会社の相談窓口，労働組合に相談すること。

② 自分がハラスメントと感じたときは，日時やハラスメントと思われる言動を録音，記録すること。

(2) ハラスメントを見聞きしたときは

① 受けている職員が一人で悩まないよう，声をかけること。

② ハラスメントをしていることを放置しないで，注意すること。

③ 必要な場合は，相談窓口に相談すること。

(3) 自分がハラスメントの加害者にならないために認識すること

① 感情にまかせた言動はハラスメントになる可能性のあること。

② ハラスメントは相手からの明確な拒否の意思表示がないこと。

③ ハラスメントはしている本人にも自覚がないこと。

6．苦情・相談への対応

(1) 相談窓口（※相談窓口の担当者は，SOGIのケースもありますので必ず男女両方を含めるべきです）

職場におけるハラスメントに関する相談（苦情を含む）窓口担当者は次の者です。電話，メールでの相談も受け付けますので，一人で悩まずにご相談ください。

また，上記3に当たるかどうか微妙な場合も含め，広く相談に対応し事案に対処し，相談には公平に，プライバシーを守って対応しますので安心してご相談ください。

○○課○○○（内線○○，アドレス○○○）

△△課△△△（内線△△，アドレス△△△）
××外部相談窓口　職務××の×××（電話×××）
(2)　相談があった場合
　　相談者のプライバシーに配慮し，必要なヒアリングや職場実態を調査することと。ハラスメントの事実があった場合は，ハラスメントを行った本人に対し，二度と発生しないよう対策を求めること，適切な指導を行うこととします。

7．処分について
　従業員は，ハラスメントを行った場合，就業規則第〇条「懲戒事由」に当たることとなり処分されることがあります。

8．相談者はもちろん，事実関係の確認に協力した方に不利益な取扱いは行いません。

3　アンケート調査など

Q
10　ハラスメントの防止にとって有効な対策にはどんなものがありますか。

A　ハラスメント防止規程などのルールは社員に周知するとともに，従業員アンケート調査などを通じて，ハラスメント防止の必要性や重要性を共有することが有効でしょう。

(1)　実態把握―アンケート調査

　ハラスメント対策を効果的に進めるためには，社内の実態を把握するとともに，全ての社員が取組の必要性や重要性の認識を共有していくことが大切です。そこで，被害を受けたことがあるか，周囲で被害が生じているか，加害者になったことがあるか等について，従業員を対象にアンケート調査を実施するとよいでしょう。

　従業員アンケート調査は，従業員一人一人が自分の職場を見つめ直したり，ハラスメントについて職場で話題にしたりするきっかけづくりともなる貴重な機会であり，ハラスメント対策の取組のスタートラインとなるものです。

(2)　アンケートの具体例（図表5―4）

図表5―4　従業員アンケート調査票（パワハラの例）

1　最近話題になっているパワーハラスメント（以下「パワハラ」という）についてお伺いします。

(1)　「職場において，立場や地位の弱い人に対して，繰り返し精神的若しくは肉体的な侵害行為を行うことによって，相手の働く権利を侵害し，職場環境を悪化させる行為」などといわれるパワハラについて知っていますか。

　①知っている　　　②知らない

2　次のようなパワハラと思われる言動を職場で見聞きしたり，受けたことがありますか。

(1)　些細なミスへの執拗な叱責　　　　　　　　　　①ある　②ない
(2)　大声などによる感情的な叱責　　　　　　　　　①ある　②ない
(3)　性格や容貌へのからかいや非難　　　　　　　　①ある　②ない
(4)　悪口や陰口で足を引っ張る　　　　　　　　　　①ある　②ない
(5)　休暇の不承認や残業・休日出勤の強制　　　　　①ある　②ない
(6)　意見を無視した一方的な仕事の指示・命令　　　①ある　②ない
(7)　挨拶などで部下を無視する姿勢をとる　　　　　①ある　②ない
(8)　仕事の指示・関与を拒否したり，決裁を遅らせる　①ある　②ない
(9)　必要以上の仕事への監視や関与　　　　　　　　①ある　②ない
(10)　プライバシーへの執拗な詮索　　　　　　　　　①ある　②ない
(11)　低い評価や無能扱いをされる　　　　　　　　　①ある　②ない
(12)　配置や異動での不利益な取り扱い　　　　　　　①ある　②ない
(13)　その他　　　（具体的に）＿＿＿＿＿＿＿＿＿＿＿＿＿＿＿

3　その行為者は誰ですか。
　①上司　②先輩　③同僚　④その他＿＿＿＿＿＿＿＿＿＿＿＿＿

4　自分が受けたことに対しては何らかの行動をとりましたか。
　　①相手に抗議した　　②周囲に相談した　　③無視した

Ⅲ　相談体制の整備

1　相談体制の整備

Q 11　ハラスメントにかかわる苦情や相談を受ける場合の留意点について教えてください。

A　職場環境配慮義務の一環として情報を収集するためにも相談者の範囲は広くし，相談者と同性の相談員を含めて複数で対応する。相談は面談を原則とし，手紙，電話，電子メール又は代理人による相談にも応じるようにする。相談者の意思，意向を尊重し，相談者が安心して打ち明けられる信頼関係を築くことが重要となります。

(1)　相談体制整備の必要性

　職場の内外で，上司や同僚からセクハラやパワハラ，マタハラ等のハラスメントが加えられたとしても，既に述べたとおりハラスメントの性格上，一般に被害者が，加害者（行為者）に直ちに抗議してやめさせることは少なく，同僚や家族，友人たちに相談したり，使用者（上司や労組，相談窓口など）に相談がなされることが多いといえるでしょう。この場合，一般に使用者への相談→調査措置のプロセスをたどることになります。

　ハラスメントは，行為態様や加害者の動機づけに違いはあるものの，いずれも職場における地位や権限などの力関係を濫用することを背景とし，被害者の人格や尊厳を侵す行為であり，かつ職場秩序に違反する点で共通の要素を持っており，したがって，使用者側は職場秩序を維持し，

従業員に対する職場環境配慮義務の一環として相談体制を整備し，適切迅速な事後措置を講ずるべき義務を負っていることになるのです。

(2)　相談体制の整備の基本

　社内での相談体制としては，①管理職等による対応，②指名相談者による対応，③相談窓口による対応が考えられますが，厚労省の過去2回の「職場のパワーハラスメントに関する実態調査」（次頁図表5−5，平成28年度，平成24年度）では，過去3年間にパワーハラスメントを受けた経験がある人の対応について，「何もしなかった」が40.9％（平成24年度46.7％）とトップを占め，次いで「家族や社外の友人に相談した」20.3％，「社内の同僚に相談した」16.0％（同14.6％），「会社を退職した」12.9％（同13.5％），「社内の上司に相談した」12.7％（同13.6％）と続き，他方「社内の相談窓口に相談した」は3.5％（同1.8％），「人事等の社内の担当部署（相談窓口を除く）に相談した」5.1％（同3.9％）にとどまっており，こうしたことからハラスメント被害をいかに相談に結びつけ，早期解決を図るかが大きな課題であることが改めて浮き彫りになっています。

　ハラスメントは，時間が経過するほど感情的な対立がエスカレートしたり，被害者のメンタルケアが必要になるなど，深刻化するおそれがありますので，問題が発生したら初期の段階で相談や苦情に適切に対応できる体制を整備することが重要です。

(3)　適正迅速な処理

　このように今日では，職場におけるハラスメントは，労働者の人格を侵害するばかりか，企業能率を低下させる非違行為と捉え，リスクマネジメントの一環として職場秩序違反行為と把握されており，それはとりもなおさず，使用者が負っている職場環境配慮義務の一内容と捉えられるようになってきています。すなわち，使用者は，雇用契約若しくは雇

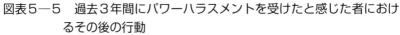

図表5―5　過去3年間にパワーハラスメントを受けたと感じた者における その後の行動

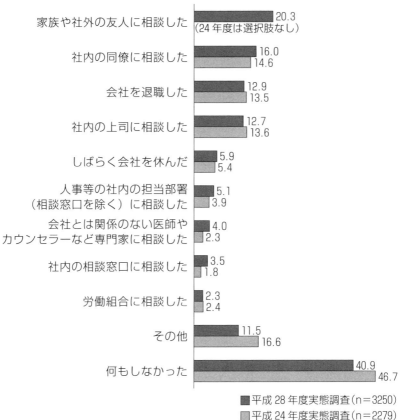

（対象：過去3年間のパワーハラスメントを受けた経験について，「何度も繰り返し経験した」，「時々経験した」，「一度だけ経験した」と回答した者，単位％）

　　資料：厚労省「職場のパワーハラスメントに関する実態調査」（平成28年度）

用契約類似の関係にある従業員に対して，良好な職場環境を整備すべき義務があり（＝職場環境配慮義務），このような義務内容の一つとしていわば「ハラスメント防止義務」を負っており，ハラスメントの相談を受けた場合に使用者に要請されるのは，誠実かつ適切な事後措置であり，

その具体的内容としては，適切迅速な調査・被害拡大回避・回復措置等のいわば事後措置が要請されることになります。言うまでもなく，ハラスメントに関連して相談や事情聴取に協力した従業員への不利益取扱いは禁止されています（パワハラ防止法，改正均等法等）。

　ところでハラスメントは，時間が経過するほど感情的な対立がエスカレートしたり，被害者のメンタルケアが必要になるなど，被害が深刻化するおそれがあることから，まずは初期段階で，企業内で相談や苦情に適切迅速に対応できる体制を整備することが重要です。しかし，「社内で揉み消す」といった対応では，問題を潜在化させ，より深刻なリスクとなっていくおそれがあり，相談や苦情に適切迅速に対応し，当事者の納得性を高めるとともに，問題の発生を職場環境の改善につなげるための体制整備が求められるのです。

⑷　公正な処置

　使用者側が，従業員からハラスメントの相談を受けたり認知した場合，まずはできる限り相談者の希望に沿って働き続けられる方策を考え，実現すべきことになりますが，この場合大切なことは，使用者は，行為者への懲罰のみで事足れりとしてはならないという点です。問題は，①職場がその後の相談者にとって安全かつ快適な環境になっているか，②行為者がまた同様の問題を起こさないようになったか，③第二，第三の行為者が生じないような職場環境になっているかです。したがって事実調査の過程で，行為者自身が自己の非を認識した場合には，被害者に対し素直に謝罪することを勧め，円満な解決を図ることになりますが，行為者が被害者に接することが，更なるハラスメントを招来することになることもあるので注意が必要であり，配置転換等の処置を行う必要も出てくるでしょう。例えば使用者がそれで事足れりとして，他に何らの対応策をとらなかった場合には，残った相談者が職場で逆に上司を転勤に追い込んだとして，他の従業員から疎まれ，居心地が悪く，働き続けられ

なくなったり，第二，第三のハラスメントが生じることがあり得ます。

　次にハラスメントの相談については，相談体制の整備，相談窓口対応の方策等が問題となります。

2　相談窓口の整備

(1)　相談窓口の設置

　ハラスメントは職場の具体的な人間関係を背景として起こることが多いことから，企業内において職場の状況や雰囲気，仕事の進め方を把握している人が間に入り，実情に応じた解決策を講じることで，早期に問題解決を図ることを目指すべきでしょう（図表5－6）。

図表5－6　相談窓口で取り扱う相談テーマ（複数回答）

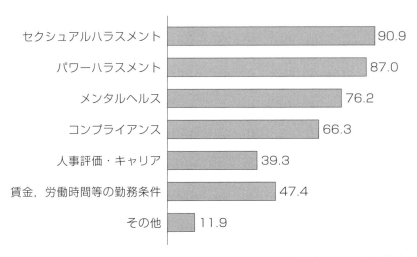

（対象：相談窓口を設置している企業（n=3,365），単位%）

資料：厚労省「職場のパワーハラスメントに関する実態調査報告書」（2017年度）より

特にパワハラの場合は，初期段階においては「大声で怒鳴る」「ささいなミスについてしつこく叱られる」など，仕事を進める上でのやや行き過ぎた行為や，人間関係の行き違いなどによるものも多いと考えられ，こうした段階では，被害者としても，「あまり大げさにはしたくない」「謝ってもらえればいい」「今後，注意してもらえればいい」など，争いを拡大するのではなく，職場環境を改善し，気持ちよく働けるようにしてもらいたいと望んでいることも多く，コミュニケーション能力の向上やマネジメントの改善などにより，企業内で問題を解決することが重要となります。

その際，「様子を見る」「社内で揉み消す」といった対応では，メンタルヘルスや離職などのリスクが高まるおそれがあり，さらには，問題を放置した企業の責任を問われるおそれもあります。「規模が小さいから無理」「忙しいからそんな暇はない」「問題が起こったら対応すればいい」などと考えるのではなく，相談・苦情対応の重要性を認識し，問題が発生したら，企業・事業所の規模や職場の実態に応じた対応をきちんとできる体制を日頃から整備しておくことが大切です。

相談窓口の設置に当たっては，次の点に留意する必要があります。

---

①　相談しやすい時間や場所への配慮を行うこと。
②　プライバシーへの配慮ができる相談スペース（相談室）を確保すること。
③　窓口の社内への周知を徹底すること。
④　社内の産業保健スタッフや，外部の医療機関，関係機関との連携を図ること。

---

(2)　相談対応者の指名

社内で相談対応を行う者を指名し，これにより，被害者が社内の自分のラインの上司以外の人（組織）に安心して相談できるようにする必要があり，相談対応者の指名等を行ったら，従業員に周知徹底します。

また，相談窓口における相談担当者の選任に当たっては，次の点に留

意する必要があります。

---

① 　人権問題に対する十分な理解を持つ者であること。

② 　一人で対応せず，できる限り複数で対応できるよう，複数の者を選任すること。

③ 　セクハラ，マタハラ，男女差別が関連するケースも考えられるため，女性を専任すること。

④ 　専門スキルの研修（相談応対の手法，カウンセリング等）を行い資質の向上を図ること。

　特に中小企業では，被害者は，企業内解決に対して，人間関係が緊密な中で，プライバシーが確保されるのか，周知の間柄が予断や偏見を生み，中立・公正な判断をしてもらえないのではないか，職場の地位や力関係が働き，納得のいかない強引な解決に導かれるのではないか，法規や裁判例などの知識が乏しく，狭い世界の中で，正しい判断をしてもらえるのか，などの不安を抱きがちです。このように，中小企業では大企業にもまして，相談等への注意が必要であるにもかかわらず，社内の人的資源が限られていることから不十分にならざるを得ないことがあり，その場合には，企業内解決のみにこだわるのではなく，社外の外部機関のサービス（弁護士など）を併せて利用し，社内外の資源を組み合わせ，対策を進めることも検討する必要があるでしょう。しかしながら，職場のハラスメントは，働く者全てが当事者となり得る問題であり，可能な限り社内での相談体制を整備することが必要といえるでしょう。

(3)　相談担当者の役割

　ハラスメントに関する苦情・相談の申出があった場合には，相談担当者は，相談者の立場で，事態を悪化させないようにするため，可能な限り迅速に対応し，苦情・相談の概要を確認するとともに，速やかに事実確認のための事情聴取を行う必要があります。したがって，相談担当者はハラスメントに関する理解が不可欠であり，特にハラスメントの相談

を受けることが多いと考えられる管理職が，部下からの相談に適切に対応できるようにすることが必要です。さらに，ハラスメントは，上司から部下だけでなく，先輩後輩間，同僚間，部下から上司など様々な人間関係で起こり，全ての働く者が当事者となり得る問題であることから，全ての従業員がハラスメントについて基本的知識を持ち，同僚同士でも一定の相談に対応できるようにしておくことも必要です。

　そのため，ハラスメントは相手の人格や尊厳を否定する許されない行為であるという基本認識をもって対応できるようにする必要があり，全ての社員による相談対応力の向上が相談体制の基礎となるといえます。

　相談対応は相談のしやすさ，プライバシー確保を第一に考えて，次の点を検討，注意する必要があります。

　(i)　**相談者**

　①被害者，②行為者，加害者（「ハラスメントと言われ困惑している」「（自分の言動について）これはパワハラか」など），③ハラスメントの相談を受けている人（上司や同僚，場合によっては友人など），④ハラスメントの目撃者など。

　このように相談者の範囲を広くしておくことは，使用者の職場環境配慮義務の一環として，情報を広く収集する上で必要なことです。

　(ii)　**相談方法**

　相談担当者は，原則として複数で対応し，また，相談者と同性の相談員が同席するなどの配慮に努めるべきです。

　相談は面談を原則とし，相談者が手紙，電話，電子メールで相談してきた場合も，対応することとし，また，次に述べる匿名での相談や代理人による相談にも対応すべきでしょう。

　(iii)　**匿名相談**

　相談担当者は，匿名での相談にも対応し，その場合，名前を名乗ることを強制すべきではないでしょう。しかし，相談者の希望に応じて調査対応をする場合は，事実確認のために両当事者並びに周囲の関係者等か

ら聞き取り調査を行う必要があり，匿名のままであると，事実確認のための調査ができず，適切な対応もできません。

　したがって相談担当者は，匿名の相談者が調査・対応を希望した場合，上記のことをきちんと説明する必要があり，このことを説明していないために，希望したのに調査・対応してもらえなかった等，後々のトラブルにつながる可能性があるので，注意が必要です。**図表5−7**はこれらの流れのイメージ図です。

　なお，詳細は「Ⅳ　ハラスメント対処法」を参照してください。

図表5－7　相談・苦情への対応フロー（例）

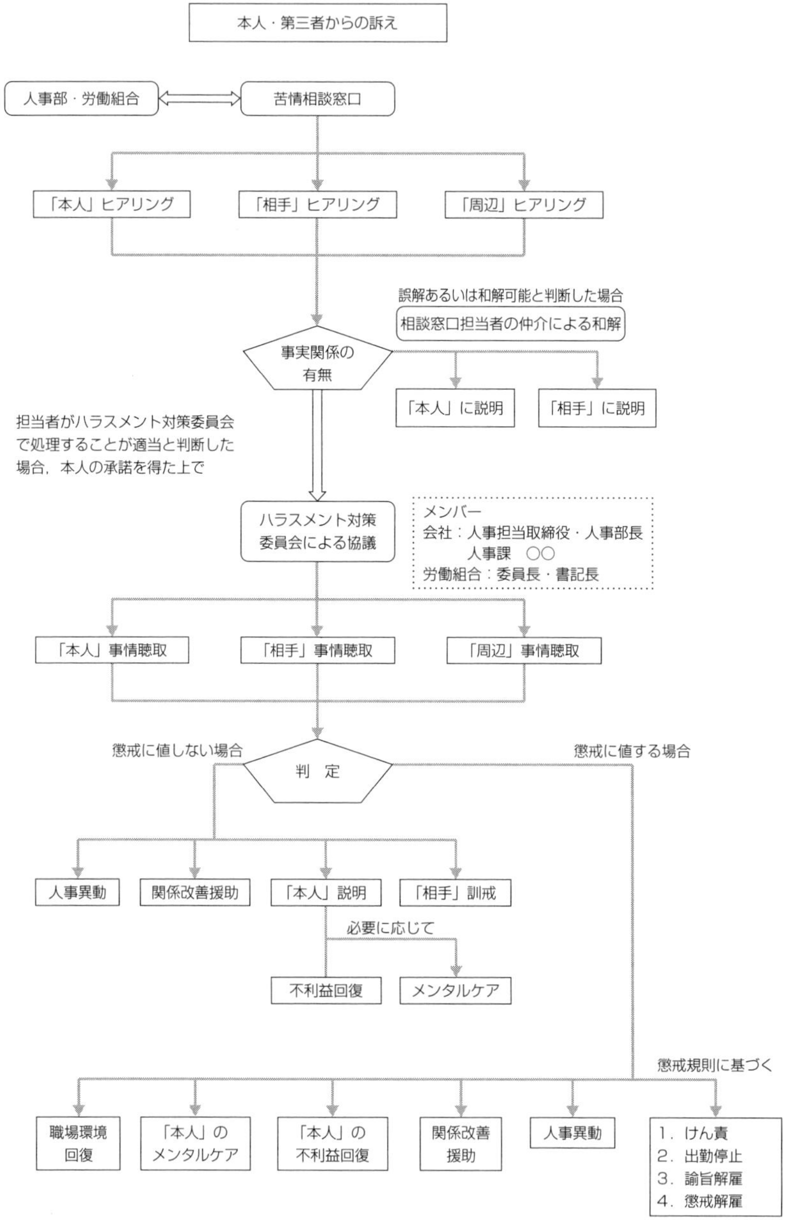

本人・第三者からの訴え

人事部・労働組合 ⟷ 苦情相談窓口

「本人」ヒアリング　　「相手」ヒアリング　　「周辺」ヒアリング

事実関係の有無

誤解あるいは和解可能と判断した場合
相談窓口担当者の仲介による和解

「本人」に説明　　「相手」に説明

担当者がハラスメント対策委員会で処理することが適当と判断した場合，本人の承諾を得た上で

ハラスメント対策委員会による協議

メンバー
会社：人事担当取締役・人事部長
　　　人事課　○○
労働組合：委員長・書記長

「本人」事情聴取　　「相手」事情聴取　　「周辺」事情聴取

懲戒に値しない場合　　判　定　　懲戒に値する場合

人事異動　関係改善援助　「本人」説明　「相手」訓戒

必要に応じて

不利益回復　メンタルケア

懲戒規則に基づく

職場環境回復　「本人」のメンタルケア　「本人」の不利益回復　関係改善援助　人事異動

1. けん責
2. 出勤停止
3. 諭旨解雇
4. 懲戒解雇

　ハラスメント対処法

1　はじめに

　職場でのハラスメントが発生した場合，通常はまず，①「被害者」から会社（通常は「加害者」の直属の上司）や（内部通報先である）弁護士などに対する相談，苦情申立てがなされ，これに対して②会社や弁護士らが何らかの対処をし，ここで解決ができない場合には，③第三者（裁判所や労働局など）の判断に委ねられるというプロセスをたどることになるでしょう。そこで以下には①，②の対処法を中心にそれぞれ述べていくことにしましょう。

2　「被害者」の対処法

⑴　迅速な対処

　職場において上司等からセクハラやパワハラ等のハラスメントを受けた場合，被害者は直ちに相手方に抗議をするか，管理者（会社側）に相談，苦情申立てをすべきです。既に述べたとおりハラスメントは心身に対して深刻な障害をもたらし，特にうつ病等の精神疾患によるメンタル不全にかかり，休職や退職を余儀なくされるものとなっていることは広く知られるようになってきており，自らの心身の安全のために，ためらわずに迅速な対応が求められます。次のケースはこのような場合といえましょう。

〈パワハラ・いじめの場合〉

> **Q 12** 上司と仕事のやり方をめぐって口論になってから，必要な書類が配られなかったり，他の社員の前で怒鳴られたり，同僚からの陰口や無視などが続いており，精神的に苦痛となっていますが，どうしたらよいでしょうか。
>
> ---
>
> **A** いじめやパワハラは，加害者本人の不法行為や使用者責任を追及できるので，まずは，上司に対していじめ・パワハラをやめるよう要求し，それでもやまない場合は使用者に是正措置を要請する必要があります。

　パワハラやいじめの被害にあったら，日時，場所，どのような被害にあったか，相手に伝えたこと，近くに誰かがいたかなど，具体的な状況をできるだけ詳細にメモし，その上で自分がどのように感じているかを説明し，相手に行為をやめるよう要求し，口頭で申し入れても効果がない場合は，文書で行い，いじめが行われていたこと，やめるように要求したことの証拠とすることも考えられるでしょう。嫌がらせの一つとして「仕事を与えられない」場合は，常に業務を行える状態を整え，指示の内容を確認するなど働く意欲があることを対外的に示す必要があるでしょう。嫌がらせとして「仕事の指示を変更する」といったこともあるので，後で「言った」「言わない」ということにならないために，録音やメモをとっておくとよいでしょう。悪口や暴言などについては，録音しておき，その上で労働組合や弁護士又は弁護士会の人権救済部門に相談するとよいでしょう。

〈セクハラの場合〉

> **Q 13** 職場の上司である課長は仕事中に体に触ったり，しつこくメールをよこしたり飲食に誘ってきますが，断ると人事評価が下げられそうで困っています。どうしたらよいでしょうか。
>
> ──────────────────────────
>
> **A** 明白なセクハラ行為であり，上司はセクハラとして法的責任が問われることになるので，毅然とした態度をとるべきです。

　上司の行為がセクハラであることを明らかにして，「やめてほしい」とはっきり明示し，相手に誤解を与えないような行動をとる必要があります。相手が誤解すればその後も執拗に同じ行為を繰り返すことになるので，相手に嫌だと感じていること，行為をやめなければ，会社の相談窓口等に相談する意思があることを明言し，その際，セクハラを受けた日時，場所，具体的なやりとり，周囲の状況，その後の相手との交渉経過などを記録や録音しておくとよいでしょう（なお，メールのやりとりは相手も記録しているので，相手に迎合的な発言や不用意な発言をしないように注意が必要になります。）。

〈マタハラの場合〉

> **Q 14** Aさんは出産後，育児休業を取得しようと会社に申し出たところ，「規則がない」と受け付けてもらえませんが，休業することはできないのでしょうか。またBさんは，育児休業を取得して職場に復帰したところ，自宅から一番遠い支店に転勤するように会社から言われましたが，許されるのでしょうか。
>
> ---
>
> **A** 事業主は，育児休業の申出があった場合，原則としてこれを拒むことができません（育介法6条）。会社にはこのような法律の内容を理解させて，同僚の協力も得ながら，育児休業を取得しましょう。また育児休業を理由とした不利益取扱いは禁止されており，使用者は，就業場所の変更を伴う配置転換（転勤）を命じるにあたって，育児や介護に従事する労働者の状況に配慮しなければなりませんので，この配慮を怠ったままの転勤命令は，権利濫用として無効と考えられます。

(2)　安全・安心と健康の確保

　ハラスメントを受けた本人は，多くの場合ストレスからうつ状態になっており，ハラスメントを受けている場合には，PTSD（いわゆる「惨事ストレス」）になっていることもあり，できるだけ医師の診断を受ける必要があります。その場合も，会社の嘱託医ではなく，本人のかかりつけの医師がいる場合は，本人の日頃の健康状態を把握している関係や，プライバシーの確保の観点からも，かかりつけの医師の診断を受けることが望ましいでしょう。なぜなら，会社の嘱託医に相談しても，とりあってもらえなかったというケースや，嘱託医への相談が会社側に直ちに知られて，プライバシーが守られないケースなどもあるからです。

　特にハラスメントによる精神的被害は，本人に自覚がないことが多く，

また中高年の男性は，家族など周囲の者に相談することを恥じる傾向にあり，その間にうつ病などの精神的被害が相当程度に進行していることが多いので，被害者自身の安全・健康への配慮はとりわけ重要なのです。

(3)　証拠の確保

　ハラスメントが行われた場合，被害者が加害者や会社と交渉するに際しては（特に会社との交渉では重要），証拠の確保が重要です。パワハラやマタハラの場面では「加害者」は「そんなことはしていない」と抗弁することが多く（実際，そのように思っていることが多い！），セクハラの場面は一般に「密室」であることから証拠の獲得がより困難なことが多いのです。特にハラスメントが行われた場合，同僚たちが現在も同じ職場で働いていれば，行為者である上司，同僚，雇用主に不利な証言をすることはほとんど考えられず，協力を得ることが難しいでしょう（もっとも，パワハラやマタハラの場合，集団や多数者の個人や少数者への攻撃であるという本質からは，案外多くの人が直接・間接に関与（傍観，反対など）していることがあり，場合によってはこれらの人々の協力が得られることもあります。特に退職者や非正規社員など）。したがって，加害者や会社との示談交渉や裁判になる場合に備えて，次のような証拠・証人を確保する必要があるでしょう。

（i）　被害者自身

　ハラスメントの加害者，内容，発生日を記録し，その他，会社や上司の対応についても詳細に記録し，特にスマホやメールは積極的に活用すべきでしょう。

　特に録音は有効であり，「加害者」に抗議する際には，必ず携帯し，なるべく相手に話をさせる工夫をしながら，録音をするとよいでしょう。次のケースは，上司や同僚から約2時間にわたって「死ね」「早く辞めろ」等とつるし上げをされた女性職員が，労働組合のアドバイスで事前に録音機（ボイスレコーダー）を携帯し，それが決め手となって休業補

償を受けた事例です。相手とのやりとりを録音することは，たとえそれを相手方に秘して行ったものであっても，労災申請等正当な目的で用いられる限り，何ら違法となるものではなく，また，後述するとおり，相手方とのやりとりを録音することを告げておくことは，相手方の行為を抑止する効果もあります。いじめを受けたり，その可能性が差し迫っている場合には，証拠保全の必要性からも，メールや録音機（携帯電話の録音機能など）を活用するべきでしょう。

事例43 明治安田生命労災事件

　保険外交員の女性が，営業部の男性所長から，営業成績が低いなどとして，職場の朝礼などで「お前が嫌いだ」などと暴言を浴びせられ，さらにこの所長が書類の管理ミスなどを理由に外交員から私的に罰金を徴収していることや，日常的に外交員を怒鳴りつけることを本社に通報したところ，これに対して所長は営業所内に通報者がいると知り，犯人捜しが始まったため，女性は自分が通報者だと告白したところ，他の営業所員や同僚の保険外交員から約2時間にわたって，「死ね」「営業所のがん」「早く辞めろ」などとつるし上げられて退職を迫られ，女性はこれがために頭痛，吐き気，不眠などの症状が出て体調を崩し，「心因反応」による適応障害と精神科で診断され休職を余儀なくされたことから，女性は個人加盟の労働組合に加入し，団体交渉を通じて会社側に調査と謝罪を求めたが，明確な回答がなかったため，怒鳴られた際に録音した記録媒体を添付して同労働基準監督署に労災を請求したところ，労災認定されて，休業補償を受けています（2008年12月6日付毎日新聞）。

　特にセクハラなどが行われた場合，メールが「加害者」側から提出されることがありますが，メールの文言がしばしば相手に対して迎合的であることが多いことから，その評価は慎重になされるべきです。この点

図表5―8　「迎合メール」など―セクハラに関する労災認定基準

⑷　その他心理的負荷の評価に当たり留意すべき事項
　　セクシュアルハラスメント事案の心理的負荷の強度を評価するに当たり，
　（中略）次の事項への留意が必要であることを示すべきである。
　ア　被害者は，勤務を継続したいとか，行為者からのセクシュアルハラスメ
　　ントの被害をできるだけ軽くしたいとの心理などから，やむを得ず行為者
　　に迎合するようなメール等を送ることや，行為者の誘いを受け入れること
　　がある。このため，これらの事実から被害者の同意があったと安易に判断
　　するべきではないこと。
　イ　被害者は，被害を受けてからすぐに相談行動をとらないことが多いが，
　　この事実から単純に心理的負荷が弱いと判断すべきではないこと。
　ウ　被害者は，医療機関でもセクシュアルハラスメントを受けたということ
　　をすぐに話せないことが多いが，初診時にセクシュアルハラスメントの事
　　実を申し立てていないことのみをもって心理的負荷が弱いと判断すべきで
　　はないこと。
　エ　行為者が上司であり被害者が部下である場合，行為者が正規職員であり
　　被害者が非正規労働者である場合等，行為者が雇用関係上被害者に対して
　　優越的な立場にある事実は心理的負荷を強める要素となりうること。

資料：厚労省「精神障害の労災認定の基準に関する専門検討会　セクシュアルハ
　　　ラスメント事案に係る分科会報告書」平成23年6月28日より抜粋

について，労災認定の判断基準に際して提出された厚労省の報告書（図
表5―8）が参考になります。

　⑾　**被害者から相談を受けた者**

　家族や友人，恋人など，被害者からハラスメントの被害について相談
された者や，ハラスメントそのものについて相談されてはいないが，ハ
ラスメントが行われていた期間，被害者から精神的又は身体的不調を相
談されたり，あるいはそのような被害者の様子を見ていた人などが考え
られます。例えば，前述した【事例17】誠昇会北本共済病院事件（さい
たま地判平16.9.24労判883号38頁）では，男性看護師が先輩上司からいじ
めを受けた事実は，看護学校の同級生で交際していた恋人や，同じ病院
に勤務していた看護学校の同級生であった職員や母親らに話した内容が

証拠として採用されています。

(ⅲ)　他の被害者

　加害者が被害者以外にもハラスメントを行っているケースは珍しくないので，同じ職場に勤めていたが辞めてしまった同僚や，同じ学校に通っていた友人などを探し出して事情聴取してみるべきです。仮に，以前の同僚がハラスメントを受けていなかったとしても，他の被害者から相談を受けたり，加害者がハラスメントを行っていたなどの噂を耳にしたことがあるかもしれず，そのような証言が得られれば，重要な証拠となることは間違いないでしょう。

(ⅳ)　精神科医・心理カウンセラー等

　ハラスメントの場合，被害者は被害を受けたことが心の傷となって残り，忌まわしい記憶から自分を守るために，無意識のうちにハラスメントの記憶を忘れようとして，被害時前後の記憶が曖昧になることがよくあります。法廷で被害者が，ハラスメントが行われたときの状況や，自分の対応を上手に説明できなかったために，証言の信用性が疑われた事案もあります。

　このような事案においては，精神科医や心理カウンセラーなどの専門家に，強い精神的ショックを受けた後には，記憶が薄れてしまったり，被害を思い出すと精神的に動揺してしまうなどの症状が現れることがあることを証言してもらい，被害者が体験した事実を理路整然と説明できない理由について，裁判官の理解を得ることが必要です。これらの専門家の証言は，被害者の精神的苦痛の深刻さを立証するのに役立つ可能性もあるし，被害者が専門家による治療を必要とする場合もあるので，あらかじめいじめによる被害に詳しい精神科医や心理カウンセラーなどの専門家を紹介してもらうことも考慮すべきでしょう。

⑷　「被害」の公然化

　ハラスメントを受けた場合，相手方にはっきり，「あなたのやってい

ることはいじめだ，やめてほしい」と言って，事実を明らかにすることが，ハラスメントを防止するとともに被害拡大を抑制する上で重要です。一人で悩んでいると，ハラスメントがますますエスカレートする場合があるからです。相手が，自分は悪いことをしているという自覚を生むことができれば，公然化することが，いじめに対する抑止力になるからであり，例えばスマホなどを目の前に置いて話を聞いたり，相手の語気を押さえる手だてとなることもあるでしょう。内容証明などで，ハラスメントの是正を求めることも有効であり，後日の裁判の証拠ともなります。

　パワハラの相談例の中には，「身体的」苦痛を与える行為としては，威圧的な態度で肩をこづく，「バカヤロー」と言いながら足で蹴ったり胸ぐらをつかみ上げ，ひどいときには殴りつける，棒や竹刀のようなものでつついたり頭をたたく，いきなり後ろから押す，同僚や取引先の人の目の前で土下座をさせる，書類や物を投げつけたり人前で部下の髪をいじりながらからかう等の行為が指摘されており，これらは暴行・傷害のほか，脅迫，強要，名誉毀損，侮辱といった罪名によって告訴することが考えられます。もっともこの場合は，相手が否認することを想定して，証拠化をしっかりしておくことが必要です。

⑸　内部告発（通報）制度の活用を！

（ⅰ）　内部告発（通報）制度とは

　上司，同僚や組織ぐるみでのハラスメント行為は，前述したとおり均等法，育介法，派遣法等に違反し，会社や組織にとってあってはならないものであり，従業員のチェック機能による組織の自律的な遵守（コンプライアンス）を確保するためにも，被害者本人や他の従業員らが内部告発（通報）を行うことは，それが企業秩序を乱したり会社の信用名誉を毀損するような不法不当なものでない限り，法的に許されるのは当然のことです。内部告発（通報）は，「虚偽の風説を流布した」とか「会社の信用・名誉を毀損した」等として，当該告発者が懲戒処分される場

合がありますが，裁判例では，当該告発行為が，①真実若しくは真実と
信ずるに相当の理由があり，②目的が法違反や不正是正等の公益性があ
り，③手段・態様等において社会通念上相当と認められる場合には正当
なものとされて，信用・名誉を毀損等したことにならないとされていま
す（例えば，生協職員が，役員に対して生協を私物化し公私混同している旨
の文書を関係者に匿名で送付したことなどを理由とする懲戒解雇処分が無効
とされた，大阪いずみ市民生協事件・大阪地堺支判平 15.6.18 労判 855 号 22
頁など）。

(ii)　公益通報者保護法

　このように内部告発は，健全な企業活動へ是正する意味を持っていま
すが，企業の側からは裏切り者と見なされ懲戒や解雇等の不利益処分を
受けることにもなりかねません。例えば，消費者庁が実施した平成 28
年度の「実態調査」では，内部通報制度を導入している企業は 46.3% と
約半数あるにもかかわらず，企業に不正行為があっても通報や相談をし
ないとする労働者が 43% に達しています（その理由の 1 つとして，「不利
益取扱いを受けるおそれ」と回答した者が 24.8% と約 4 分の 1 あります。消
費者庁「平成 28 年度民間事業者における内部通報制度の実態調査報告書」）。
裁判例でも，大手貨物運送会社の社員が闇カルテルを告発したところ，
その報復として約 28 年間にわたって 6 畳程度の個室に隔離した上で雑
務に従事させられ，上司から毎日のように退職勧奨されたケースが指摘
できます（【事例 33】トナミ運輸事件・富山地判平 17.2.23 判時 1889 号 16
頁）。

　このような状況に対して，平成 16 年に公益通報者保護法が制定され，
個人の生命身体の保護，消費者の利益の擁護，環境の保全，公正な競争
の確保等にかかわる重大な法令違反行為について，内部告発者の解雇・
減給その他の不利益取扱いが無効とされるようになっていますが，保護
の対象となる通報事実が，直接的若しくは間接的に罰則の対象とされて
いる違法行為に限定されている結果，例えば，残業代の不払いや労災隠

しは，労基法や労安法違反で罰則の対象とされているため通報対象事実に該当しますが，ハラスメントは，民法や均等法などに反する違法行為にはなり得るものの，強制わいせつ罪や強要罪などを除いて原則として罰則の対象とされていないため，通報対象事実に該当しないことになります。

(ⅲ)　ハラスメントと内部告発

しかしながら，職場におけるハラスメント対策は，事業者に課せられた職場環境配慮義務の範囲内にあり，内部通報窓口を設置している企業の多くは，公益通報者保護法に定める通報対象事実よりも広い範囲の事実を内部通報の対象とし，ハラスメントに関する通報も受け付けています。このことは，前述した平成28年の「実態調査」でも，通報窓口に寄せられた通報内容の半数超の55％が「パワハラ・セクハラなどの職場環境を害する行為」で占められている事実が如実に物語っており，ハラスメントを未然に防止していくためにも，内部通報制度の果たす役割が大きく，そのためには，内部通報制度を実効性あるものにする工夫が必要であり，消費者庁の「民間事業者向けのガイドライン（平成28年12月9日）」なども参照しつつ，具体的には通報者の匿名性が確実に守られ，通報を理由とする不利益等取扱いから保護されるように，企業トップをはじめ組織全体での取組が求められており，更に公益通報者保護法が通報対象事実を罰則の対象とされている行為に限定している点も，抜本的に改めるべきです。当面は，自分が通報しようとしている事実が通報対象事実に該当するのか分からないという場合には，弁護士等の法律専門家に相談することをお勧めします。

次のケースは，グループ会社内における相談窓口を通してのセクハラ対応に関して，親会社の責任が問われたものです。

事例 44　イビデン事件（最一小判平30.2.15 裁判所ウェブサイト）

Ｙ社は，グループ会社の事業場内で就労する者に対してコンプラ

イアンス相談窓口を設けていたところ，子会社の契約社員Xに対して上司Aがセクハラやつきまとい，ストーカー行為をしたことから，Xの同僚社員Bが上記窓口に相談したところ，Yは子会社に対応を任せ，Xに事実確認をすることなくセクハラは確認できなかったとBらに伝えたことから，Xは親会社の対応不備等の違反を理由としてYらに対して損害賠償を求めたケースで，高裁は，Y（親会社）の法令遵守体制整備義務違反を認めたところ，最高裁はXの請求を棄却しています。判旨は「Yは，本件当時，法令等の遵守に関する社員行動基準を定め，本件法令遵守体制を整備していたものの，Xに対しその指揮監督権を行使する立場にあったとか，Xから実質的に労務の提供を受ける関係にあったとみるべき事情はないというべきである。また，Yにおいて整備した本件法令遵守体制の仕組みの具体的内容が，勤務先会社が使用者として負うべき雇用契約上の付随義務をY自らが履行し又はYの直接間接の指揮監督の下で勤務先会社に履行させるものであったとみるべき事情はうかがわれない。以上によれば，Yは自ら又はXの使用者である勤務先会社を通じて本件付随義務を履行する義務を負うものということはできず，勤務先会社が本件付随義務に基づく対応を怠ったことのみをもって，YのXに対する信義則上の義務違反があったものとすることはできない。」旨述べています（判旨によれば①当該労働者が親会社の指揮監督下で労働提供を行う場合や，②法令遵守体制の仕組みの具体的内容によっては，親会社が責任を負う場合があるということになります）。

　その上で判旨は本件について「Xが本件行為について本件相談窓口に対する相談の申出をしたなどの事情がうかがわれないことに照らすと，Yは，本件行為につき，本件相談窓口に対する相談の申出をしていないXとの関係において，義務を負うものではな」く，またX退職後のAによるストーカーについては，「Xが退職した後に本件グループ会社の事業場外で行われた行為に関するものであり，

従業員Aの職務執行に直接関係するものとはうかがわれない。しか
も，本件申出の当時，Xは，既に従業員Aと同じ職場では就労して
おらず，本件行為が行われてから8箇月以上経過していた。した
がって，Yにおいて本件申出の際に求められたXに対する事実確認
等の対応をしなかったことをもって，YのXに対する損害賠償責任
を生じさせることとなる義務違反があったものとすることはできな
い。」としています。

　このような企業のハラスメント防止義務は，労働契約関係ないしこれ
に相当する関係になくとも，個別具体的な状況次第で会社の責任が肯定
される場合を認めたものとして注目されます。

3　会社の対処法①─「相談」

> **Q
> 15**　ハラスメントにかかわる相談等を受ける際に，どのようにヒア
> リングをしたらよいのでしょうか。留意すべき点を教えてくだ
> さい。
>
> ---
>
> **A**　相談者は強いストレスの中で訪れていることが通常であること
> から，事情聴取に際しては相談者の健康状態等に配慮しながら
> 行う必要があります。

(1)　相談の基本

(ⅰ)　相談者について

　ハラスメントの相談者は，「被害者」「加害者」双方ともに強いストレ
ス状態であることが通常です。「被害」を訴えてくる従業員は，一般に
ハラスメントによるストレスからうつ状態になっていることが多く，し

かも強いストレスでPTSD（いわゆる「惨事ストレス」）になっている場合もあり，相談担当者は，精神科の医者等と連絡をとりながら，事情聴取に際しても過度のストレスを与えないように時間等に配慮する必要があります。

　他方，ハラスメントの「加害者」として訴えられている従業員にとっては，調査結果によっては会社における自己の処遇に影響が出てくることになり（例えば当事者同士の私的トラブルとして解決できる事案なのか，非違行為として懲戒処分が必要とされる事案なのか等），これらは「加害者」従業員の利害に直接かかわり，それ自体ストレス要因となるものです。いうまでもなく「被害者」「加害者」のストレスには，その程度・質に違いがあるものの，双方ともにストレス状態にあることを理解した上で，相談，事情聴取に臨むべきです。

　(ii)　聞き取りについて

　当事者からの聞き取りには，①時系列と②論点ごとの2本立てにして聞く必要があります。

　(ア)　時系列での聞き取り

　時系列での聞き取りは，当事者の記憶の喚起の意味があります。そもそもハラスメントは，職場における人間関係が「不安定」な時期に発生するものであり，一旦ハラスメントが発生すると，当事者間の関係は修復不能なほど崩壊してしまうことがあります。しかも前述したとおり，ハラスメントは当事者双方に強いストレスを与え，しばしば記憶の欠落を招き，その結果として被害者は特に強い被害を受けた部分を強調し，加害者はそれ以外の関係を強調しがちとなって事実把握が困難になることが多いことから，双方から時系列での事情聴取をし，双方の主張を総合することで，全体の把握をすることが可能となります。

　(イ)　「論点」の聴取

　「論点」の聴取は，当事者（特に「被害者」）が何を求めているのか（ハラスメント防止法や均等法上の事業主の措置か，あるいは不法行為責任や

懲戒請求等）確認する必要があり，その対応によって調査・処遇への検討に移行すべきことになります。この点について会社によっては，相談対応部内で行為者やその上司に対する指導援助や助言を行うべきであるとして，原則として当事者による自主的な解決の促進を目指す取扱いをするケースが見られますが，このような措置は，相談担当者に過度の負担を負わせるばかりか，結果的に当事者の不満を招き，迅速な解決をもたらさないことにもつながり，したがって「相談」段階では，あくまで解決手続のアドバイスに徹し，次の方法（調査など）への橋渡しに徹するべきなのです。

(2)　被害者自身からの相談

　相談対応では，原則として，被害を訴える人の立場に立って，よく傾聴し，まず，被害者の精神的負担の軽減を図ることが大切です。

(i)　被害者との最初の接し方

　相談者は，身近に相談できる人を見いだせず，困り果て疲れ切った状態で相談に来ることが多々ありますので，相談者の不安と緊張をほぐし，相談者が話しやすい雰囲気，環境を作ることを目標に対応します。

(ア)　自己紹介を丁寧に行う

　相談担当者は，相談者に対して，自分の所属や名前，日頃行っている職務の概要を丁寧に伝えます。相談員が自分のことを明らかにすることが，相談者の不安と緊張を和らげますので，対応の第一歩として自己紹介を丁寧に行います。また，自己紹介を行うことは，相談者に対して，もう一方の当事者と特別の関係にないことを確認する機会を与えることにもなります。

(イ)　プライバシーの保護について約束する

　プライバシーが保護されていることを伝え，相談者に安心感を与えます。相談者が希望した場合には1名で対応することもできますが，原則として相談員は2名で対応しなければなりませんので，2名で対応する

261

場合には特にその不安を取り除くようはっきりと伝えます。

(ウ)　相談に訪れた事情のあらましを尋ねる

相談者は「相手は自分のことを理解してくれないのではないか？」という不安や恐れ，不信感を抱いていることが多く，はじめは厚い鎧を身にまとっていますが，それを無理矢理に剥ぎ取ることのないよう，最初から根掘り葉掘り尋ねることは控え，まず相談内容の概略を把握するよう努め，詳細な内容を聴くことは後回しにします。

(エ)　相談者の苦悩への理解を伝える

「それは本当に嫌なことでしょうね」などのように，相談者の苦悩への理解を伝え，勇気を出して相談に訪れたことを，ねぎらうようにします。

(オ)　複数で相談に応じていくことを伝える

特にセクハラの場合，相談者と同性の相談員を含める配慮が必要です。2名で対応する方が，より適切かつ公正な対応が可能となります。相談者の希望により直接話を聞くのは自分一人という場合でも，迅速かつ適切に対応するためには，他の相談員の支援が必要であることを説明し，了解してもらいます。相談者が精神的にかなり不安定になっていたり，追いつめられた状態になっているときには，カウンセラーや診療所との連携が必要になります。

(カ)　手紙，電話，電子メールによる相談の場合

相談者が手紙，電話，電子メールを用いて相談を申し出てくる場合があります。相談者から申出があったら，前述した(ア)～(オ)により対応し，相談日時，場所，相談に応じる人数等の希望を聞き，直接会って相談に応じられるよう調整します。その過程で，相談の概要を相談者が手紙，電話，電子メールで伝えてくることもあります。

(ii)　事情聴取の方法

事情の詳細を聞き，正確に理解することを目標に対応します。

(ア)　事実関係の確認

事実関係について次の事項を確認します。

Ⓐ　当事者（被害者及び加害者とされる者）間の関係，特にセクハラでは加害者との関係が問題とされることがあるので詳しく聞く必要があります。

Ⓑ　問題とされる言動が，いつ，どこで，どのように行われたか

Ⓒ　相談者は，加害者とされる者に対してどのような対応をとったか，また，加害者とされる者はどのような対応をとったか

Ⓓ　相談者は，その他どのような対応をとったか

なお，これらの事実を確認する場合，相談者が主張する内容については，当事者のみが知り得るものか，又は他に目撃者はいるのかを把握する必要があります。

そして今，相談者が求めていることは何なのかを尋ね，そうした事柄を正確に理解することが必要です。

正確な理解は，それだけでも相談者の精神的な苦痛を和らげる効果を持っていますし，以後の適切な対応を行うための大前提となります。

　(イ)　事情聴取時間は１回につき１時間以内

相談者は強いストレスを抱えていることが多いので，話を聴く時間は１回当たり１時間以内にとどめ，時間が足りないときには，日を改めて話を聞くようにします。それに対して相談者が不満を示し，「もっと話を聞いて欲しい」と強く訴える場合は，相談者が精神的に混乱している可能性が高く，言われるままに何時間も話を聞き続けていると，ますます混乱状態がエスカレートしていくだけですので，そういう場合ほど毅然とした態度で前述した理由を説明し，優しく，かつ，きっぱりと話を打ち切ることが大切です。ただし，相談員が相談者の状態から緊急を要すると判断した場合には，相談者の了承を得た上で，速やかに相談者の上司等にその旨を報告する必要があるでしょう。

　(ウ)　再確認しながら聞く

ただ相槌だけを打ちながら話を聞くのではなく，話の内容を確認しな

263

がらゆっくりと聞いていきます。確認を怠って誤解するよりも，しっかり確認して，正しく理解することが大切です。ただし，場合によっては，相談者の記憶があやふやになってしまっていることもあり得ますので，慌てすぎないように，まずは客観的事実かどうかの確認より，相談者の言い分を十分に聞きます。

㈔　相談者を責めない

ハラスメントを受けたと感じている人の中には，やっとの思いで相談することを決意した人や，自分で自分を責めている人もいます。「なぜ抵抗しなかったのですか？」「なぜ嫌だと言わなかったのですか？」「なぜそんなになるまで黙っていたのですか？」などと，相談者を責めないことが大切です。特にセクハラの相談の場合は，性的な被害にあった相談者の多くが，身近な人などから上記のようなことを言われて傷ついていることがあります。抵抗や拒絶が大変しにくいところに，ハラスメントの問題の本質があることを理解しましょう。

(3)　周囲からの相談

（i）　本人の被害を周囲が相談

周囲からの相談でも，まずは相手の話をよく聞くことが原則です。しかし，本人以外からの相談は，たとえ善意であっても，本人の意思を完全に代弁できるわけではなく，本人の意思に反することもあるため，慎重に対応する必要があります。このような場合，本人が直接相談に来るか，信頼のおける上司等に相談するよう促し，本人のプライバシーに十分配慮する必要があります。

（ii）　周囲からの間接的被害の相談

直接の被害者の周囲の人が「不快な職場環境は何とかならないのか」などと間接的な被害を訴える場合です。そうしたケースでは訴えてくる人にも当事者性があるので，被害者本人からの相談と同様に，不快感等を訴える人の立場に立って，よく傾聴することが大切です。こうした

ケースは,「職場環境改善の要望」と捉えることができますが,やはり,行為者への働きかけなど,直接の被害者に関わる取組が必要となり,この場合,行為者からの事情聴取や行為者への指導などを行う場合,必要に応じ被害者本人からヒアリングを行い,本人の意向を尊重しつつ,本人からの相談対応に移行し,事前に直接の被害者の十分な理解と合意を得ておく必要があります。

(4)　相談後の処置

(i)　説明若しくは注意

　事情聴取の結果,当事者間の感情の行き違いであったり,誤解であったりして,むしろコミュニケーション不足に原因がある場合には,相談者並びに行為者にその旨注意喚起をして,不満の解消や関係改善,再発防止を努めることになります。

　特にパワハラの場合,行為者の動機やきっかけについて当事者間に誤解があることが多く,このような場合には,相談者の意思を確認した上で,所属長等が口頭又は文言で行為者に注意喚起や所属転換等を行い,反省を促すことも考えられます。パワハラの場合,指導やアドバイスとの区別が曖昧なことが多く,行為者自身が行為の重大性を理解せず,また使用者も被害者から労務管理の不備を指摘されたことに対する感情的反発が先に立ち,冷静な判断を欠く状態になっていることが多いのです。すなわち,行為者は,「被害者は当事者間の個人的問題のこじれを仕事にかこつけている」「被害者の訴えは仕事上の無能力を上司の責任に転嫁している」「たかが,平社員の訴えで使用者にとって有用な人物を失いたくない,傷つけたくない」などの反応を示すことが多いのです。

　しかしいじめ・パワハラは,従業員が職場で働く上で重大な障害となっており,ハラスメントによって従業員が被害を受け,あるいは働き続けられないこととなれば,その従業員にとっては,身体的,精神的な直接の被害に加え,職を失い収入の道が失われることとなり,社会に参

加し，自分の力を発揮する道を閉ざされるという意味を持っています。またハラスメントが蔓延する職場は，労務能率を落とし，企業にとっても損害が発生することになります。

したがってハラスメントの相談に対応するのは，加害者に対する注意喚起が検討されるべきです。この場合，被害者の意図を尊重して，被害者のプライバシーと安全確保に最大限の配慮が必要となります。言うまでもなく，相談者が希望しない限り匿名にすべきことになります。注意をする際には，行為者の所属長（又は苦情処理セクション）から行い，①申し立てられた被害内容について，プライバシーに最大限配慮した形で整理した概要を提示し，②その行為がハラスメントに該当するのかの根拠を提示し，③今後，ハラスメント行為を行わないことや，指導方法の改善等について注意喚起し，申し立てた相談者の探索，嫌がらせ，報復などを行わないよう警告し，⑤異議がある場合は，苦情処理セクションに意義を申し出ることができることを告知する等となるでしょう。

このような注意喚起による効果がなかったとの相談があった場合は，「調査」による解決について，相談者の意思を確認することになりますが，前述したとおり「匿名」とされても，注意喚起内容により，事実上相談者が特定されることが大半であり（このような場合に備えて，相談者に対する報復等は行われないようあらかじめ相手方に対して警告が必要），このようなことを予想して，事実上注意喚起を望まない相談者が多くなることにも留意し，工夫する必要があるでしょう。

(ⅱ)　調査手続への移行

事情聴取による事実確認の結果，悪意のない言動であっても放置すれば深刻な事態となるおそれがあると認められる場合や，ハラスメントを受けていると認められる場合は，速やかに防止対策委員会等へ報告し，救済措置，加害者からの事情聴取等の対策を求めることになります。

4　会社の対処法②──「調査」

Q
16
ハラスメントにかかわる相談等を受けた後，事実関係等の調査を実施する際の留意点を教えてください。

A　事実調査は，被害者本人の意向を確認しながら進めます。行為者，上司，同僚，目撃者など事情聴取を行う相手，相手方への事実の告知範囲などを相談者に確認した上で，相手方には，事情聴取のために必要な最低限の事実だけを伝えます。深刻なケースでは，刑事事件になることも想定し，記録の作成・保存については厳正に取り扱う必要があります。

(1)　調査手続の基本

　使用者には迅速かつ適切な事実調査が要請されます。使用者のハラスメント防止義務が，労働者の利益を害さない義務（＝相手方保護義務）である以上当然のことであり，ハラスメントが使用者自ら認知したものであれ，従業員からの申立てによるものであれ，ハラスメント被害の拡大を阻止し被害回復を図るためには，使用者は迅速かつ適切な調査義務を負うことになります。

(ⅰ)　適正迅速な調査義務

　使用者はハラスメントの発生若しくはそのおそれがある場合，かかる行為の発生並びに被害の拡大を阻止する義務を負っており，まず迅速な調査が要請されており，このような義務を怠ったものとして，京都セクハラ・呉服販売会社事件（京都地判平 9 . 4 .17 判タ 951 号 214 頁，労判 716 号 49 頁），三重セクハラ・厚生農協連合会事件（津地判平 9 .11. 5 労判 729 号 54 頁）などを挙げることができるでしょう。

(ⅱ)　調査担当者・手続の公平性確保

　使用者がハラスメントの発生若しくはそのおそれがある場合に行う調

査は，適切なものでなければならず，事実調査の公平さが確保されなければならず，そのためには公正かつ公平な事実調査に関するルールが必要であり，具体的には，①調査担当者（機関）の公平性の確保，②調査手続の公平性の確保が必要とされるでしょう。

(2)　調査手続

　ハラスメント被害が深刻で行為者に対する注意喚起がふさわしくない事案であったり，相談者がそれまでに行為者に対する何らかの処分を望んでいるような事案については，迅速・公正な調査を行い，必要に応じて処分等を行うことになり，この場合，随時第三者（弁護士など）を加えた調査機関を設置して厳正な調査を行い，処分等を検討することになります。調査は被害者（親，友人を含む）→第三者（上司，目撃者，同僚など）→行為者の順で行うべきでしょう。

(i)　被害者からの事情聴取

(ア)　被害者本人からの事情聴取の原則

　相談対応では，広く情報を得るため，第三者等からの相談も広く受け付けますが，事実調査は，被害者本人の明確な意思に基づき，本人の意向を確認しながら手続を進める必要があるため，被害者本人のみから受け付けることとします。

(イ)　事情聴取の手法

　事実確認は具体的事実を可能な限り詳細に聞き取る必要がありますが，被害者本人はストレスを抱えていることから，事情聴取は長時間にわたってストレスを増幅することのないよう，複数回にわたる等配慮が必要です。事情聴取に際しては，主張の一貫性，具体性に留意して聞き取りをする必要があります。また，相談者は一般的に自分にも落ち度があると思いがちであり，勝手に自分の不利になる事実と思い込んで，重要な事実を言わないことがあり，その点も留意して聞く必要があります。

　例えばセクハラの事案では，性的関係を持っていたことや，上司と二

人だけで食事に行ったりして親密な関係であった事実や，またパワハラの事案では，自らが仕事上のミスをしていたことなどを述べなかったりするので，このような点にも留意して事情を聞く必要があります。

(ウ)　行為者等からの事実調査についての合意

行為者，上司，同僚，目撃者等のうち，どの人から事情聴取をするかを確定し，被害者の合意を得，行為者等からの事情聴取における相手方への事実（被害者の訴え）の告知範囲などを確認します。

(ⅱ)　行為者の上司や同僚からの事情聴取

行為者の上司や同僚に事情聴取を行う場合，①いじめや嫌がらせのことを知っていたか否か，②結果とし加害者に加担するような行為があったか否か，③いじめや嫌がらせの事実を知ったときにとった対応の内容，④被害者が深刻な状況にあったことについて把握していたか否か，⑤やめさせる努力をしたか否か，⑥もし努力した場合は何をしたのか，⑦やめさせる努力をしなかったとすれば，その理由は何だったのか，⑧事情聴取のあったこと，そこでの内容についての守秘義務についてなどの確認がポイントとなります。

行為者の上司から事情聴取を行う際の注意点ですが，これらの人々は，事情聴取を受ける段階で，既に一定の評価・判断をしている場合が多く，したがってこれらの人々の認識は，いじめ・パワハラの理解が不足している状態での認識である可能性が高いことを意識しながら，客観的事実関係の把握に努める必要があるでしょう。

その上で，事業主は，迅速に適切な処理を行う必要があるとともに，苦情を申し立てたことによって，申立人が不利益を被らないような配慮をする必要があります。

前述した【事例36】デンソー（トヨタ自動車）事件や，【事例32】沼津セクハラ・F鉄道工業事件などのように従業員の訴えを上司が放置したケースがその典型であり，またセクハラの例で次のような事例があります。

事例45　福岡セクハラ事件（福岡地判平4.4.16判時1426号49頁）

　雑誌の編集出版をしている会社に勤務していた独身の女性編集者Xが，男性編集長から，会社の内外の関係者らに，「Xさんはけっこう遊んでいる。おさかんらしい。」等の発言を2年間にわたって繰り返しされ，さらには「君は私生活が派手なんじゃないか。（中略）随分男性たちとも付き合いが派手なようだ。そういう女性はこの業界に向いていないと思う。」等と退職を求められたことから，Xは専務ら会社幹部に救済を求めたものの，専務らの対応は編集長とX間でよく話し合うようにと言うにとどまり，喧嘩両成敗的な態度で臨んだためXは退職を余儀なくされるに至ったケースにつき，判決は，「専務らの行為についても，職場環境を調整するよう配慮する義務を怠り，また，憲法や関係法令上雇用関係において男女を平等に取り扱うべきであるにもかかわらず，主として女性である原告の譲歩，犠牲において職場関係を調整しようとした点において不法行為性が認められるから，被告会社は，右不法行為についても，使用者責任を負うものというべきである」旨判示しています。ちなみに本件は「日本初のセクハラ裁判」としてマスコミ等でも大きく取り上げられたケースですが，本来は職場のいじめ，パワハラの事案といえるでしょう。

　また社長Y1からのパワハラ的言辞に加えて，会社の上司Y2（専務）から，「会社を辞めるか，俺を選ぶか，2択や。」などと性的関係を迫られた女性社員Xが，退職を選択してその一部始終をY1に報告したところ，Y1は「それは嘘だ」「お前は会社を辞めることを認めたんだからもう帰れ」等と述べてXを解雇したケースで，判決は「当事者のXと被告Y2双方から事実関係について充分聴取した上で，いずれの主張

が信用できるか慎重に検討すべきである。にもかかわらず，被告Ｙ１は，はなからＸの被害申告が虚偽であると決めつけているのであって，被告Ｙ１には重過失があることは明らかであるから，本件解雇は，社会的相当性を欠くものとして違法というべきである。」旨判示した，Ｃ社事件（大阪地判平 24.11.29 労判 1068 号 59 頁）があります。

　上記の事案は，いずれも使用者が，当事者双方の言い分を聞かなかったり，一方の言い分のみを聞いて「個人的問題」として解決を図ったりして，適切な事実調査を怠ったことが明白な事案であり，このように当事者双方の言い分を聴取することを怠ることは，使用者の「ハラスメント防止義務」違反の重要な要素となるのです。

ⅲ　行為者からの事情聴取

　事情聴取を実施するに当たり，行為者に守秘義務の遵守を確認します。その上で，事実関係や被害者の訴えの内容については，被害者の合意の範囲内で，事情聴取のために必要な最低限の事実だけを伝えます（行為者が上司や周囲に情報を伝え，噂話になるおそれがあります。）。

　行為者は，自分の行為の重大さを認識していないことが多いので，相談者からハラスメントを指摘されると，反省どころか相談者への怒りないし反発の感情をもって事情聴取に臨み，感情が先行してなかなか事実を事実として述べたがらないということが多々あり，したがって，行為者から評価ないし意味づけとは別に，客観的事実を冷静に聞き取る努力が必要となります。

　パワハラの例で「お前の代わりはいくらでもいる」「君はこの仕事向いていないんじゃない」などという言葉が，職場という上下関係の中で上司から部下へ，あるいは正規社員から派遣社員などに発言された場合，部下や非正規社員などに，大変なストレスを与え，職場の労働環境が阻害されることになることを認識させる必要があります。

　いうまでもなく同じ事実につき異なった理解があり得ることを認識しておくべきであり，その上で，行為者とともに，何が問題であったかを

検討していき，行為者自身が自己の行為に問題があったことに気づくようにすることが大事でしょう。

(3) 調査協力義務

(i) 調査協力義務とは

ところで使用者がハラスメントの有無等について調査をするに際して，当事者双方に対してどの程度の調査協力を求めることができるのでしょうか。あるいはどの程度の協力を求めなかった場合，調査義務違反として使用者は債務不履行責任を負うことになるのでしょうか。この問題を検討するに際しては，ハラスメントに関する労働者（当事者及び第三者）の調査協力義務と使用者の調査義務とを分けて論ずる必要があります。

前者については，使用者は職場規律違反の調査について従業員に対して，どのような場合に協力を求めることができるかというかたちで問題とされ，裁判例においては，労働者が使用者の行う他の労働者の企業秩序違反事件の調査について協力義務を負うのは，㋐当該労働者の職責に照らし，その職務内容となっていると認められる場合，㋑又は，調査対象である違反行為の性質・内容，上記違反行為見聞の機会と職務執行との関連性から，より適切な調査方法の有無等諸般の事情から総合的に判断して，労働契約上の基本的義務である労務提供義務を履行する上で必要かつ合理的であると認められる場合に限られるとされて，比較的厳格な解釈がとられています（富士重工業事件・最三小判昭52.12.13民集31巻7号1037頁，判時873号12頁）。

他方後者，すなわち使用者がハラスメント防止義務として負う調査義務は，前者とは性質を異にするものであり，使用者が契約上負う誠実義務の一つであり，少なくとも前記㋐㋑の範囲では，使用者は労働者に対し調査協力を求めることができるのであり，使用者がこのような協力要請を怠った場合は，適切な調査義務を怠ったものとして，ハラスメント防止義務としての調査義務違反とみなされることになるでしょう。

(ⅱ)　ハラスメントと調査協力義務

　ちなみに前述したとおり，従来従業員の第三者に対するセクハラや，第三者からの従業員に対するセクハラ被害が問題とされてきていたことから，改正均等法では自社の労働者が，他社の労働者等からセクハラを受けた場合も，相談に応じる等の措置義務の対象となることが指針で明確化されると共に，自社の労働者が他社の労働者にセクハラを行い，他社が実施する雇用管理上の措置（事実確認等）への協力を求められた場合には，これに応じるよう努めることとされます。

(4)　当事者の言い分が異なる場合の対応は

> **Q
> 17**　事実調査を進める際に，当事者の言い分が異なる場合はどのように対応したらよいでしょうか。留意すべき点を教えてください。
>
> ---
>
> **A**　①当事者の日頃の言動，人的関係，性癖など，②当事者の供述態度，主張の一貫性や具体性など，③当事者のハラスメントの際の行動等を基にして，双方の主張の信用性を見極め，ハラスメントの存在を判断することになります。

(ⅰ)　事実確認の基本

　相談者と行為者の双方から事実関係を確認することになりますが，相談者と行為者との間で事実関係に関する主張に不一致がある場合，第三者からも事実関係を聴取する等の措置を講ずる必要があります。

　パワハラやマタハラの場合には，事実そのものより動機や意図など事実の評価をめぐって当事者間で不一致が出ることが多く（「加害者」側は，「そんなつもりではなかった」「単なる冗談だった」などと言います。），この場合にはハラスメントが相手方の受けとめ方を基本として考えるもので

あることを基本にして，事実認定をしていくことになります。

　他方セクハラの場合には，これとは異なり，第三者等の目撃者のいないいわば密室で行われることが大半であることから，「事実」自体が争いとなることが多く，このような場合には次のような判断をしていくことになるでしょう。

　⒤　ハラスメントの判断基準

　ハラスメントの「存在」自体が争いとなる場合，最終的には，当事者（「加害者」と「被害者」）のどちらの主張が信用性が高いかが問題となり，その判断基準として次の点が指摘できます。

　㋐　当事者の日頃の言動，人的関係，性癖など

　例えば「加害者」が「被害者」その他の者に，日常的にハラスメント行為を行ってきたか，「被害者」が「加害者」に個人的な恨みを有していたかなどの事実を検討する必要があります。兵庫セクハラ・国立病院事件では原告女性が男性上司からセクハラを受けたとし訴えたところ，被告男性は事実無根であるとして争ったケースで，判決は，「原告の供述内容が全くの虚偽であるとすると，原告が被告を陥れる目的を有していたとか，原告が虚言癖のある人物であることが考えられるが，そうしたことは認められない」「被告は，勤務期間中に（他の）女性職員の乳房の大きさや体型のことや，女性職員の配偶者との性交渉のことなど話題にすることが度々あった（女性の乳房は大きい方がよいとか，触ったら気持ちいいだろうなとか，性交渉の体位を尋ねるなど）」等と判示してセクハラを認定しています。

　㋑　当事者の供述態度，特に主張の一貫性や具体性など

　例えば【事例4】東北大学セクシュアル・ハラスメント事件では，大学の元助手である原告女性が，担当教官であった被告助教授から継続的に性的接触や性関係を強要される等のセクハラを受けたとして訴えたところ，被告は争ったケースで，判決は，「被告は，大学での調査と裁判所での被告本人の尋問の際に，原告に恋愛感情を抱いていたことを自認

しており，被告の主張は信用できない」「被告は，重要な点で大学での
調査における弁明と裁判所での主張が相違しており，その相違の理由に
ついて何ら合理的な説明をなし得ていない」「原告の供述については，
断片的であるとはいえ，家族，友人或いは原告の相談を受けた教官らの
陳述書によってある程度裏づけられているのに対し，被告の供述につい
ては，このような裏付けは全くない」等と判示してセクハラを認定して
います。

　他方，大学の元女性講師が県教育長に対し，「平成3年4月，職員歓
送迎会で男性教授が女子職員2人の乳房をむんずと掴んだ。見かねて注
意すると『こうすると女は喜ぶんだ。時々こうしないと女を忘れる』と
暴言を吐いた。さらに『告訴されますよ』と注意すると『こちらからし
てやる』と意味不明の暴言を続けた」などという内容の文書を送ったほ
か，教授会で「男性教授が（自分に）キスを強要した」という発言をし
たことに対して，男性教授（原告）が虚偽の文書や発言で名誉を傷つけ
られたとして元女性講師（被告）を訴えたケースで，判決は，職員歓送
迎会の日時や文章の内容等に関する主張が変遷しているとして，セクハ
ラの事実を否定しています（神奈川県立外語短大事件・東京高判平11.6.8労判
770号129頁）。

　(ウ)　当事者のハラスメントの際の行動

　ハラスメントの中でも，特にセクハラの被害者は，しばしばハラスメ
ント行為の最中に「抵抗」しなかったり，「被害」を直ちに周囲に訴え
なかったり，その後も性的関係を継続することがあり，このような「事
実」を捉えて，「加害者」は「合意」があったとか，「恋愛関係」であっ
た等主張することがあります。この点についても裁判所はセクハラ（性
暴力も含む）被害において，被害者が抵抗できなかったり，被害を周囲
に訴えなかったりすることは，加害者との支配従属関係という特殊な状
況において通常起こり得ることであるということを前提として，事実認
定を行っています。

　例えば【事例3】秋田県立農業短大事件では，短大の研究所で研究補助員として勤務していた原告女性が，上司である被告男性教授とともに国際会議に参加した際，宿泊先のホテルで被告から強制わいせつ行為をされたとして訴えたところ，一審判決が，強制わいせつ行為に対する原告の対応及びその直後の言動についての原告の供述内容には，通常でない点，不自然な点が多々あり重大な疑念があるとして，セクハラの「存在」を認めなかったのに対し，控訴審判決は，「原告は，被告に対し個人的にかなりの悪感情を抱いていたとしても，少なくとも被告が職場の上司であり，仕事を続ける限り，今後も日常的に被告とつきあっていかねばならないことや，被害を公にし難いのが性的な被害の特色であることに照らせば，強制わいせつ行為は受けたものの，ことを荒立てずにその場を取り繕う方向で行動し，第三者に悟られないように行動するということも十分にありうる」「原告は事件後間もなく身近な者に被害体験を抽象的にではあるが話しており，職場においても第三者からみて不自然なものを感じさせたり，転職を依頼する等，職場における原被告の関係が著しく変化しているように見えること等，原告が事件によって実際に性的被害を受けたと推認しても無理のないような間接証拠も存在する」旨判示して，セクハラの事実を認めています。

　反対に，原告男性職員が，郵便局内の浴室を利用してシャワーを浴び，脱衣室において全裸のまま体を乾かしていたところ，管理職である女性職員が，ノックをしないで浴室の扉を開けて浴室内に足を踏み入れ，全裸の原告と目を合わせるとすぐに扉を閉めたが，再度浴室の扉を開け話しかける等のセクハラをしたと訴えたケースで，一審判決は，セクハラの「存在」を認めたものの，控訴審判決は，「被控訴人が驚愕と恐れと羞恥心とでなすすべを失ったなどというのは，過度に誇張された供述であるといわざるを得ない。このような供述態度や，その供述内容がわざとらしく脚色の感を禁じ得ないことからみても，被控訴人が全裸であったという供述も，事実の誇張ないし脚色の一環であるとの疑いを免れな

い」等と判示してセクハラの事実を否定しています（日本郵政公社事件・大阪高判平 17.6.7 労判 908 号 72 頁）。

(5)　事情聴取等の記録・証言の取扱い

　深刻なケースでは，刑事事件になることも想定し，記録の作成・保存については厳正な取扱いをします。

(ⅰ)　記録の作成・保存

　記録は，聴取内容を書面で示したり，復唱したりするなどして，必ず聴取した相手に内容に相違がないかを確認します。例えば，①メモ，日記，診断書など被害に関する証拠書類は，本人の同意を得てコピーをとります。②適切な対応を行うためには，事情聴取等の記録をきちんと作成し，しっかりと保存することが大切です。したがって，事情聴取での聴取事項（記録票，メモ），証拠書類のコピー等は，必ず記録として保存します。なお，異動や退職などで担当者が交替しても，記録が保存されていれば，スムーズに引継ぎが行われます。③個人情報が流出しないよう，資料の収集は必要最小限にとどめるとともに，作成及び保存に際し，プライバシーの保護について十分に留意します（図表5─9）。

(ⅱ)　刑事事件に関わる場合

　ケースが刑事事件などに係る場合，本人の言い分を口述筆記したものに署名を求め，証言として整理します。署名を拒否された場合は次のような点を伝えて理解を求めます。その証言のみで判定がされるわけではないこと，署名のない証言は採用されない場合もあること，虚偽の証言により証言された相手の名誉を傷つけることを防ぐためにも署名が必要であること，証言は公表を前提とするものではないことなどです。なお，録音をする場合は，相手方の了解を得てから行います。

図表5－9　ハラスメント相談記録票（例）

ハラスメント相談記録　　　　　　　　　相談員

相談者氏名		相　談	平成　年　月　日　（　）
所　属		日　時	：　～　：

1　ハラスメントを行ったとされる人との関係

2　問題とされる言動の内容（いつ，どこで，どのように）

3　他の関係者（目撃者，証人等）

4　相談者の対応（ハラスメントを行ったとされる人に対して）

5　他への相談（誰かに相談しているか）

6　相談者が問題とされる言動に対してどのように感じたのか

7　相談者が職場にとってほしい措置

8　相談員から相談者に伝えた内容

9　相談員の参考意見

5　会社の対処法③—「措置」

Q18 最終的な処分の実施前後における手続について，留意すべき点を教えてください。

A ハラスメントの行為態様，程度，加害者の社内における地位等に照らして，当該処分に合理性・相当性があるか，手続等が適正になされているかどうか等の点から懲戒処分の有効性が判断されることになります。

(1)　措置の基本

　ハラスメントの調査は当事者双方の職場での処遇もからむことから，相談対応等 1 か月程度を目処とし，使用者がハラスメントの調査を行い，パワハラ，セクハラ等の事実が確認された場合は，加害者に対する処分や被害者に対する被害回復措置等を行うことになり，具体的には，就業規則その他のハラスメントに関する規定等に基づき，行為者に対して懲戒その他の措置を講じ，併せて事案の内容や状況に応じ，被害者と行為者の間の関係改善に向けての援助，被害者と行為者を引き離すための配置転換，行為者の謝罪，被害者の労働条件上の不利益の回復等の措置を講ずることを検討する必要があります。

　しかし，調査によって，双方の主張の食い違いや第三者の不在等により，ハラスメントの事実が確認できなかった場合は，速やかに社内における事実調査は終了させ，当事者双方に社外の紛争処理システム（労働審判，紛争調整委員会のあっせん，裁判など）の利用による公正な判断を勧めるべきでしょう。なぜならば，いたずらに社内において事情聴取に時間を費やすことは，かえって当事者間の問題を悪化させたり，被害者のストレスが増悪したりして被害が拡大することがあり，それによって使用者責任が問われることがあり得るからです。

(2)　懲戒処分

（i）　懲戒処分の相当性，妥当性

　懲戒処分の有効性判断においては，まず懲戒事由の存在，手続並びに処分の相当性妥当性が必要とされます。労契法は，懲戒権が行使される要件として，「使用者が労働者を懲戒することができる場合において，当該懲戒が，当該懲戒に係る労働者の行為の性質及び態様その他の事情に照らして，客観的に合理的な理由を欠き，社会通念上相当であると認められない場合は，その権利を濫用したものとして，当該懲戒は，無効とする」（労契法15条）と規定しており，その内容がハラスメント行為の程度とバランスがとれているか否かを検討する必要があり，懲戒処分の効力が争われた事案において，裁判所は，次に述べるとおりハラスメント行為の態様，程度，加害者の当該会社における地位，事前警告の有無，手続が適正になされているかどうか等の点から懲戒処分の合理性，相当性を判断しているといえます。

　前述した【事例8】「海遊館」事件は，男性管理職がセクハラ行為を理由として，それぞれ出勤停止30日と10日間の懲戒処分を受け降格されたケースで，使用者側が職場におけるセクハラ防止を重要課題として位置づけ，従来から職員にセクハラ防止研修への参加を義務付けたり，セクハラ禁止文言を配布する等の取組等をしていたことに加えて，男性らの行為が「その職責や立場に照らしても著しく不適切」であり，男性らは「セクハラの防止やこれに対する懲戒等に関する館の方針や取組を当然に認識すべき」であり，セクハラの多くが第三者のいない状況で行われていることに鑑み，使用者側が「従業員らから被害の申告を受ける前の時点において，男性側のセクハラ行為及びこれによる従業員らの被害の事実を具体的に認識して，警告や注意等を行い得る機会があったとはうかがわれないことからすれば，男性側らが懲戒を受ける前の経緯について，男性らに有利に斟酌し得る事情があるとはいえない。」旨判示して懲戒処分を有効としています。

　このように使用者にとっては，職場におけるセクハラ防止を位置づけ，職員にセクハラ防止研修への参加を義務付けたり，セクハラ禁止文言を配布する等の取組を行っているだけでなく，使用者が従業員によるセクハラ行為を具体的に認識した場合には，適切に警告や注意を行うことが重要となってくるものと思われます。

　次のケースは，事前に就業規則等に明示していることに加えて，行為者が管理監督立場にあったこと等を考慮すると，弁明の機会を十分に付与しなかったとしても，懲戒処分を有効としたものです。

事例 46　日本 HP 事件（東京地判平 17. 1 .31 判時 1891号 156頁）

　会社で取締役等に次ぐ地位にあった原告は，秘書であるA女及び派遣社員B女にセクハラ行為等を行ったとして被告会社から懲戒解雇されたところ，原告はセクハラ行為自体を否認し，懲戒解雇は手続的要件を欠き弁明の機会も付与されずになされたもので無効であると争ったところ，判決はセクハラの事実を認定した上で，懲戒解雇手続についても，「(i)賞罰委員会の合議による決定は，もちまわり方式で行われていること，(ii)就業規則に弁明の機会付与の規定がない以上，弁明の機会を付与しなかったことをもって，直ちに懲戒処分が無効になると介することは困難であること，(iii)原告とA，B女との関係に照らすと，原告に事前に弁明の機会を与えた場合，A，B女に対し，有形，無形の圧力が加えられることが容易に推認することができ，本件懲戒解雇の通告と同時に原告に弁明の機会を与えたことはやむを得ない措置であった」と判示し懲戒解雇を有効としています。

　他方自治体の男性管理職が，女性職員に夫との関係を尋ね，「とっちゃん」と呼んで，身体的特徴を指摘したり，他の女性職員に身体的特徴や服装等について指摘したこと等を理由として，何らの注意処分を経

ることなく減給1か月の懲戒処分としたことにつき，本人に反省の態度が見られないことを考えても懲戒権者の裁量を逸脱したと言わざるを得ないとした，X市事件（大阪地判平18.4.26労経速1946号3頁）があります。また，民間企業の支店長兼取締役が社員歓迎の宴席で部下の女性従業員の手を握ったり，肩を抱く等の行為をしたことを理由として懲戒解雇されたケースで，強制わいせつ的なものと一線を画した行為であり，反省の情も示しており，これまでセクハラ行為につき指導，注意がなされていなかった等して権利濫用で無効とされた，Y社事件（東京地判平21.4.24労判987号48頁）などがあります。

　ハラスメント行為の程度，態様と処分内容との関係につき，週刊誌で，国立大学法人Q大学（Y）の准教授（X）が，8年前に開催された新入学生歓迎会後，女子学生（A）を自らの研究室に連れ込んでレイプをした旨の記事が実名入りで掲載されたことから，YはXの行為は大学の信用・名誉を傷つけ，秩序，風紀又は規律を乱したとして，停職6か月の懲戒処分にしたケースで，判決は「本件記事が公表されたのは，懲戒事由とされたXの行為が行われた平成12年5月から約8年半が経過した時点であり，引き続きXがYの准教授の地位にあることを考慮しても，本件記事が公表されたことによるYの社会的信用の低下は限定的なものに留まると考えられること，停職期間中は，賃金の支払がなされないのみならず，Yの施設の利用もできない状態となり，Xが被る不利益も大きいこと等の事情に照らすと，停職期間としてはせいぜい3か月程度に留めるのが相当である」旨判示し処分を無効としています（Q大学（懲戒処分）事件・大阪地判平23.9.15労判1039号73頁）。

　他方，国立大学の講師が大学院生にセクハラしたとして戒告処分されたケースで，処分理由の一部の事実認定に事実誤認が認められるものの，当該処分が社会通念上著しく妥当性を欠き裁量権を濫用したとは認められず，手続上の違法も認められないとして，適法であるとされた例（C大学〔講師・懲戒処分〕事件・名古屋地判平17.2.9判例集未登載），国立大学教授

が, 助手に対するセクハラを理由に減給3か月 (10分の1) とする懲戒処分をされたケースにつき, 上記行為は, 人事院事務総長通知「懲戒処分の指針」の条項に該当し, 国民全体の奉仕者たるにふさわしくない非行というべきであり, その行為態様からすれば, 本件処分が相当性を欠くとはいえないとされた裁判例 (D大学事件・東京地判平17.1.20判例集未登載) などもあります。

(ⅱ)　人事権などに基づく「措置」の限度

大学などでは, 学生の適正な教育環境を保全するため, 教授が学生や職員にセクハラ, パワハラをしたとして停職処分等の懲戒処分がなされた後でも, 一定期間, 教育活動停止, 教授会など大学運営への参加停止措置をとることがあり, このような措置は, 教授会の「一般的人事権」等に基づく措置であり, 懲戒処分ではないものの, 長期に及んだ場合, 懲戒的側面が出てくることになり, その限度が問題となります。

事例47　お茶の水女子大学事件 (東京地判平17.6.27判タ 1189号243頁)

女子学生に対してセクハラをしたとして停職3か月の懲戒処分を受けた教授が, さらに処分後, 大学は教育活動の停止及び教授会への出席等大学運営への参加を停止する措置をとり, 当該措置は約3年間続けられたことから, 教授は, 懲戒処分の取消し及び停止措置による慰藉料請求をしたところ, 判決は懲戒処分は適法とし, 停止措置についても, 「本件懲戒処分の執行が終了した後であっても, 受講生を含む学生全体の動揺や不安を除去し, 学生の適正な教育環境を保全するため, 原告が教育課程に復帰するまでの準備期間として, 一定期間, 原告の教育活動の停止及び教授会等大学運営への参加停止措置をとることは, 大学の自治を担う評議会として裁量の範囲内にあったということはできる」として, 適法なものとしつつ, その期間については, 「人事院の審理が終了し約1年を経過した後

の新学期開始前日の平成15年3月31日までで十分」であり，それ以降は，「本件セクハラ行為を理由に本件懲戒処分のほか本件停止措置まで課すものとしていわば二重処分をしたことにほかならず，平成15年4月1日以降の本件停止措置は，裁量権の逸脱があったとして違法という評価を免れない」として，被告大学に慰藉料100万円の支払を命じています。

(3)　配転命令など

　ハラスメントを原因として，行為者が配転などを受けることがありますが，ハラスメントの行為者と被害者が同じ職場に就労を続けることは，被害者にとって耐えがたいと判断されるような場合，事業主は，これを解消するため，行為者を他の職場に配転することが必要となるのが一般的であり，しかも本来懲戒処分相当であるものを，配転で対応するという事業主の配慮もあるでしょう。

　したがって，配転の結果，住居の移転を伴う必要が生ずるなど，ハラスメント行為の程度に比較して，不利益の程度が著しく重大な場合には，懲戒処分と同様，その配転命令が争いとなることがあります。ちなみに配転命令権の濫用について，「使用者は業務上の必要に応じ，その裁量により労働者の勤務場所を決定することができるものというべきであるが，転勤，特に転居を伴う転勤は，一般に労働者の生活関係に少なからぬ影響を与えずにはおかないから，使用者の転勤命令権は無制約に行使することができるものではなく，これを濫用することの許されないことはいうまでもないところ，当該転勤命令につき業務上の必要性が存しない場合又は業務上の必要性が存する場合であっても，当該転勤命令が他の不当な動機・目的をもってなされたものであるとき若しくは労働者に対し通常甘受すべき程度を著しく超える不利益を負わせるものであるとき等，特段の事情の存する場合でない限りは，当該転勤命令は権利の濫用になるものではないというべきである」とする東亜ペイント事件（最

二小判昭 61.7 .14 判時 1198 号 149 頁，労判 477 号 6 頁）があります。

⑷　再発防止措置

　ハラスメントが発生した場合，使用者はハラスメントに対する無理解から，しばしばハラスメント行為を放置し，被害者がさらに追いつめられ自殺に至ったり，あるいは「加害者」に対して懲戒処分や配転等一定の制裁をするものの，申立てをした「被害者」に対しても，「協調性に欠ける」等と称して退職勧奨や解雇等の不利益取扱いをすることがあります（いわば「ケンカ両成敗」！）。

　このような行為は，法的にみた場合，ハラスメントを原因とした被害者の人的利益のみならず，職場環境に対する被害を拡大するものであり，使用者はこのような被害拡大を回避する義務を負っているといえましょう。前述した厚労省の労災認定に際してのセクハラに関する通知（「セクシュアルハラスメントによる精神障害等の業務上外の認定について」平成 17 年 12 月 1 日付基労補発第 1201001 号参照）や，パワハラ防止法等の指針で，加害者に対して懲戒処分等の措置や加害者の謝罪などと合わせて，当事者間の関係改善に向けて必要な援助や配転，被害者の労働条件上の不利益の回復等の措置を講ずることが規定されているのは，この趣旨なのです。

　ところで，このようないじめのエスカレートによる被害や，それを訴えたことによる不利益取扱いの典型は，自殺・解雇・退職勧奨ですが，それにとどまらず昇進・昇格・賃金差別等の不利益取扱いや，いじめのエスカレートによる様々な職場環境の悪化要因が含まれることになります。

　使用者はハラスメント被害の再発防止を講ずる義務を負っており，特にいじめやセクハラなどは，それを放置することにより一層行為がエスカレートしたり再発し，それによって従業員のストレスが拡大し被害を一層拡大することが多く，このような観点から見たとき，従業員のスト

レス拡大の回避義務が近年強調されるようになってきたことは注目されます。

6　弁護士などの対処法

　弁護士がハラスメントに関与する場合としては，①ハラスメントの当事者（「被害者」又は「加害者」）から対処方法を相談される，②会社から当事者（主に「加害者」）に対する処遇等の相談を受けたりすることであり，この場合おおむね前述した会社の対処法と変わりありませんが，独自に判断を迫られることもありますので，以下に述べていくことにしましょう。

(1)　事情聴取の基本

　ハラスメントの当事者（被害者若しくは加害者）は，前述したとおりその程度・質の違いはあるものの，例えば「被害」者の場合，ハラスメントによるストレスからうつ状態になっていることが多く，また「加害」者の場合も，会社内での処遇への懸念からストレス状態にあることに考慮して，事情聴取に臨むべきです。

　そのうえで当事者への事情聴取に際しては，前述したとおり①時系列と②論点ごとの２本立てを検討すべきです。①については，当事者の記憶の喚起により事実の全体的把握を行い，②については当事者の意向を踏まえた対処法の検討に資するためです。

(2)　被害者からの相談

　被害者の置かれた現状，希望に応じた対応が必要で，ハラスメントによる被害者の健康状態や生活不安等も考慮し，原則として相手方（会社，加害者）との示談交渉を基本にし，可及的迅速な解決を目指すべきであり，ここでも２か月程度を目処とすべきでしょう。

(i)　事情聴取

　弁護士等が，被害者本人や家族等から事情聴取をする際，被害者本人はストレスから事情聴取に困難が予想されることが多いので，できるだけ録音やメモなど物的証拠の収集に努めると共に，問題点を明確にすることが必要です。

(ア)　事情聴取

　一見たわいのない相談であっても，相談者自身が混乱していて相談内容の整理ができておらず，話を聞いているうちに，当初の相談とは異なる問題が見えてくることも多々あります。したがって，法的な問題ではないと決めつけずに，相談者の立場になって，問題点を整理していく必要があるでしょう。

　往々にして，ハラスメント行為についての証拠や証人が必要である（特にセクハラ）ということにとらわれて相談に応じることがありますが，証拠や証人という問題は，交渉や訴訟提起等に当たって検討する必要があるものの，まずは，ハラスメント行為の事実関係がどうであったのかが問題であり，証拠の検討はその後にすべきでしょう。

　そして，相談者の受けたハラスメント行為の具体的内容（いつ，どこで，どのような状況で，誰から，どのような行為をされたか）を確認する必要があります。特にハラスメントの具体的態様は，身体的，精神的社会的苦痛と様々であるので，それらを例示しながら，被害者の記憶喚起を図る必要があります。ただ，事実関係の確認が，相談者に対し糾問的になることがないように注意する必要があります。ハラスメントの行為は継続的なものも多く，前述したとおり，被害を受けたことについての記憶が断片的となり，時系列も明確ではなくなっていることもあるので，時間をかけて相談者の周辺的な話も聞きながら，事実関係の確認をしていくことが重要でしょう。相談者の日常の仕事内容を雑談的に話しているときに，相談者が思い出すことも多々あるからです。

　また，相談に当たって，相談者の記憶にあることを，時系列に整理し

たメモを作ってきてもらい，そのメモを見ながら話を聞くことも事実関係の確認に有用でしょう。この場合注意しなければならないのは，メモを書くことが非常に負担となる人もいることであり，したがってメモを書いて持ってくるように指示する場合も，文章を書けなければ箇条書きでよいことや，思い出したり，気になったりしたことは何でも書いてもらえばよいとの説明をしておくことも，大事でしょう。ちなみにメモの書いた時期により，全く証明力に違いが出てくることがあるので注意を要します。

　(イ)　証拠の検討

　事実関係の確認を進めるに従い，訴訟等を提起したときに，証拠となるものがあるかどうかを検討する必要があります。前述したとおりいじめ・パワハラは，加害者が他の同僚や部下の面前で被害者にいじめをすることが多くあり，その点では，加害者と被害者の当事者しかいないセクハラとは違い目撃者がいることが多いものの，前述したとおり，会社に在職している同僚などの協力を得ることは通常は困難です。したがって，被害者自身のメモ，録音テープや他の被害者，退職者，相談者，精神科医等の協力により直接・間接に立証する必要であり，特に言葉によるいじめ・パワハラは，【事例39】静岡労基署長（日研化学）事件（東京地判平19.10.15労判950号5頁），【事例16】誠昇会北本共済病院事件（さいたま地判平16.9.24労判883号38頁）のとおり発言内容，方法が極めて重要であり，これらについて，相談者が受けたいじめ・パワハラの行為を個別，具体的に，検討することが必要です。

　最近は相手方との会話内容について，録音テープやメールが証拠とされることが多くなっており，ハラスメント行為者とのやり取りを録音やメールにしておくことが有益です。ハラスメントを受けた後であっても（特にセクハラ），相談者（被害者）から，相手方（加害者）にメール等で抗議させて，それに対する相手方の対応をメールや録音で証拠とすることも工夫されてもよいでしょう。

事例 48　**週刊文春名誉毀損事件など**（大阪高判平 21.5.15 判タ
　　　　　　　　　　　　　　　　　　1313 号 271 頁）

　週刊文春は，《『人権擁護派』浅野健一同志社大学教授『学内セクハラ』を被害者が告発》という見出しのもとに，「元大学院生Ａ子さん」の「切々たる」訴えとして，①「元院生Ａ子さんが，浅野教授に『Ａ子が愛人にして欲しいと言ってきて困る』などと噂をばらまかれた」（Ａ子さんの話），②「元院生Ｃ子さんが，海外出張先のホテルで性的な誘いを受けた」（「同志社関係者」の話），③「Ａ子さんとともにセクハラ問題の解決を求める院生Ｄさんが，脅迫まがいの携帯電話やメールを受けた」（Ｄさんの話），④「立命館大学生Ｅ子さんが，卑わいな誘いの電話をかけられた」（Ａ子さんの話），⑤「留学生Ｆさんが，アシスタント報酬をピンハネされた」（元院生Ｇさん，「ある教授」の話）等という記事を掲載したところ，これに対して，浅野教授が週刊文春を名誉毀損で訴えたところ，一審は，③，④を除いて記事の真実性，相当性を認めることができない，として浅野教授の請求を認め，控訴審判決も，③を除いて記事の真実性，相当性を認めることができないとして，週刊文春に 550 万円の支払を命じましたが，特にメールについて，判決は「電子記録はその性質上改ざんしやすいものであるから，これを証拠資料として採用するためには，その記録が作成者本人によって作成され，かつ，作成後に改ざんされていないことを確認する必要がある。しかるに，上記メールについては，Ｂ教授の陳述書に添付されたもので，独立の文書（書証）として提出されたものでなく，その作成については認否の対象ともなっていないし，その作成についてＣ子自身の陳述は得られていない。そして，その内容には，氏名部分を「○○」等に変更し，また注釈を入れたような部分もあり，明らかに，事後に変更が加えられている」「上記メールについて，作成者がＣ子であり，

何らの改ざんもされていないと断定することは困難である」旨判示し，メールの証明力を否定しています。

ちなみに訴訟や労働審判に際しては，通常陳述書を提出しますが，陳述書は，相談者本人の言葉で語らせることが大事です。要件事実的に事案を整理しようとして，相談者本人の言葉づかいから遊離した陳述書になると，信ぴょう性に乏しいとされるおそれがありますので注意が必要でしょう。

(ⅱ)　交渉

(ア)　交渉の基本

証拠を検討した上，ハラスメントの不当性が明らかである場合には，まず相手方との交渉がなされるべきです（いじめが継続していたり，本人が就労継続を希望している場合などは特に有効です。）。交渉が決裂した場合は，次のステップとして法的措置が検討されることになり，①ADR等の裁判外紛争解決，②労働審判，③仮処分申請，④本訴，⑤労災申請，⑥刑事告訴等の利用が検討されることになります。これらの制度利用に際し，いじめ・パワハラの内容・程度と利用に際しての費用，負担感などを総合的に検討することになるが，一般的には次のようにいうことができるでしょう。

Ⓐ　比較的被害が軽微な場合

①，②が望ましい利用手段ということになるでしょう。これらのシステムは，簡易・迅速であるばかりか，特に労働局など行政の個別紛争解決システムは，国の行政サービスとして運用されていることから費用がかからないというメリットがあります。他方，原則一回で使用者の出頭は義務付けられておらず，解決水準（特に金銭）も低くなりがちという点がデメリットといえるでしょう。

アルバイト，パート，派遣など不安定雇用労働者である場合には，裁判等に多くの労力や経費をかけることができず，しかもこれらの事案で

は，法的主張として見た場合，いかなる法的利益を侵害したのか不明で裁判維持がそもそも無理であったり，裁判での主張・立証が困難であったりし，仮に立証ができても高い水準の金銭解決が期待できないことがしばしばであることが多く，金額の多寡よりも気持ち・感情の整理である場合には，②も合わせて検討すべきです。②は通常弁護士を代理人とし，地方裁判所にて原則3回の審理により基本的には金銭解決を目指すものであり，いずれも当初から高い解決水準よりも，当事者の気持ち・感情の整理・早期の職場復帰など，迅速かつ円満な解決に資する解決システムといえるでしょう。

Ⓑ　被害が甚大・悲惨な場合

ハラスメントで精神疾患によりPTSDや自殺を招来している場合には，およそ簡易・迅速な解決は望み得べくもなく，③〜⑥の解決システムを選択せざるを得ないこととなるでしょう。

Ⓒ　被害が継続している場合

当事者の安全確保・健康への配慮が考慮されるべきであり，企業内紛争解決も利用しつつ，示談交渉などにより，ハラスメントの中止を求め，被害の拡大・深刻化が予想される場合には，上記②〜⑥（特に③仮処分申請や⑥刑事告訴）が適宜選択されるべきでしょう。

㈠　事業主を相手とする場合

職場のハラスメントは，事業主の職場環境配慮義務・安全配慮義務や民法715条の使用者責任などを介して，使用者にも責任が生じる場合が大半であり（例えば【事例16】誠昇会北本共済病院事件など），またハラスメントをやめさせるためにも最も効果的な方法であることから，ハラスメントの被害者はまず，直接の加害者に加えて使用者を相手として交渉をすることが検討されるべきです。この点セクハラでは，事柄の性質上，加害者，被害者ともに秘密に処理を希望する場合が多いことから，直接加害者との交渉が優先される場合が多いのとは異なるといえるでしょう。

もっとも相談を受けたときには，相談者は退職してしまっていること

が多いですが，精神的に追いつめられてて退職しようか迷っている場合も多々あり，このような場合，使用者を相手として交渉をすることが有効な方法といえます。セクハラの場合には均等法の規定（11条）により，セクハラ防止が事業主の措置とされていることから，事業主の法的責任追及は比較的容易といえ，またもっともいじめ・パワハラも，今日ではかなりの企業に認知され，規定が整備されるようになってきており，使用者に対して迅速な処理を要望することは有効な方策です。

㈨　加害者本人を相手とする場合

ハラスメントは基本的には職場内での力関係を利用・濫用するところにあり，したがって加害者本人を相手とする場合でも，原則として加害者単独ではなく，会社とセットで相手とすべきです。もっとも被害者本人も非があると思っており，可能であれば加害者本人との示談交渉で解決することが望ましい場合もあり，したがって，このような場合には，相談者と十分な意思疎通を図った上で，相手方（加害者）に対し，事情を聞きたい旨の話合いを申し入れ，相手方の弁明や言い分を聞くことにより，相談者の相談内容に関する心証を得ることができるし，相手方が素直に非を認めることにより，一気にそこで解決の道筋が見えてくることもあります。

㈩　被害者のプライバシー保護

被害者のプライバシー保護とのかかわりでは，マスコミとの関係が問題となるでしょう。示談交渉に際して，マスコミに発表するか否かについてはいろいろ議論もあり得ます。例えば事件を公表せずに交渉を進めていて，途中でマスコミなどに公表した場合，ハラスメント行為の事実を認めたはずの加害者が，マスコミに事件を発表されたことによって否認に転じ，結局，事件処理に失敗する可能性もあり，したがって，示談交渉の場合には，基本的には，マスコミに知られないようにして，交渉を進めていくべきでしょう。万一，何らかの原因でマスコミに情報が漏れ，取材を受けるに至ったときは，プライバシーに配慮して報道を控え

るよう要請し，それでもマスコミが報道しようとするときは，虚偽事実を報じられたり，あるいはおもしろおかしく報じられては困るので，やはりある程度の情報は提供し，正しい報道がなされるように努力するほかないでしょう。

　マスコミによって被害者本人の名誉が毀損されたり，あるいはプライバシーが侵害された場合は，直ちに抗議する必要があり，放送事業者の場合には，放送法4条1項所定の訂正報道を求めるなど，毅然とした対応をとるべきでしょう。名誉毀損・プライバシー侵害の度合いによっては，被害者本人とよく協議した上で，損害賠償・謝罪広告請求訴訟の提起や刑事告訴も検討すべきでしょう。ただし，名誉毀損ないしプライバシー侵害となる報道を行ったメディアが，いわゆるイエロージャーナリズム等の社会的信用性の低いものであるような場合は，その報道をあえて無視・黙殺するのも一つの選択肢でしょう。反論行為に出ることで，かえってプライバシー侵害を拡大する危険も存するからです。

　セクハラの場合には，加害者は，被害者の日頃の男性関係や性的言動を暴露することにより，このような女性は性的に「オープン」であり「意に反する」ことはないなどと主張する戦術を採用することはしばしばあります。このような事態は，新たなセクハラを発生させることにもなりかねず，アメリカなどでは，被害者が主張する事実以外は証拠として採用してはならないという保護がなされていますが，我が国では，このような制度がないため，プライバシーが侵害される危険性が少なくないので，均等法の，「労働者に対する性別を理由とする差別の禁止等に関する規定に定める事項に関し，事業主が適切に対処するための指針」（平成18年厚労省告示第614号），「改正雇用の分野における男女の均等な機会及び待遇の確保等に関する法律の施行について」（平成18年10月11日雇児発第1011002号）などに基づき，被害者のプライバシーが確保される措置を十分にとらせるよう交渉する必要があるでしょう。

(オ)　交渉等で解決に至らない場合

　交渉等で解決に至らない場合，前述したとおり，労働審判，仮処分や訴訟等様々な法的手段を検討することになります。特にハラスメントによる精神疾患や自殺など因果関係が争われる場合は，和解が困難なことが予想され，その場合，いかなる紛争解決システムを利用するかは，慎重な検討が必要となります。

　ちなみに弁護士費用は，相談者には高く思えても，弁護士からすれば，要する労力からしてボランティア的な仕事という側面もあり（場合によっては「法テラス」等の訴訟援助を利用することも検討されよう），また，相談者は，訴訟を提起すること自体に不安やおそれを抱きがちである半面，慰謝料の額ではなく，相手方に非があることを何らかの形ではっきりさせたいという気持ちも強く持っていることもあります。したがって上記のような困難があるにせよ，相談者の相談内容に信ぴょう性があり，相手方に非があると確信を持つ場合には，毅然とした態度で，上記のことを十分に説明をした上で，相談者を励ますような形で進める必要があります。弁護士やカウンセラー，相談を受ける人たちが，逃げ腰になることによって，相談者が更に傷つかないような配慮が必要なのです。

(カ)　名誉毀損等で訴えられる場合

　ハラスメント事件に関し，交渉の過程で相手方に送付する文書や，訴訟において提出した文書，また新聞等の報道内容により，相手方から名誉毀損等で訴えられることがあるので，交渉の方法・内容については，慎重に検討することが必要です。行為者を糾弾したいという気持ちが先行して，相談者側が相手方の人格まで毀損するような書面や発言をしてしまわないようにすることが必要です。相手方に感情的な反発を起こさせてしまって，話合いで早期に解決するはずのものが，紛糾してしまうこともあるからです（【事例47】お茶の水女子大学事件参照）。

(3)　会社からの相談

　会社側の対処の基本は，会社には企業秩序を維持し，職場環境配慮義務を適正迅速に履行する義務があるという立場から，ハラスメントに対処する必要があるということです。

　弁護士が会社側のハラスメント相談に応じるときは，既に事情聴取が終わっていて，加害者に対する処分内容や被害者に対する損害賠償の示談交渉等であることが多くなると思われますが，事実調査の段階から関与することもあり，いずれにせよ，長くても２か月程度を目処に処分等を終了させることを目指し，また処分に際しては後日争いとなることに備えて，事実調査の適正さにも気をつける必要があります（特に，事情聴取に際しては，加害者の言い分はきちんと聞いておく必要があります。）。

（ⅰ）　事情聴取

　基本的には前述した使用者側の相談・調査対応に記したとおりですが，幾つかの点で以下に述べるとおり，第三者の視点を付け加える必要があるでしょう。

㋐　相談者からの事実確認

　相談者からの事実を確認に際しては，対象事実や経緯等を確認することが重要です。対象事実については，誰から，あるいは複数で，いつ，どのようなことをされたのか，なされた状況はどのようなものなのか，他の人に対しても同様の行為はあるかなどを具体的に確認することが必要です。裁判例の検討からも分かるとおり，どのような行為が違法とされるか，あるいは労災補償制度上問題とされるかは，具体的な経緯とか，特に日常的な信頼関係等も考慮されるからです。経緯を聞いていくと被害者の対応に非があることも判明することがあり，裁判ではこのような場合は厳しい指導も許容される傾向にあるので，経緯を確認するに際しては，被害者の対応に非がないかという観点からの確認も重要です。

　また，被害者の状況（メンタルヘルスに対する配慮が必要か等）や，今後どのような対策を講ずる必要があるかを確認するためには，ハラスメ

ント等に対して被害者がどのように感じたか，現在どのような状況か，またこれまでにどのような対応をしたか，誰かに相談したか，相談した結果，どのような対応がなされたかも確認しておく必要があります。

　㈏　相談者の要望の確認

　相談者のプライバシーや意向にも配慮し，具体的には相談にのってもらいたいだけなのか，加害者への制止や接点をなくす（配置換え）等の具体的な対応を求めているのかも聞く必要があります。特にいじめを受けていることを，第三者に知られたくないという場合もあり，事実確認を進めていくに当たって，加害者や第三者に対して，事情聴取を行うことについての意向なども確認することが必要になってくるのです。

　もっとも被害者が「誰にも言わないでほしい」と言っているにもかかわらず，ハラスメントの態様，被害状況が深刻な場合，プライバシーに配慮すると，何もできないということになりますが，このような場合何も対応しないことは，会社にとっては，配慮義務の不履行であるといわれるおそれや，企業秩序が乱されたまま放置されることにもなりかねないので，一般的には，相談者を安心させ了解を得るよう説得した上で，迅速な対応をとることが適切と思われます。

　㈐　行為者に対する事情聴取

　事実関係を調査する上では，行為者に対する事情聴取が不可欠です。前述したとおり，いじめ・嫌がらせ等と適正な業務命令との区別は，態様はもちろん，経緯や目的，日常的な関係や相談者（被害者）にも非がないかということが考慮されるため，相談者のみならず，行為者に対しても事情聴取を行うことが重要であり，なお行為者に対し事情聴取する際の注意点としては，加害者という決めつけや悪者扱いをするような態度は慎むということです。特にパワハラの場合，行為者に悪意がないような場合や，被害者の方に実は非があることも少なくないためです。

　㈑　第三者に対する事情聴取

　事実関係の確認については，第三者に対する事情聴取を行うことも重

要です。特に両当事者からの事情聴取では事実認定に困難を伴う場合，客観的な立場にある第三者から事情聴取することは，事実認定に当たり有益です。

　ハラスメントについての事実認定は，関係者の供述によらざるを得ないところがあり，訴訟においては，事実認定で争いとなることが少なくありません。しかし，前述のとおり相談窓口の設置目的は，加害者に対して損害賠償責任を追及するというところにあるのではなく，配慮義務を履行したり，企業秩序を回復するといったところにあり，また会社での事実認定には厳格な手続が求められていることから，事実認定に慎重になる余り何も対応しないというのでは，配慮義務を履行していないと言われるおそれがあります。そこで，出来事について，互いに受けとめ方や認識の相違があってトラブルがあったことは事実であるような場合には，担当を替えるとか，互いに改善を試みるよう注意するとともに，その後注視していくという程度の対応は，少なくとも必要であり，その旨相談者に通知した上で，後述するとおり外部の第三者に相談するか否かの判断を委ねるべきでしょう。

(ⅱ)　行為者及び被害者に対する対処

(ア)　ハラスメントと認定できた場合

　ハラスメント等があったと認定できた場合は，会社は，配慮義務の履行，あるいは，企業秩序を回復するための措置を講ずることが要請され，具体的には，①被害者と行為者の関係改善に向けた援助，②被害者と行為者を離すための配置転換，③行為者の謝罪，④被害者の労働条件の不利益の回復等の措置を講ずること，⑤行為者に対しては指導，懲戒処分等の措置をとることなどが考えられます。

(イ)　相談者（被害者）の方に問題があることが判明した場合

　事実関係を確認していくと，実は，相談者の方に問題があるのではないかと思われるような場合もあり，具体的には，相談者が業務指示を守らないとか，職務の怠慢，ミスの多発，協調性がない，反抗的な態度を

示すなどの場合と思われますが，個別の行為自体はささいなことが多く，これらのことがあったことを理由にいきなり解雇するということは難しいと思われます。

　このような場合，その都度，適切な指導を行うとともに，配置換えなどを含めた改善の機会を与え，それに対する従業員の対応がどのようなものであったかについて，事実を積み重ねていくことが重要であり，その際，感情的になって，執拗な叱責を行ったり，侮辱的な内容の発言などを行ったり，あるいは，業務に支障が生ずる等として，いきなり仕事を取り上げて隔離するといったことを行うと，それ自体が適正な業務指導の範囲を超えているとか，いじめ・嫌がらせと認定されるおそれがあるので，留意が必要です。

Ｖ　メンタル不全対処法

1　職場復帰支援

(1)　使用者の職場復帰支援義務

　職場で何らかのハラスメントが発生し，それにより従業員がうつ病等の精神疾患を発症させ休職を余儀なくされたような場合，使用者には職場環境配慮義務の一環として従業員の職場復帰を支援する義務があります。

　使用者は，前述したとおり雇用契約における信義則上の付随的義務として，労働者に対して，物理的に良好な職場環境を整備するだけでなく，精神的にも良好な状態で就業できるように職場環境を整備する義務（＝職場環境配慮義務）を負っており，したがって使用者は，このような義務に基づいて，労働者の就労を妨げるような障害（労働者が他の労働者に対して職場内で暴言，暴行，卑わいな言動，いじめ，「職場八分」等）を服務規律で禁止して発生を防止するとともに，これらの非違行為が発生した場合には直ちに是正措置を講ずべき義務（＝「ハラスメント防止義務」）を負っており，具体的には，前述した各種義務とともに，いじめによってうつ病等の精神疾患に陥り，就労が不能となっている従業員の職場復帰を支援する義務を負っているといえましょう。

　なぜならば，使用者が負う「ハラスメント防止義務」が，職場環境配慮義務の一環として労働者が精神的に良好な状態で就労できるように職場環境を整備する義務である以上，使用者がこの義務を怠って労働者の精神疾患等を招来した場合においては，何よりもその原状回復こそが求められるからです。労契法５条が，「使用者は，労働契約に伴い，労働者がその生命，身体等の安全を確保しつつ労働することができるよう，必要な配慮をするものとする」と規定しているのは，このような趣旨に

基づくものです。また使用者に対して，年1回の定期健康診断に関して，医師等の意見を勘案して，必要があると認めるときは当該労働者の実情を考慮して，就業場所の変更，作業の転換，労働時間の短縮，深夜作業の回数の減少等の措置義務を課したり（労安法66条の5），裁量労働制における健康福祉確保義務（労基法38条の3・38条，4第1項4号）や育介法（第4章〜第8章，同規則34条）に基づく措置義務を課しているのも，同様の趣旨に基づくものなのです。

(2)　職場復帰支援義務の具体的内容

　職場のハラスメントにより，従業員がうつ病等の精神疾患に陥った場合に行う使用者の職場復帰支援義務は，メンタルヘルスケアの一環として求められるものでもあり，その具体的内容は，厚労省が2004年（平成16年）10月14日発出した「心の健康問題により休業した労働者の職場復帰支援の手引き」において5つのステップとして示しており，このような具体的な手だては，同時にメンタル不全の従業員を予防することにもつながるものです（図表5―10）。

　第1ステップは，病気休業開始及び休業中のケアであり，具体的には，まず診断書が労働者から出され，それに対して職場側は，管理監督者等が中心となってケアの体制をとり，必要に応じて本人の了解を得て主治医と意見交換したり家族と情報交換をする等が要請されます。

　第2ステップは，治療により心身の回復が見られ，主治医による職場復帰可能性判断にそなえて，職場復帰判定委員会が各職場で用意され，職場復帰支援プラン作成の準備に入る段階です。

　第3ステップは職場復帰の可否の判断及び職場復帰支援プランの作成であり，職場の側から種々の情報収集と評価を行って，どんな職場復帰の仕方をしたらいいかというプランをつくり，そのプランにかかわる管理者や産業医らで情報を共有した上で，最終的に職場復帰の認定をすることになります。

図表5—10　職場復帰支援の流れ

〈第1ステップ〉病気休業開始及び休業中のケア

ア　病気休業開始時の労働者からの診断書（病気休業診断書）の提出
イ　管理監督者によるケア及び事業場内産業保健スタッフ等によるケア
ウ　病気休業期間中の労働者の安心感の醸成のための対応
エ　その他

↓

〈第2ステップ〉主治医による職場復帰可能の判断

ア　労働者からの職場復帰の意思表示と職場復帰可能の判断が記された診断書の提出
イ　産業医等による精査
ウ　主治医への情報提供

↓

〈第3ステップ〉職場復帰の可否の判断及び職場復帰支援プランの作成

ア　情報の収集と評価
　(ア)　労働者の職場復帰に対する意思の確認
　(イ)　産業医等による主治医からの意見収集
　(ウ)　労働者の状態等の評価
　(エ)　職場環境等の評価
　(オ)　その他
イ　職場復帰の可否についての判断
ウ　職場復帰支援プランの作成
　(ア)　職場復帰日
　(イ)　管理監督者による就業上の配慮
　(ウ)　人事労務管理上の対応
　(エ)　産業医等による医学的見地からみた意見
　(オ)　フォローアップ
　(カ)　その他

↓

〈第4ステップ〉最終的な職場復帰の決定

ア　労働者の状態の最終確認
イ　就業上の配慮等に関する意見書の作成
ウ　事業者による最終的な職場復帰の決定
エ　その他

↓

職場復帰

↓

〈第5ステップ〉職場復帰後のフォローアップ

ア　疾患の再燃・再発，新しい問題の発生等の有無の確認
イ　勤務状況及び業務遂行能力の評価
ウ　職場復帰支援プランの実施状況の確認
エ　治療状況の確認
オ　職場復帰支援プランの評価と見直し
カ　職場環境等の改善等
キ　管理監督者，同僚等への配慮等

資料：厚労省「心の健康問題により休業した労働者の職場復帰支援の手引き」

　第4ステップは最終的な職場復帰の決定であり，主治医や精神科医等の意見を参考にしつつ，職場側が職場復帰と考えていいかどうかを決定することになり，第4ステップを経て，実際に職場復帰することになります。

　第5ステップは職場復帰後のフォローアップであり，復帰した後，順調にリハビリ等が進んでいるかどうか，微調整が必要なのかどうか等というフォローアップが要請されることになります。

　上記の「心の健康問題により休業した労働者の職場復帰支援の手引き」に示されているガイドラインは，各ステップで具体的にどんなことをやるのかということが詳細に書かれており，使用者にとっては「手引き」そのものが必携です。

2　職場復帰支援と改正障害者雇用促進法

(1)　改正障害者雇用促進法の概要

　2013年6月に成立した改正障害者雇用促進法は，2014年批准した障害者権利条約を踏まえて，2016年4月1日から全面施行され，事業主に対し，募集，採用段階での不当な差別的取扱いを禁止すると共に（促進法34条，35条），障害者と障害者でない者との均等な機会の確保等を図るための措置を講ずることを，「過度の負担」がない限り義務付けることとし（＝「合理的配慮措置」の提供義務付け。同法36条の2，3），これらの詳細は指針にも規定されています（障害者差別禁止指針・平成27年厚労省告示第116号，合理的配慮指針・同第117号）。

(2)　メンタル不全との関係

　改正障害者雇用促進法に基づき，事業主に差別禁止，合理的配慮措置義務が生じる「障害者」は，障害手帳保持者に限らず，「障害者，身体障害，知的障害，精神障害（発達障害を含む）その他の心身の機態の障

害があるため，長期にわたり，職業生活に相当の制限を受け，又は職業生活を営むことが著しく困難な者」とされており（促進法2条1号），したがってハラスメントにより，うつ病などのメンタル不全に陥って就労が困難になっていたり，休職していたりする場合，事業主には「過度の負担」がない限り，合理的配慮措置義務が生ずることになります。前記合理的配慮指針において，採用後における精神障害者に対する合理的配慮の事例として，「業務指導や相談に関し，担当者を定めること」や「業務の優先順位や目標を明確にし，指示を一つずつ出す，作業手順を分かりやすく示したマニュアルを作成する等の対応を行うこと」等の例が挙げられ，更に，「当該職務の遂行を継続させることができない場合には，別の職務に就かせることなど，個々の職場の状況に応じた他の合理的配慮を検討することが必要であること」とされています。したがって，従前職への復職が困難な中途障害者に対しては，少なくとも別の職務に就かせること等を別途検討することが，使用者に対して求められることとなるのです。

　しかしながら指針においても明記されているとおり，合理的配慮は個々の障害者である労働者の障害（障害が重複している場合を含む）の状態や職場の状況に応じて提供されるものであり，多様性がありかつ個別性が高く，また小規模の事業場であれば，他の配置可能性のある業務自体が存しない場合もあり，これを求めることは使用者に対する「過重な負担」に該当することもあります。したがって，合理的配慮は，障害者の個々の事情と事業主側との相互理解の中で可能な限り提供されるべき性質のものであり，当該内容の具体的決定は，原則として労使協議に委ねられるべきものといえます。すなわち事業主としては，障害者との間で合理的配慮としてどのような措置を講ずるのか話し合いをなすことが義務づけられ，話し合いに際しては，「別の職務に就かせること」が具体的に可能かどうか，また労働者側が希望する当該措置が使用者の過重な負担となる場合には，その理由を説明することなどが合理的配慮とし

て求められることになるでしょう。

(3)　リハビリ出社の多面的可能性

　近年，メンタル不全社員の復職プロセスに際し，労使双方から注目されているのが「リハビリ出社制度」の活用です。同制度は実施するか否かは労使自治に委ねられており，使用者が法的に同制度の実施を義務付けられるものではありませんが，メンタルヘルス不調者の休職・復職問題において重要な役割を果たし得るでしょう。この点について厚労省はリハビリ復職制度（厚労省は「試し出勤制度」と呼称）について，「より早い段階で職場復帰の試みを開始することができ，早期の復帰に結びつけることが期待できる。また，長期に休業している労働者にとっては，就業に関する不安の緩和に寄与するとともに，労働者自身が実際の職場において自分自身及び職場の状況を確認しながら復帰の準備を行うことができるため，より高い職場復帰率をもたらすことが期待される。」と積極的に評価し，同制度導入を各社に促しています。

　リハビリ出社制度は障害者雇用促進法における合理的配慮措置における「検討」として機能し得るものといえ，今後多面的活用は高まってくるように思われます。

　さらにメンタル不調による休職社員の復帰プロセスにおいて特に留意すべきは上司，同僚によるサポートとその支援です。とりわけハラスメントによるメンタル不調の場合，復職社員は上司，同僚との関係構築に不安を抱えており，人事・産業保健スタッフは復職社員へのサポートはもとより，現場の上司・同僚も安心して復職社員の受け入れができるよう，事前にリハビリ出社等の機会を設け，周りの社員らが復職社員の受入に際し留意すべき点を事前に情報共有すること等は，円滑な復職支援策として極めて重要なのです。

3　欠勤・休職と職場復帰

　使用者にはこのようにハラスメントによりメンタル不全に陥った従業員に対して職場復帰支援義務がありますが，現実に欠勤・休職している場合の対処として，次に述べるとおり労災になる場合と，私傷病の場合とでは異なった対処となることに注意が必要です。

⑴　いじめ・パワハラ等が労災とされる場合

　従業員がハラスメントを受け，うつ病等の精神疾患に陥り，欠勤したり休職し，業務上の傷病と認定された場合には，労災保険が適用されることになり，この場合，従業員は労災保険より休業補償給付等の支給を受けるとともに，欠勤が長期に及び休職となった場合でも，休職期間及びその後の 30 日間は解雇が禁止（労基法 19 条）されています（ただし療養開始後 3 年経っても傷病が治癒しない場合には，使用者は労基法 81 条に基づいて，打切補償として，平均賃金の 1200 日分を支払って以後の補償を打ち切り，解雇することが可能となり，療養開始後 3 年経った日に，傷病補償年金を受けている場合などには，労災保険法 19 条により，打切補償を支払ったものとみなされます。もっともこの点ついて，解雇の効力を無効とした，学校法人専修大学事件（東京高判平 25.7 .10 労判 1076 号 93 頁））。

　次に私傷病とされる場合でも，ハラスメントとの因果関係により，判断が分かれてくることになります。

⑵　欠勤，休職といじめ・パワハラとの因果関係が認められる場合

　従業員がうつ病等の精神疾患に陥って，欠勤，休職を余儀なくされ，ハラスメントとの間に相当因果関係が認められる場合には，使用者は休職期間満了を理由に解雇や退職扱いしたり，無断欠勤を理由に解雇することは許されません。なぜなら前述したとおり，ハラスメントと従業員の精神疾患→欠勤，休職との間に因果関係があり，それらに使用者責任が認められる場合には，使用者は職場環境配慮義務を怠っているものと

して，従業員の職場復帰措置義務を負うことになるからであり，【事例
35】アジア航測事件はそれを認めたケースです。

(3)　欠勤，休職とハラスメント行為との因果関係が認められない場合

　従業員が精神疾患等で欠勤や休職したとしても，ハラスメントとの因
果関係が認められない場合，欠勤を理由とした解雇や，休職期間満了に
より退職若しくは解雇が有効とされることになりますが，この場合でも，
使用者はまず，(i)精神疾患の従業員の健康状態や休職処分等の措置を講
ずる等の適切な対応をとることが求められ，さらに(ii)休職期間満了時に
おける復職可能性を検討し，その上で(iii)退職，解雇が選択されるべきこ
とが求められることになります。

(i)　従業員の健康状態調査等

　使用者には前述したとおり職場環境配慮義務があり，職場で精神的な
不調から欠勤を続けている従業員がいる場合，まずは健康状態を調査の
上，必要な場合には治療を勧めた上で休職等の処分を検討し，その後の
復帰可能性を検討すべきことになり，次のケースは，従業員が職場の同
僚から嫌がらせ等のいじめを受けていると会社に訴え（実際にはなかっ
た），精神的不調から欠勤していたところ，論旨退職処分を受けた裁判
例です。

> **事例49**　日本ヒューレット・パッカード事件（最二小判平
> 　　　　　24.4.27労判1055号5頁）
>
> 　従業員Xは，長期にわたって職場で同僚らから盗撮，盗聴等の監
> 視，嫌がらせを受けている等と会社Yに訴え，会社が調査したもの
> のそのような事実はなかったが，Xは会社に対して，問題解決がな
> されるまで出勤できないので休職を認めて欲しい，と再三にわたっ
> て要求したが拒否されたことから，約40日間にわたって欠勤した

ところ，無断欠勤を理由に諭旨退職の懲戒処分を受けたケースで，判決は「精神的な不調のために欠勤を続けていると認められる労働者に対しては，精神的な不調が解消されない限り引き続き出勤しないことが予想されるところであるから，使用者であるＹとしては，その欠勤の原因や経緯が上記のとおりである以上，精神科医による健康診断を実施するなどした上で（記録によれば，Ｙの就業規則には，必要と認めるときに従業員に対し臨時に健康診断を行うことができる旨の定めがあることがうかがわれる。），その診断結果等に応じて，必要な場合は治療を勧めた上で休職等の処分を検討し，その後の経過を見るなどの対応を採るべき」旨述べて，諭旨退職処分を無効としています。

　本判決は，精神的不調につき労働者本人に病識がなかったというケースで，私傷病によって労務提供に支障が生じた労働者に対する対応（配慮）として，使用者が懲戒処分等の不利益を課すに際し，早期の受診を促し，業務を変更・軽減したり療養の機会を与えたりすることを求めたものとして重要です（ちなみに，躁うつ病の労働者に対して，一度は休職を認めたものの，再発した際に，主治医の見解を求めず，再度の休職も検討せず解雇したことが，権利の濫用と判断された，Ｋ社事件（東京地判平17.2.18労判 892 号 80 頁））。

(ii)　職場復帰の可能性

　労働者の健康状態が，ある程度小康状態になり，欠勤するほどではないが，現行業務はできず他の業務ならできるとして，労働者が他の業務に就くこと申し出た場合，使用者がそれを拒否して就労させなかったらどうなるでしょうか。

　この点については，建設工事の現場監督に従事していた労働者が疾病を理由に事務作業への配転を求めたところ，会社がこれを拒否し，自宅療養命令を発し賃金カットをした片山組事件（最一小判平10.4.9判時 1639

号130頁）最高裁判決は，当該労働者の配転が可能であるか否かを検討して賃金請求権の有無を決すべきとしており，片山組事件の判示内容は，休職期間中の賃金控除の事案ですが，基本的には復職に際しても，同様の立場を明らかにしたものと理解すべきものといえ，今日においては労働契約において職種が特定されていない場合は，原職復帰が困難であっても，現実に配置可能な業務があればその業務に復帰させるべきだと解し，復職を広く認める傾向にあるといえ，次のケースはそのような裁判例です。

事例50　第一興商（本訴）事件（東京地判平24.12.25労判1068号5頁）

　　Xは，Y社の上司らから仕事を与えられず，嫌がらせを受けたり暴言を浴びせられる等した上，精神的に追い込まれて視覚障害を発症し休職に追い込まれた結果，休職期間満了により自動退職になったと主張したケースで，判決は上司等によるパワハラ，いじめの事実は認めることができず，Yには安全配慮義務違反はないとしつつ，休職期間満了後の職場復帰の可能性については，前掲片山組最高裁判決を引用し，「当該労働者において，配置される可能性がある業務について労務の提供をすることができることの立証がなされれば，休職事由が消滅したことについて事実上の推定が働くというべきであり，これに対し，使用者が，当該労働者を配置できる現実的可能性がある業務が存在しないことについて反証を挙げない限り，休職事由の消滅が推認されると解するのが相当」であり，「Xは，本件休職期間満了時点にあっても，事務職としての通常の業務を遂行することが可能であったと推認するのが相当」として，Xの退職（＝自動退職）は効力を生じていないとして，XのYに対する雇用契約上の地位の確認を認めています。

　次の裁判例は，私傷病による身体障害者等により従前の業務復帰が不可能である場合においても，会社側において，他の業務（＝「工具係」）への配置等の配慮を行わず退職扱いとしたことが就業規則に反し無効としたものです。判決は，「雇用契約における信義則からすれば，使用者はその企業の規模や社員の配置，異動の可能性，職務分担，変更の可能性から能力に応じた職務を分担させる工夫をすべきであり，被告においても，例えば重量物の取り扱いを除外したり，仕事量によっては複数の人員を配置して共同して作業させ，また，工具等の現実の搬出搬入は貸出を受ける者に担当させるなどが考えられ，被告の企業規模から見て，被告がこのような対応を取り得ない事情は窺えない。」と述べています（JR東海事件・大阪地判平11.10.4労判771号25頁）。

　上記判決では，工具係での復職は，職務内容の変更のみならず原告の身体状況を勘案したものである上，配置に際し「重量物の取り扱いを除外したり，仕事量によっては複数の人員を配置して協同で作業させる」等の会社側配慮が前提とされており，当該配慮は労働契約上の復職配慮義務というよりは，むしろ障害者差別禁止法制における合理的配慮措置の先駆けともいえ，ハラスメントによるうつ病等の復帰に際しても今後の企業対応上の参考となり得るものと思われます。

(ⅲ)　休職期間満了と退職・解雇

　休職期間が満了しても，労働者の傷病が「治癒」せず，従前の職に復帰するのが困難な場合，労働者の労務提供の不能や労働能力・適性の欠如を理由として，解雇若しくは自動退職とされることになります。この場合多くの企業では，労働者の私傷病による欠勤が，一定期間（3か月〜6か月が普通）以上にわたる場合休職とし，休職期間満了（上限1年〜3年が普通）時点でも復職が困難な場合，これを解雇したり，休職期間の満了をもって退職（＝自動退職）と扱う旨の就業規則の定めをおいていることから，このような就業規則条項の該当性及びその効力が問題となります。

このような休職制度は，実質的には解雇猶予であり，したがって，休職期間中に傷病が「治癒」せずに満了を迎えた時点で，自動退職若しくは解雇とされる場合，「客観的に合理的な理由を欠き，社会通念上相当であると認められない場合は，その権利を濫用したものとして，無効」（労契法16条）とされることになります。自動退職も同じく，解雇猶予としての「自動退職」であることから，その効力発生は，解雇の効力発生と同じ判断がなされることになります。

また，復職の要件たる「治癒」が備わったか否かは，一般には病状が安定し，もはや治療効果が期待できず，療養の余地がなくなった状態をいうものとされ，労災保険等の適用においては，このような定義が用いられています。しかし医学的には，例えばうつ病等の精神疾患について，寛解から回復期のどの時点を「治癒」とするかその判断には困難が伴うことが多く，そこで「治癒」の判断は，実際上は，医師の診断を基に本人等の事情聴取を加味してなされることになりますが，当事者双方は，特段の事情がない限り，医師の診断を尊重する義務があり，したがって，例えば労働者が診断書提出等をしなかった場合には，解雇はやむを得ないとされることになるでしょう（大建工業事件・大阪地決平15.4.16労判849号35頁）。

例えば【事例10】ザ・ウィンザー・ホテルズインターナショナル（自然退職）事件では，会社従業員Xに対する上司Y1からのパワハラの不法行為責任と会社Y2の使用者責任を認めつつ，その後Xが適応障害にて通院中。自宅療養を認める旨の診断書を提出して欠勤したことから，会社は90日間の休職を命じ，これにXも特段の意義を述べなかったところ，休職期間満了により自然退職扱いされたケースにつき，判決は「Xが発症した適応障害等が上司Y1のパワハラ行為によるものであると認めることは困難であ」り，「本件休職命令は，本件就業規則20条1項(1)号の休職事由に基づくものとして有効というべきであ」り，「Xは，本件休職命令に対し，会社Y2に異議を唱えたことはなく，平成

21年7月13日に休職期間が満了すること及び復職の相談があれば早期に申し出るよう会社Ｙ2から告知を受けていたが，復職願や相談等の申出を提出することなく本件自然退職に至ったものであって，会社Ｙ2が労働契約上の信義則に反したとか，本件退職扱いが権利の濫用であるとはいえない」旨述べて，休職期間満了による退職を有効としています（東京高判平25.2.27労判1072号5頁，同旨【事例34】富国生命保険ほか事件など）。

4　メンタルヘルス対策の充実・強化

(1)　メンタル・ヘルスケア

　このように従業員が職務遂行に関連して負うストレスについて，近年リストラなど仕事にかかわるストレスに起因して自殺に追い込まれたり，様々な精神障害を生起するケースが増加し，これらの問題が労働者の雇用管理に深刻な影響を与えるようになってきていることから，今日各企業では，このような労働者が負うストレス予防としてのメンタル・ヘルスケアに対する様々な取組（EAP＝Employee Assistance Program）が開始されるようになってきています。

　近年この問題には行政当局も取組を強めるようになっており，前述したとおり，厚労省は平成23年12月発の新「認定基準」（「心理的負荷による精神障害の認定基準について」平成23年12月26日基労補発1226号第1号）等によって職場のハラスメントを労災認定するようになっています。

　また2006年（平成18年）には自殺対策基本法が制定され，事業主に対し「雇用する労働者の心の健康の保持を図るため必要な措置を講ずるよう努めるものとする」との立法もなされるようになってきており（4条），さらに，労安法70条の2第1項の規定に基づいた，同法69条1項の措置の適切かつ有効な実施を図るための指針として，厚労省は同年3月「労働者の心の健康の保持増進のための指針（平成18年3月31日基発第0331001号。平成12年8月9日「事業場における労働者の心の健康づ

くりのための指針の策定について」の改訂版)」を発表しています。これは，仕事や職業生活で強い不安，悩み，ストレスを感じる労働者の割合が年々増加していることを背景に策定されたものであり，この指針は，前述の「職場環境配慮義務」を具体化するための一つの方法を示したものということができます。

　同指針では，職場環境等の把握と改善が必要として「労働者の心の健康には，作業環境，作業方法，労働者の心身の疲労の回復を図るための施設及び設備等，職場生活で必要となる施設及び設備等，労働時間，仕事の量と質，セクシュアルハラスメント等職場内のハラスメントを含む職場の人間関係，職場の組織及び人事労務管理体制，職場の文化や風土等の職場環境等が影響を与えるものであり，職場レイアウト，作業方法，コミュニケーション，職場組織の改善などを通じた職場環境等の改善は，労働者の心の健康の保持増進に効果的であるとされています。このため，事業者は，メンタルヘルス不調の未然防止を図る観点から職場環境等の改善に積極的に取り組むものとする。また，事業者は，衛生委員会等における調査審議や策定した心の健康づくり計画を踏まえ，管理監督者や事業場内産業保健スタッフ等に対し，職場環境等の把握と改善の活動を行いやすい環境を整備するなどの支援を行うものとする」と規定しています（労働者の心の健康の保持増進のための指針6(2)）。

　今日では，このように，職場において引き起こされる，ハラスメントが，行政手続や立法等でも規制されるようになってきており，使用者が負う「ハラスメント防止義務」の内容として，このような再発防止義務を負っていることを確認するものといえるでしょう。

(2)　ストレスチェック制度の導入

> **Q 19** ストレスチェック制度が導入されて，ハラスメント対策が強化されていますが，どのような制度なのですか？
>
> ---
>
> **A** 2015 年 12 月 1 日から実施されている制度であり，労働者が 50 人以上いる事業所では，毎年 1 回この検査を全ての労働者に対して義務付けられています。

(i)　ストレスチェック制度のポイント

　ストレスチェック制度は，労安法の一部改正で創設され，2015 年 12 月 1 日から施行されている制度です（労安法 66 条の 10）。労安法は労働者の安全衛生についての基準を定めた法律であり，産業医等を選任する義務のある「常時 50 人以上の労働者を使用する事業者」に対し，1 年以内ごとに 1 回，労働者の身体の健康，病状状態だけでなく，心の健康状態，即ち「心理的な負担等を把握するための検査等」（＝ストレスチェック制度）を実施することを義務付けています（50 人未満の事業場は「当分の間」努力義務とされている。附則 4 条）。

　ストレスチェック制度は，定期的に労働者のストレス状態について検査を行い，本人にその結果を通知して自らストレスの状況についての気付きを促し，個人のメンタルヘルス不調のリスクを低減させ，他方，メンタルヘルス不調のリスクの高い者を早期に見つけ，医師による面接指導につなげることで，労働者のメンタルヘルス不調を未然に防止することが目的とされています。

　この制度の背景としては，前述したとおり，精神疾患による労災認定件数が 3 年連続過去最多を更新している状態に対して，事業主に対して，精神疾患の発見という事後対応だけではなく，メンタルヘルス不調者の未然防止も義務付けることにより，職場環境の向上を目指すものであり，

効果的な実施により，とりわけハラスメント未然防止対策との相乗効果が期待されるものと言えます。

(ⅱ)　**ストレスチェックの実施**

事業者は，労働者にストレスチェックに関する質問を配布，記入を求め（国が推進する57項目の質問票記入は労働者の任意），回収した質問票をもとに，医師等の実施者がストレスの程度を評価して，面接指導が必要か否かの結果を労働者本人に直接通知し，「医師による面接指導が必要」とされた労働者から，申立てがあった場合には，医師による面接指導等がなされ，医師の意見を踏まえて，事業主は，労働時間の短縮等の就労上の措置の実施が義務付けられることになります（**図表5—11**）。

ストレスチェック制度の対象者は，「常時使用する労働者」のうち，1年以上雇用されており，かつ所定労働時間数が正規社員のおおむね4分の3以上である者（毎年実施する健康診断の対象者と同じ）とされています。したがって例えば1人の正社員と週1回勤務のアルバイトが100人いる事業場では，実際の社員数は正規社員1人だけになりますが，会社としてはストレスチェック制度を導入しておかなければならないのです。

ストレスチェックや面接指導の費用は，労安法で事業主に実施が義務付けられていることから，当然事業者負担とされていますが，実施中の賃金支払は，法律上特段の規定がないことから労使で協議すればよいことであり，無給にすることも可能ですが，その場合ストレスチェックを受けない従業員が出てくることも考えられ，毎年行う健康診断と同様に可能な限り有給とすべきでしょう。

(ⅲ)　**注意点**

ストレスチェックを実施するに際しては，次の点が禁止されているので注意が必要です。

(ｱ)　労働者に対する不利益な取扱いとして，ストレスチェックを受検しなかったこと，ストレスチェック結果を事業者に提供することに同意

しなかったこと，面接指導の申出をしたこと，面接指導の要件を満たしているにもかかわらず，面接指導の申出を行わなかったこと。

　(イ)　面接結果を基にした措置として，解雇，期間を定めて雇用される者について契約の更新をしない，退職勧奨，不当な動機・目的をもってなされたと判断されるような配置転換または職位（役職）の変更，その他の労働契約法等の労働関係法令に違反する措置，医師の意見とはその内容・程度が著しく異なる措置であって，労働者の実情が考慮されていない措置を行うこと。

　(ウ)　ストレスチェックの結果を本人の同意なく事業者へ開示すること，ストレスチェック実施前または実施時に同意を得ること（ただし事業者に対して面接指導の申出を行った場合は，同意がなされたものとみなされます。）。

　ハラスメントによるうつ病等の精神疾患は，今日職場においては深刻な問題となっており，立法等の整備を通して従業員が安心して働くことのできる職場環境が不可欠とされているのです。私たちが安心して職場で働くことのできる環境を作るために，一層の努力が求められているのです。

図表5―11　国が推奨する57項目の質問票（抄）（職業性ストレス簡易調査票）

A　あなたの仕事についてうかがいます。最もあてはまるものに○を付けてください。
1．非常にたくさんの仕事をしなければならない
2．時間内に仕事が処理しきれない
3．一生懸命働かなければならない
4．かなり注意を集中する必要がある
（以下略）

B　最近1か月のあなたの状態についてうかがいます。最もあてはまるものに○を付けてください。
1．活気がわいてくる
2．元気いっぱいだ
3．生き生きする
4．怒りを感じる
5．内心腹立たしい
6．イライラしている
（以下略）

C　あなたの周りの方々についてうかがいます。最もあてはまるものに○を付けてください。
次の人たちはどのくらい気軽に話ができますか？
1．上司
2．職場の同僚
3．配偶者，家族，友人等
あなたが困った時、次の人たちはどのくらい頼りになりますか？
4．上司
5．職場の同僚
6．配偶者，家族，友人等
あなたの個人的な問題を相談したら，次の人たちはどのくらいきいてくれますか？
7．上司
8．職場の同僚
9．配偶者，家族，友人等

D　満足度について
1．仕事に満足だ
2．家庭生活に満足だ

【回答肢（4段階）】
A　そうだ／まあそうだ／ややちがう／ちがう
B　ほとんどなかった／ときどきあった／しばしばあった／ほとんどいつもあった
C　非常に／かなり／多少／全くない
D　満足／まあ満足／やや不満足／不満足

資料：厚労省「労働安全衛生法に基づくストレスチェック制度　実施マニュアル」（2016年4月）

第6章

終わりに

新たなステージに入ったハラスメント規制

1　「パワハラ防止」法制定

　既に述べた通り，2019 年 5 月成立した「パワハラ防止」法（6 月 5 日公布，正式名称は改正労働施策総合推進法（旧雇用対策法）。従業員が 300 人以上の大企業は，2020 年 6 月 1 日から施行され，300 人未満の中小企業は 22 年 3 月 31 日までの 2 年間は努力義務。同時に改正された均等法，育介法等で，セクハラ，マタハラに対する規制も強化されている）では，パワハラに関して，職場において行われる①「優位的な関係を背景とした言動であって」，②「業務上必要かつ相当な範囲を超えたものにより」，③「その雇用する労働者の就業環境が害されること」の 3 要素を満たす行為について，事業主に防止措置等を義務付け，相談等を理由とした不利益取扱いを禁止すると共に，指針で防止方針の明確化及びその周知・啓発，事後の迅速かつ適切な対応，プライバシー保護等を規定し，これらに関して事業主が措置等を怠った場合，調停などの個別紛争解決支援申立と共に，指導，助言，勧告等がなされることになります。また，ハラスメント防止に関して，国，事業主，労働者の責務規定も新設されています。

2　ILO 条約採択

　また同年 6 月 21 日，ILO が採択した「仕事の世界における暴力とハラスメントの撤廃に関する条約」（190 号）並びに条約を補足する同名の勧告（206 号）では，ハラスメントについて「身体的，精神的，性的又は経済的危害を目的とするか引き起こす，許容しがたい広範な行為と暴行，危害」と定義し，セクハラやパワハラなど個別の類型ごとに規制するのではなく，ハラスメントを包括的に禁止し，しかもその対象は雇

用労働者だけでなく，フリーランスなど「契約上の地位にかかわらず働く人々」や訓練中の人，失業者など広く設定されている点が特徴となっています。

3　パワハラ防止法の意義

このようにわが国の「パワハラ防止」法は，ILO条約とは異なり，ハラスメント規制を，事業主に対する行政指導を介して行うものであり，パワハラに関する明確な禁止規定がなく，しかもパワハラの定義，行為，措置義務の内容等はいずれも指針に委ねられている等が特徴となっています。この点については，労働者側からは，その実効性に疑問の声が上がっていますが，従来経営者側からの反対で全く実現しなかった，パワハラに対する法規制が実現したことは間違いなく，しかも次に述べる通り，同法を契機として企業の取り組みを深化させる可能性があります。

ハラスメントは，前述したとおり，被害を受けた個人に対してはうつ病等の深刻な被害をもたらし，職場秩序にも深刻な被害をもたらすことにもなり，しかもこれらの被害はしばしば不可逆的であることから，何よりも予防対策が肝要であり，法的規制による事前規制が不可欠なのです。そもそも法は，裁判規範として個別の事後規制の役割のみならず，社会の構成原理として我々の行為規範としての役割も有しているのであり（例えば刑法208条は，暴行罪として「暴行を加えた者が人を傷害するに至らなかったときは，二年以下の懲役若しくは三十万円以下の罰金又は拘留若しくは科料に処する」として規定していますが，この規定は，他人に暴行を振った者に対する裁判規範としての機能のみならず，私たちが「他人に暴行を振ってはいけない」という行為（社会）規範をも規定しているのです。），このような観点に立った場合，職場において，ハラスメントをしてはならないという行為規範を確立するためには，法規制が有効適切なものなのです。

使用者の職場環境配慮義務（＝「ハラスメント防止義務」）実践を！

1　職場環境配慮義務（＝「ハラスメント防止義務」）

　使用者は，労働者にとって快適な就労ができるように，職場環境を整える義務（職場環境配慮義務，労契法5条，労安法3条など）を負っており，労働者の快適な就労の妨げになるような「障害」であるハラスメント行為を，服務規律（＝就業規則）で禁止して，その発生を防止するとともに，これらの障害が発生した場合には，直ちに是正措置を講ずべき義務を負っており，これを放置・黙認したりして，労働者が精神疾患等のメンタル不全や職場秩序が混乱したような場合には，使用者責任や雇用契約上の法的責任が問われることになります。

　ハラスメントが，上述した労働者の快適な就労の妨げになるような「障害」に該当することは明らかであり，程度の差はあれ労働者もまた，他の労働者の就業を妨害してはならない義務を負っており，ハラスメント防止法制定を契機として，事業主，労働者それぞれがパワハラに関して「優越的言動問題」，セクハラに関して「性的言動問題」，マタハラに関して「妊娠・出産等関連言動問題」として，新たな責務が規定されたことは，このような趣旨に基づくものということができます（パワハラ防止法30条の3など）。

2　就業規則によるハラスメント防止義務の整備

　ハラスメント防止法上の措置義務等に基づいて，事業主はあらかじめ就業規則等で，ハラスメント予防や事後措置を講じて実効性のある対策を講じることが義務付けられています。したがってパワハラ防止法施行に伴う就業規則改正に際しては，パワハラ防止法の条文や指針をそのま

ま記載することにとどまるのではなく，例えば(1)ハラスメント行為を「禁止事項」とする，(2)ハラスメント行為の対象者として，他の事業主が雇用する労働者やフリーランス，顧客，就活生，患者，学生・生徒を含め，「相手が誰であっても」ハラスメントを行ってはならない旨明確化する，(3)相談窓口の設置に際して，上述したパワハラ3要素（①優位的な関係があること，②業務上必要かつ相当な範囲を超えていること，③就業環境が害されること）を満たさない場合でも，幅広く適切に対処する，(4)指針で示されている「（パワハラ）に該当すると考えられる例」と「該当しないと考えられる例」について，パワハラの「判断基準」を示すものではなく，何らかの措置を行う際の「参考」として扱う，(5)ハラスメント防止研修を全従業員を対象に定期的に実施することにし，その際研修参加を義務づける，(6)相談窓口が実際ほとんど機能していない現状（20頁参照）にかんがみ，「外部窓口」（弁護士などへの通報）の設置等により，充実を図る，などが検討されるべきであり，このように理解することが，前述した事業主，労働者の「優越的言動問題」等に関する責務を履行するものというべきでしょう。

このようにして例えば，部下が上司からのパワハラを受けたとして使用者に訴えたにもかかわらず，使用者が漫然と放置して何らの対処もしなかったり，相談をした部下が，解雇等の不利益を受けたりした場合，使用者は法令上の措置義務違反のみならず，自ら制定した就業規則上の義務を怠るものとして，民事上もハラスメント防止義務違反が問われることになるのです。

3 職場環境の整備

職場におけるハラスメントが，従業員に対する人格権侵害であると共に，職場能率を損ねるものであり，ハラスメントを防止する為には，上述した就業規則等の整備に加えて何より職場環境の整備が必要であり，

具体的には少なくとも次の４点を指摘できるでしょう。

① 　**職場モラルの向上を！**……組織の文化・構造の変革，具体的には職場における適切でオープンなコミュニケーション，意思決定への従業員の参加，多様性や個々のアイディア，人間性の尊重と評価等によるチームワークの涵養等により，組織内での対立の発生を未然に防止することが必要となってくるのであり，このような職場環境を変革することは，何よりもトップの強い資質が必要であり，それによっていわば企業風土・文化を変革していく必要があります。

② 　**コミュニケーションの豊かな職場を！**……コミュニケーションが不十分若しくは劣化している職場においては，日常的に発生している同僚や上司との意見の相違がきっかけとなって，いじめ・パワハラへと発展し，さらに適切な苦情処理システムがなかったり機能していなかったりした場合，より深刻な事態（PTSDや自殺）へと進展していくことにもなりかねず，したがってコミュニケーションの改善こそが，ハラスメントの防止・排除に寄与するばかりか，ひいては企業運営の効率上にも資することになるでしょう。

③ 　**「ディーセント・ワーク」，労働の「人間化」を！**……本来職場においては，例えば先輩から後輩への仕事の伝授がなされ，仕事の学びを通して，同一集団に所属する者同士の尊敬や配慮等が生ずるものですが，これらの欠如がコミュニケーションの不在・欠如やモラルの崩壊を招いている一因であり，したがって，職場における「ディーセント・ワーク」すなわち「労働の人間化」を目指したマネジメントが必要であり，公正な職務評価処置，適切な教育訓練等により，ハラスメントのない職場環境を目指すことが必要です。

④ 　**適切な「感情管理」を！**……ハラスメントを職場から排除していくためには，企業や組織にとって職場環境を整備することが必要であると同時に，とりわけ上司は部下に対する指導や指示命令をするに際して，適切な感情管理を行うことが不可欠となっています。既に述べた

とおり，ハラスメントは，他者の感情に対する攻撃・侵害行為であり，このことに深い注意を払う必要があります。

　私たちの社会の中で，職場は典型的な「縦社会」となっており，その結果上司と部下の関係において，上司は部下を一人前の人間として扱わない傾向があり，そのことが，他者である部下の人格を軽視する言動に結びつきやすく，このような関係の中でハラスメントが発生してくることになるのです。「上司は部下を選ぶことができても，部下は上司を選ぶことができない」のです。ハラスメント防止対策において，従業員一人一人の人格を尊重し，いわば「人」として扱うことが求められているゆえんなのです。

参考文献

- 阿部眞雄『快適職場のつくり方　イジメ、ストレス、メンタル不全をただす』（学習の友社，2008）
- 天笠崇『現代の労働とメンタルヘルス対策』（かもがわ出版，2008）
- 石井妙子＝相原佳子『セクハラ・DV の法律相談』（青林書院，2004）
- 伊田広行『「まだ結婚しないの？」に応える理論武装』（光文社新書，2008）
- 大和田敢太『職場のハラスメント』（中公新書，2018）
- 岡田康子＝稲尾和泉『パワーハラスメント』（日経文庫，2011）
- 小田晋ほか『DV（ドメスティック・バイオレンス）／不安神経症・パニック障害／児童虐待・親殺し─心の病の現在 2』（新書館，2005）
- 戒能民江＝角田由紀子『キャンパスのセクハラ対策　調査・紛争処理編』（地域科学研究会，2004）
- 貝谷久宣『非定型うつ病　パニック障害・社交不安障害』（主婦の友社，2009）
- 金子雅臣『パワーハラスメントの衝撃─あなたの会社は大丈夫か　個人企業のためのいじめ防止完全マニュアル』（都政新報社，2003）
- 金吉晴ほか『こころのライブラリー⑾ PTSD（心的外傷後ストレス障害）』（星和書店，2004）
- 香山リカ『悪いのは私じゃない症候群』（ベストセラーズ，2009）
- 北原義典『謎解き・人間行動の不思議　感覚・知覚からコミュニケーションまで』（講談社，2009）
- 熊沢誠『働きすぎに斃れて─過労死・過労自殺の語る労働史』（岩波書店，2010）
- 久留一郎『PTSD─ポスト・トラウマティック・カウンセリング』（駿河台出版，2003）
- 黒木宣夫『PTSD 診断と賠償─臨床医による PTSD 診断と賠償及び補償の留意点』（自動車保険ジャーナル・海文堂出版，2003）
- 河野裕子『「うつ」から救う言葉、「うつ」にする言葉』（講談社，2009）
- 小酒部さやか『マタハラ問題』（筑摩書房，2016）
- 小島妙子『職場のセクハラ─使用者責任と法』（信山社，2008）
- 近藤克則『健康格差社会─何が心と健康を蝕むのか』（医学書院，2005）
- 近藤雄二『慢性疲労　そのリスクのマネジメントを学ぶ』（学習の友社，2007）
- 今野晴貴『ブラック企業　日本を食いつぶす妖怪』（文藝春秋，2012）
- 佐々木亮・新村響子『労働法実務解説 10　ブラック企業・セクハラ・パワハラ対策』（旬報社，2017）

- 崎山治男『「心の時代」と自己―感情社会学の視座』（勁草書房，2005）
- 末岡多美子『女性はなぜ長命なのか―男女差を医学・生物学で説く』（ケイ・ディー・ネオブック，2013）
- 多賀幹子『親たちの暴走―日米英のモンスターペアレント』（朝日新書，2008）
- 谷口洋幸編『LGBT をめぐる法と社会』日本加除出版，2019）
- 土屋繁裕『ドクター・ハラスメント―許せない！患者を傷つける医師のひと言』（扶桑社，2002）
- 角田由紀子『性差別と暴力―続・性の法律学』（有斐閣，2001）
- 東京弁護士会法曹大同会『ハラスメント事件の弁護士実務』（第一法規，2020）
- 内藤朝雄『いじめの社会理論―その生態学的秩序の生成と解体』（柏書房，2001）
- 中井智子『第 2 版　職場のハラスメント』（労務行政，2018）
- 中島義道『悪について』（岩波書店，2005）
- American Psychiatric Association 編（日本精神神経学会監修，髙橋三郎，大野裕監訳）『DSM-5 精神疾患の分類と診断の手引』（医学書院，2014）
- 野田正彰『うつに非ず―うつ病の真実と精神医療の罪』（講談社，2013）
- 橋本治『上司は思いつきでものを言う』（集英社新書，2004）
- 働くもののいのちと健康を守る全国センター編『ハンドブック働くもののメンタルヘルス』（旬報社，2014）
- 本間正人『モンスター・ペアレント』（中経出版，2007）
- 松崎一葉『会社で心を病むということ』（新潮文庫，2010）
- 丸山総一郎『働く女性のストレスとメンタルヘルスケア』（創元社，2017）
- 溝上憲文『マタニティハラスメント』（宝島社新書，2013）
- 牟田和恵『部長，その恋愛はセクハラです！』（集英社新書，2013）
- 安冨歩＝本條晴一郎『ハラスメントは連鎖する―「しつけ」「教育」という呪縛』（光文社新書，2007）
- 山﨑文夫『セクシュアル・ハラスメント法理の諸展開』（信山社，2013）

※いずれも最近の出版物に限定しており，この他に外国語文献などは拙著『職場のいじめ―「パワハラ」と法―』信山社（2006）などを参照されたい。

判例索引

事項索引

著者紹介

水谷 英夫（みずたに　ひでお）

　　1973 年東北大学法学部卒業

　　1976 年東北大学大学院法学研究科（修士）修了

　　弁護士（仙台弁護士会所属）

【主要著書】

『主婦法の世界』（共編，信山社，1995 年）

R. ドゥオーキン著『ライフズ・ドミニオン―中絶と尊厳死そして個人の自由』（共訳，信山社，1998 年）

『セクシャル・ハラスメントの実態と法理』（信山社，2001 年）

『介護福祉職―働き方のルール』（旬報社，2001 年）

『労働の法』（信山社，2003 年）

『ジェンダーと法Ⅰ―DV・セクハラ・ストーカー』（共著，信山社，2004 年）

『職場のいじめ―「パワハラ」と法』（信山社，2006 年）

『ジェンダーと雇用の法』（信山社，2008 年）

『職場のいじめ・パワハラと法対策第 1 版～第 4 版』（民事法研究会，2008 年～2014 年）

『職場のいじめとパワハラ・リストラ QA150』（信山社，2009 年）

『実践　労働相談入門―震災・労災・解雇・派遣・いじめ―』（民事法研究会，2011 年）

『感情労働と法』（信山社，2012 年）

『ケーススタディ労働法　身近な労働相談』（日本加除出版，2013 年）

『感情労働とは何か』（信山社，2013 年）

『予防・解決 職場のパワハラ セクハラ メンタルヘルス―使用者責任・労災・防止規定・事実調査・処分・復帰支援』（日本加除出版，2014 年）

『退職金をめぐる法律問題』（日本加除出版，2014 年）

『現代家族の法と実務―多様化する家族像 婚姻・事実婚・別居・離婚・介護・親子鑑定・LGBTI』（共著，日本加除出版，2015 年）

『労働者側＋使用者側 Q&A　新リストラと労働法―PIP リストラ，ロックアウト解雇，追い出し部屋，ハラスメント，有期試用，成果主義，役職定年制』（日本加除出版，2015 年）

『QA 労働・家族・ケアと法［理論編・実例編］―真の WLB（ワーク・ライ

フ・バランス）の実現のために』（信山社，2016 年）
R. ドゥオーキン著『民主主義は可能か？―新しい政治的討議のための原則について』（翻訳，信山社，2016 年）
『AI 時代の雇用・労働と法律実務 QA』（日本加除出版，2018 年）など

第4版　予防・解決
職場のパワハラ　セクハラ　メンタルヘルス
　―パワハラ防止法とハラスメント防止義務
　　事業主における措置・対処法と職場復帰まで―

2014年1月16日　初版発行
2020年3月25日　第4版発行

著　者　水　谷　英　夫

発行者　和　田　　　裕

発行所　日 本 加 除 出 版 株 式 会 社

本　　　社　郵便番号 171 - 8516
　　　　　　東京都豊島区南長崎 3 丁目 16 番 6 号
　　　　　　ＴＥＬ（03）3953 - 5757（代表）
　　　　　　　　　（03）3952 - 5759（編集）
　　　　　　ＦＡＸ（03）3953 - 5772
　　　　　　ＵＲＬ www.kajo.co.jp

営　業　部　郵便番号 171 - 8516
　　　　　　東京都豊島区南長崎 3 丁目 16 番 6 号
　　　　　　ＴＥＬ（03）3953 - 5642
　　　　　　ＦＡＸ（03）3953 - 2061

組版・印刷　㈱亨有堂印刷所　／　製本　牧製本印刷㈱